Julie Wieland

Midjourney

Das umfassende Handbuch

Rheinwerk
Design

Wir hoffen, dass Sie Freude an diesem Buch haben und sich Ihre Erwartungen erfüllen. Ihre Anregungen und Kommentare sind uns jederzeit willkommen. Bitte bewerten Sie doch das Buch auf unserer Website unter **www.rheinwerk-verlag.de/feedback**.

An diesem Buch haben viele mitgewirkt, insbesondere:

Autorin Julie Wieland
Lektorat Ruth Lahres
Copy-Editing Petra Bromand, Düsseldorf
Herstellung Denis Schaal
Typografie und Layout Christine Netzker
Einbandgestaltung Mai Loan Nguyen Duy
Coverbild erstellt mit Midjourney
Satz Denis Schaal
Druck und Bindung mediaprint solutions, Paderborn

PEFC
PEFC/04-31-0810

Dieses Buch wurde auf PEFC®-zertifiziertem Papier gedruckt.
Hergestellt in Deutschland.

Bibliografische Information der Deutschen Nationalbibliothek:

Die Deutsche Nationalbibliothek verzeichnet diese Publikation in der Deutschen Nationalbibliografie; detaillierte bibliografische Daten sind im Internet über *http://dnb.dnb.de* abrufbar.

ISBN 978-3-367-10948-7

1. Auflage 2026

Informationen zu unserem Verlag und Kontaktmöglichkeiten finden Sie auf unserer Verlagswebsite **www.rheinwerk-verlag.de**. Dort können Sie sich auch umfassend über unser aktuelles Programm informieren und unsere Bücher und E-Books bestellen.

Liebe Leserin, lieber Leser,

Sie halten ein Buch in Händen, das ich mit großer Begeisterung lektoriert habe – und das aus gutem Grund. Hier schreibt keine Theoretikerin, sondern eine Designerin, die Midjourney täglich in ihrer Arbeit einsetzt, und das merkt man auf jeder Seite.

Was mich besonders überzeugt hat: Julie Wieland erklärt nicht einfach Funktionen und Parameter. Sie denkt vom Ergebnis her. Welche Perspektive erzählt welche Geschichte? Warum macht ein bestimmter Stylize-Wert den Unterschied? Diese gestalterische Denkweise durchzieht das gesamte Buch und macht es so wertvoll – gerade für Kreative, die Midjourney als ernsthaftes Werkzeug begreifen wollen.

Ein besonderer Mehrwert sind die vielen Beispielprompts des Buchs. Sie sind nicht nur zur Illustration gedacht; Sie können sie direkt übernehmen, anpassen und für Ihre eigenen Projekte einsetzen. Ob Produktvisualisierung, Porträtfotografie oder Illustrationsdesign: Die Prompts dienen als erprobte Ausgangsbasis, die Sie nach Ihren Bedürfnissen weiterentwickeln können. Zusammen mit den zahlreichen Vergleichsbildern machen sie abstrakte Konzepte auf einen Blick greifbar und laden zum sofortigen Ausprobieren ein. Auf der Website zum Buch unter *www.rheinwerk-verlag.de/6146* finden Sie außerdem Zusatzkapitel, die Ihnen noch zahlreiche weitere Prompts und Promptbeispiele präsentieren.

Ich wünsche Ihnen viel Freude beim Lesen, Ausprobieren und Gestalten. Sollten Sie Hinweise, Lob oder Kritik an uns weitergeben wollen, freue ich mich über Ihre E-Mail.

Ihre Ruth Lahres
Lektorat Rheinwerk Design

ruth.lahres@rheinwerk-verlag.de
www.rheinwerk-verlag.de
Rheinwerk Verlag · Rheinwerkallee 4 · 53227 Bonn

Inhalt

KAPITEL 1
Midjourney im KI-Umfeld

KAPITEL 2
Einführung in die Benutzeroberfläche

KAPITEL 3

Prompting für die Bildgenerierung

KAPITEL 4

Bildverarbeitung in Midjourney

KAPITEL 5

Konsistenz von Styles, Charakteren und Objekten

KAPITEL 6

Fotorealistische Bildgestaltung

KAPITEL 8

Design und Layout

KAPITEL 9

Video

Zusatzmaterial zum Buch

Beispielmaterial, das Sie für einige Workshops benötigen, sowie Zusatzkapitel und zahlreiche Prompts mit Promptbeispielen finden Sie auf der Website zum Buch unter *www.rheinwerk-verlag.de/6146* oder über nebenstehenden QR-Code. Öffnen Sie dazu den Reiter »Materialien«.

Die Praxisbeispiele des Buchs

prompt synthography sci-fi, number "1", grotesk font, fluid simulation, soft diffused lighting --raw

KAPITEL 1

Midjourney im KI-Umfeld

KAPITEL 1

Midjourney im KI-Umfeld

Generative KI ist längst kein Nischenthema mehr. Seit 2022 haben sich Tools wie ChatGPT, Midjourney, Runway, Suno oder ElevenLabs im Alltag, den Medien und vielen Arbeitsprozessen festgesetzt. Was einst als Tech-Experiment begann, wird heute in Designstudios, Filmproduktionen, Marketingabteilungen und sogar schon Klassenzimmern verwendet.

1.1 Was ist Generative KI?

Lassen wir den momentanen Hype rund um das Thema Generative Künstliche Intelligenz mal kurz außen vor: Generative KI ist im Kern keine »Magie«, sondern eine kreative Rechenmaschine. Um diesen neuen Prozess des Erschaffens zu beschreiben, prägte Steph Ango in 2022 den Begriff der *Synthography* (*https://stephango.com/synthography*). Er bezeichnet generative Modelle als *a camera for ideas*, also eine Kamera für Ideen. So wie ein Fotograf Licht einfängt, um die Welt abzubilden, nutzt der Synthograph die KI, um abstrakte Gedanken in sichtbare oder lesbare Form zu bringen.

Während die klassische KI darauf trainiert ist, Daten zu sortieren oder einen Hund auf einem Bild zu erkennen, geht Generative KI einen Schritt weiter und erschafft etwas Neues, egal ob Texte, Bilder oder Code. Um das volle Potenzial zu verstehen, lohnt sich ein kurzer Blick auf den direkten Vergleich.

1. **Klassische KI ist ein Analyst**: Klassische KI-Systeme sind auf Analyse und Einordnung spezialisiert. Sie arbeiten nach dem Prinzip der Mustererkennung und Klassifizierung. Ihr Ziel ist es, bestehende Daten zu sortieren oder zu bewerten. Ein klassisches Modell betrachtet ein Foto und entscheidet mit hoher statistischer Sicherheit: »Das ist ein Hund.« Es repliziert gelerntes Wissen, um Urteile über die Realität zu fällen.

   prompt abstract AI analyst scanner --ar 2:1 --raw --p

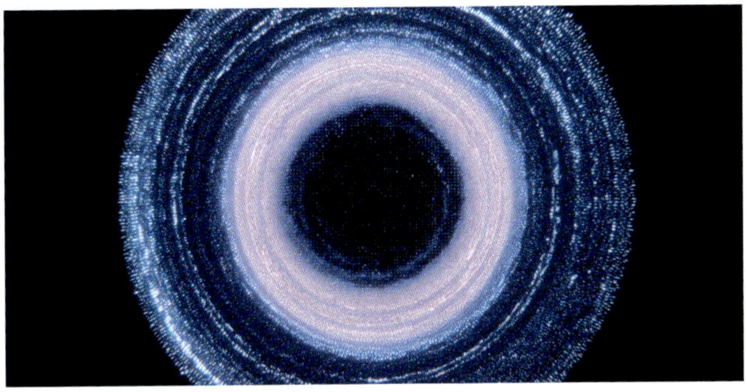

Abstrakte Darstellung von künstlicher Intelligenz bei der Datenanalyse

2. **Generative KI ist der Schöpfer**: Generative KI geht einen entscheidenden Schritt weiter. Sie nutzt die gelernten Muster nicht nur zur Einordnung, sondern zur Synthese. Ihr Ziel ist es, auf Basis statistischer Wahrscheinlichkeiten etwas vollkommen Neues zu erschaffen, egal ob Text, Bilder oder Code. Während die klassische KI den Hund lediglich erkennt, ist die Generative KI in der Lage, das mathematische Konzept eines Hundes so zu kombinieren, dass sie ein völlig neues Bild davon entwirft.

prompt synthography creator --ar 2:1 --raw --p

Visuelle Darstellung eines KI-Bilderzeugers – das Bild selbst ist ein Beispiel für Synthografie

Ein weit verbreiteter Irrtum, der mit dem Hype einherging, ist der Glaube, dass die Generative KI fertige Bilder und Werke aus dem Internet kopiert oder zusammenklebt. Die technische Basis sind hier aber **neuronale Netze**, also mathematische Konstrukte, die grob mit unserem Gehirn verglichen werden können. Diese Netze »lernen« während des Trainings statistische Wahrscheinlichkeiten in großen Datenmengen. Sie verstehen nicht, was ein »Baum« ist, aber sie beherrschen die Mathematik dahinter, wie Licht auf die Blätter fällt oder welche Pixelstrukturen wir Menschen als »Baumstamm« interpretieren.

prompt neural network with an abstract brain transporting information --ar 2:1 --raw --p

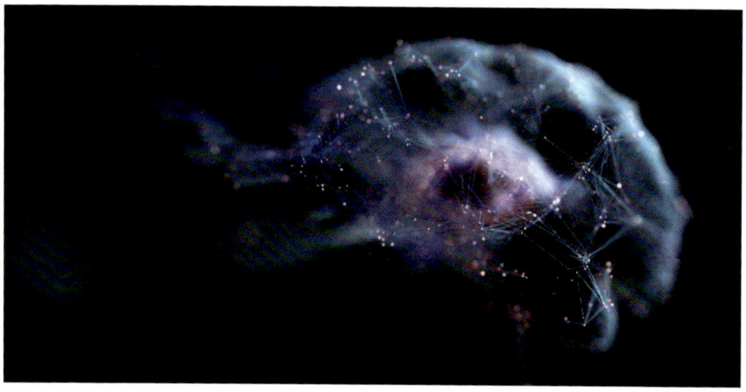

Abstraktes neuronales Netzwerk in Form eines Gehirns

Neuronale Netze speichern kein Wissen im klassischen Sinne. Es gibt keine Datenbank mit Sätzen oder Bildern im Modell, sondern es werden Millionen bis Milliarden von Parametern feinjustiert. Für uns ist z. B. ein Baumstamm ein festes Objekt aus Holz. Für die KI ist er aber nur ein Muster aus Pixel-Punkten. Die Generative KI lernt beim Training folgende Vorgaben aus Zahlen:

- Senkrechte Linien: Wenn viele braune Punkte untereinanderstehen, ergibt das eine Linie.
- Strukturen: Wenn helle und dunkle braune Punkte direkt nebeneinanderliegen, sieht das für Menschen aus wie Rinde.
- Anordnung: Unten sind meistens breite braune Flächen (Stamm), oben sind viele kleine grüne Flecken (Blätter).

Das Ergebnis ist also eine statistische Annäherung an die Realität. Die Generative KI klebt oder kopiert also keine Fotos zusammen, sondern sie würfelt aus, welcher Pixel-Punkt farblich am besten neben den anderen passt, damit am Ende für uns ein Baum erkennbar ist. Das Gleiche gilt auch für weitere Generative KI-Modelle:

- Texte (z. B. ChatGPT oder Gemini): Hier wird vom Tool nicht per se nachgedacht, sondern das Modell berechnet Wort für Wort, was als Nächstes am wahrscheinlichsten Sinn ergibt. Es ist eine fortlaufende Wahrscheinlichkeitsentscheidung, kein direktes Abrufen von Antworten.
- Audio und Stimme (z. B. ElevenLabs oder Suno): Diese Tools spielen keine alten Aufnahmen ab, sondern berechnen ein künstliches Audiosignal, das Rhythmus, Emotion und menschliche Betonung so imitiert, dass es für unsere Ohren absolut echt klingt.

- Video (z.B. Sora, Runway oder Kling): Während die KI bei Bildern »nur« räumliche Zusammenhänge verstehen muss, kommt beim Video die Dimension der Zeit hinzu. Die Generative KI lernt hier nicht nur, wie ein Objekt aussieht (Perspektive, Licht, Form), sondern auch noch, wie es sich physikalisch plausibel über die Zeit verändern muss. Wenn ein Glas Wasser umfällt, muss die Bewegung der Pixel so berechnet werden, dass es der menschlichen Erwartung von Schwerkraft und Dynamik entspricht. Es ist also keine Animation im klassischen Sinne, sondern eine statistische Vorhersage darüber, wie der nächste Frame aussehen muss, damit die Bewegung logisch erscheint.

Fazit

Alle generativen Systeme eint das Prinzip der statistischen Stimmigkeit. Da es für die Fortsetzung eines Satzes oder den Aufbau eines Videos immer mehrere plausible Wege gibt, entstehen eben Variationen. Das Modell berechnet nicht die eine, absolut richtige Antwort, sondern wählt aus einem Raum von mathematisch logischen Möglichkeiten. Das ist der Grund, warum selbst die gleichen Prompts fast nie zweimal das exakt gleiche Ergebnis liefern werden. Es ist eben keine Kopie aus einer Datenbank, sondern eine immer neue Berechnung von Wahrscheinlichkeiten.

1.2 Das Prinzip von Diffusionsmodellen

Wenn man über Midjourney, Stable Diffusion oder auch Video-Modelle spricht, fällt oft der Begriff *Diffusionsmodell*. Das klingt erstmal kompliziert, ist aber eigentlich ein leicht verständlicher mathematischer Trick, der sich visuell leicht erklären lässt. Stellen Sie sich vor, Sie haben ein Foto von einem Hund.

Schritt 1 ist das »Verrauschen«: Die Generative KI nimmt das gestochen scharfe Bild eines Hundes und macht es systematisch kaputt. Aber nicht durch einfaches Verpixeln, sondern indem sie Schicht für Schicht immer mehr zufälliges, farbiges Rauschen darüberstreut. Denk an einen alten Fernseher, der kein Signal mehr hat und nur noch ein wildes, farbiges Schneegestöber auf dem Bildschirm zeigt. Am Ende ist vom Hund nichts mehr zu erkennen; übrig bleibt nur noch (für uns) farbiges Chaos.

Schritt 2 ist dann das »Entrauschen«: Hier liegt der eigentliche Kern eines Diffusionsmodells. Durch das Training lernt die KI, genau diesen Prozess rückwärts auszuführen. Sie bekommt Millionen solcher »verrauschten« Bilder zusammen mit den ursprünglichen, klaren Versionen gezeigt. Dabei lernt sie zu erkennen: »Wenn ich hier ein bisschen Rauschen wegnehme, kommt ein Ohr zum Vorschein, und wenn ich dort das Muster etwas glätte, wird es ein Stück Fell.«

Wenn man dann der KI einen Textprompt gibt, wie z. B. »Ein Hund am Strand«, startet sie mit einem Feld aus reinem, zufälligem Rauschen. Sie hat nun den Befehl, dieses Chaos so zu filtern, dass ein Hund am Strand zum Vorschein kommt. Schritt für Schritt »würfelt« die KI das Bild nun zusammen. Aus dem anfänglichen Rauschen entstehen langsam Konturen, Farben und Formen. Sie erfindet das Bild also nicht aus dem Nichts, sondern sie versteht und sieht im Chaos eine Struktur, die sie in Millionen anderer Hundefotos gelernt hat, und arbeitet diese passend zu dem Prompt heraus. Es ist fast wie bei einem Mosaik-Künstler, der aus Abertausenden kleiner Teilchen ein konkretes Motiv zusammensetzt.

Nachdem Sie jetzt wissen, wie der mathematische Trick mit dem Rauschen funktioniert, stellt sich vielleicht die Frage: Wer kontrolliert diesen Prozess? Hier trennen sich gerne die Meinungen, und es haben sich zwei Lager gebildet, die man oft als »Closed Source« und »Open Source« bezeichnet. Man kann sie sich perfekt als den Unterschied zwischen einem guten Restaurant und dem Liefern aller Zutaten für die eigene High-Tech-Küche vorstellen.

Closed Source: Midjourney und Co

Midjourney kann man sich vorstellen wie einen Besuch beim Sternekoch. Sie setzen sich an den Tisch, bestellen, was Sie gerne hätten (Textprompt), und der Koch zaubert anschließend ein fertiges, schön angerichtetes Gericht auf den Teller.

- Der Komfort: Sie müssen nicht wissen, wie man eine Sauce ansetzt oder wie lange das Fleisch garen muss. Die Ästhetik ist eingebaut und wird Ihnen serviert. Sie brauchen auch keine eigene Ausrüstung, denn das Restaurant stellt Ihnen alles bereit (die Rechenpower in der Cloud).
- Die Einschränkung: Sie dürfen die Küche nicht betreten, und Sie wissen auch nicht genau, welche Zutaten verwendet wurden. Ebenso wenig können Sie das Rezept während des Kochens einfach abändern gehen. Und wenn das Restaurant entscheidet, ein Gericht von der Karte zu nehmen (Zensur) oder die Preise zu erhöhen, müssen Sie das so hinnehmen.

Open Source: Stable Diffusion und Co

Hier stellt Ihnen jemand alle Zutaten umsonst bereit, und Sie können Ihre eigene Profiküche zuhause zum Zubereiten benutzen.

- Die Freiheit: Sie sind der Chefkoch in Ihrem eigenen Haus, also entscheiden Sie selbst, wie viel Salz oder Brühe in Ihre Suppe kommt. Sie können das Modell mit eigenen »Gewürzen« verfeinern (Ihre eigenen Fotos oder Styles durch Finetuning hinzufügen). Zudem sieht auch keiner, was Sie in Ihrer Küche kochen; somit ist Ihre Privatsphäre geschützt.

- Die Herausforderung: Sie müssen Ihren Herd und Ihre Geräte selbst bedienen können. Wenn die Suppe versalzen ist, sind Sie selbst schuld. Zudem brauchen Sie eine hochwertige Küchenausstattung (einen Rechner mit starker Grafikkarte), sonst dauert das »Garen« Ihrer Gerichte (Bilder) eine Ewigkeit.

Fazit

Wenn Sie Lust auf ein perfektes Dinner haben, ohne sich die Finger schmutzig zu machen, gehen Sie ins »Restaurant« Midjourney. Wenn Sie aber ein leidenschaftlicher Foodie sind, der sein eigenes Ding machen will und die volle Kontrolle über jedes Gramm Gewürz benötigt, dann ist die »eigene Küche« mit Stable Diffusion Ihr Revier.

1.3 Wo die KI-Magie an ihre Grenzen stößt

Generative KI fühlt sich oft wie ein magisches und grenzenloses Werkzeug an, aber wie man weiß, ist nicht alles Gold, was glänzt. Das Problem? Die Maschine versteht die Welt nicht, sie berechnet sie nur.

Das wohl bekannteste Problem ist die Halluzination. Da das Modell darauf getrimmt ist, immer die statistisch wahrscheinlichste Fortsetzung zu finden, liefert es eine Antwort, auch wenn es die Fakten gar nicht wirklich kennt. Stellen Sie sich vor, Sie fragen nach einem historischen Datum, und die KI serviert Ihnen eine Antwort, die absolut perfekt klingt, aber komplett erfunden ist. Warum passiert das? Die KI korrigiert sich nicht selbst, und wenn sie eine falsche Jahreszahl nennt, tut sie das mit der gleichen Überzeugungskraft wie bei einer korrekten Information. Sie würfelt ein Ergebnis, das zwar perfekt klingt, aber faktisch frei erfunden ist. Sie rät im Grunde, verkauft es Ihnen aber mit der Sicherheit eines Lehrers.

Ein weiteres Problem ist die Logik: Haben Sie sich schon mal gefragt, warum Hände auf KI-Bildern anfangs oft wie ein anatomischer Albtraum aussahen oder warum Video-KIs manchmal Menschen zeigen, die durch Wände laufen? Das liegt daran, dass die KI nicht den biologischen Aufbau einer Hand oder die physikalische Festigkeit einer Wand versteht. Sie weiß eben nur, dass nach einem Arm oft »irgendwas mit Fingern« kommt. Wenn die Datenmengen hier unsauber sind, entstehen sechs Finger oder Menschen, die physikalisch dann doch durch Wände gehen können.

Kommen wir nun zu Zensur: Um Missbrauch zu verhindern, ziehen kommerzielle Anbieter wie Midjourney und OpenAI strikte Sicherheitsgrenzen ein. Diese Zensurfilter sollen Hassrede, Gewalt oder Deepfakes verhindern. Mit der Zeit (und vielen Geschehnissen dazwischen) wurden diese Zensurfilter aber so grob eingestellt, dass sie auch harmlose Anfragen blockieren, was die kreative Freiheit wiederum einschränken kann.

Das größere Übel

In der Open-Source-Welt fehlen diese Zensuren oft, was zwar maximale »kreative« Freiheit bedeutet, aber die ethische Verantwortung komplett auf die Nutzer*innen überträgt.

Als letztes will ich Sie noch auf Bias und Vorurteile hinweisen: Eine KI ist nur so gut (oder so voreingenommen) wie die Daten, mit denen sie gefüttert wurde. Da sie mit Daten aus dem Internet gefüttert wurde, spuckt sie auch unsere menschlichen Vorurteile wieder aus. Fragen Sie nach einem Arzt oder Politiker, zeigt sie Ihnen statistisch gesehen eher einen Mann an, nicht weil sie sexistisch sein will, sondern weil das Internet nun mal leider so aussieht. Sie ist kein objektiver Richter, sondern nur ein gigantischer Spiegel unserer eigenen gesellschaftlichen Verzerrungen.

1.4 Einordnung von Midjourney

Midjourney ist ein Paradebeispiel für ein »Bootstrapped«-Startup: ein Projekt, das ohne fremdes Geld, aber mit einer verdammt klaren Vision den Markt überrollt hat, sehr weit weg von dem typischen Silicon-Valley-Klischee mit Milliarden-Investments.

1.4.1 Die Midjourney-Story

Der Kopf des Ganzen ist David Holz. Wenn man sich seinen Lebenslauf ansieht, merkt man schnell: Der Mann ist kein klassischer Manager. Als Physiker und Mathematiker hat er für die NASA und das Max-Planck-Institut gearbeitet, bevor er mit »Leap Motion« die Art und Weise revolutionierte, wie wir Computer mit Handbewegungen steuern. Nach dem Verkauf seines ersten Unternehmens wollte er keine neue Firma im klassischen Sinne, sondern ein unabhängiges Forschungslabor. Seine Philosophie ist dabei fast schon poetisch: Er sieht KI nicht als Ersatz für Künstler, sondern als »Motor für die Fantasie«. Für ihn ist die Technik vergleichbar mit Wasser oder einem Fluss: gefährlich, wenn man nicht schwimmen kann, aber eine gewaltige Energiequelle, wenn man lernt, sie zu bändigen. Statt auf eine konventionelle Website setzte Holz 2021 mit Midjourney auf Discord. Warum? Weil er wollte, dass das Erschaffen von Kunst ein soziales Erlebnis ist, bei dem man sieht, was andere machen, und sich gegenseitig inspiriert. Im März 2022 startete das Ganze in einer geschlossenen Beta und legte den Grundstein für eine Community, die heute über 20 Millionen Mitglieder zählt.

Fast zeitgleich mit dem Start der Open Beta von Midjourney im Juli 2022 (V3) platzte die Nachricht von OpenAIs DALL-E 2 in die Öffentlichkeit. Während DALL-E 2 durch seine fotorealistischen Fähigkeiten und die geschlossene Warteliste einen massiven Medienhype auslöste, bot Midjourney den direkten, sozialen Zugang über Discord. Dieses Zusammenspiel prägte das Jahr 2022 als das Jahr, in dem Generative KI im Mainstream ankam.

Gewinner im Kunstwettbewerb

Schlagzeilen machte Midjourney im Juli 2022, als Jason Allens Bild »Théâtre d'Opéra Spatial« einen echten Kunstwettbewerb in Colorado gewann. Es war der Moment, der die erste große globale Debatte darüber entfachte, ob eine Maschine überhaupt kreativ sein darf oder ob es sich um reines Plagiat handelt.

Théâtre d'Opéra Spatial von Jason M. Allen, 2022, Digital Image (Generative KI)

Einen technischen Sprung gab es im November 2022 mit dem Launch von Version 4. Die Bilder wurden deutlich schärfer, und Midjourney fing an, komplexe Prompts viel präziser zu interpretieren, was den Vorsprung bei der künstlerischen Ästhetik weiter ausbaute. Nur fünf Monate später, im März 2023, erreichte Version 5 eine fast unheimliche fotorealistische Qualität. Unvergessen bleibt das Fake-Bild von Papst Franziskus im weißen Daunenmantel, das das halbe Internet täuschte. Dieser Moment markierte einen Wendepunkt in der öffentlichen Wahrnehmung. Es war der Augenblick, in dem die breite Masse realisierte, dass wir uns nicht mehr komplett auf unsere Augen verlassen können, um »echt« von »generiert« zu unterscheiden.

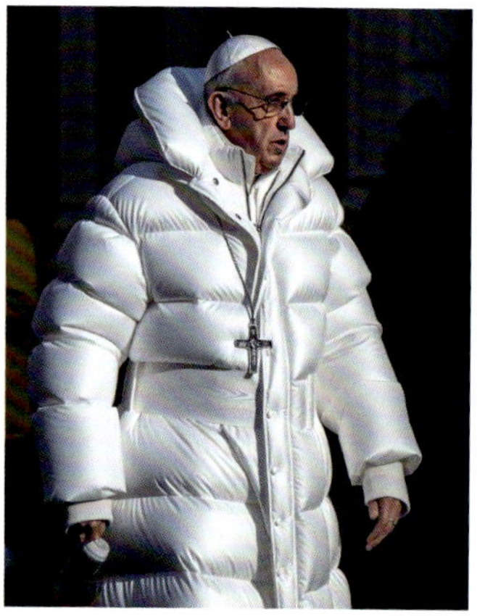

Ein Midjourney-generiertes Bild des Papstes

Der langsame Abschied vom reinen Discord-Dasein kam dann im Jahr 2024. Midjourney öffnete vorsichtig die eigene Web-App, um Nutzer*innen einen professionellen Workflow außerhalb von Chat-Fenstern zu ermöglichen. Heute gilt Midjourney nach wie vor als der absolute Goldstandard für ästhetische KI-Bilder. Wir sind mittlerweile bei Version 7 angekommen, die nicht nur rasend schnell ist, sondern auch das alte Problem der »sechs Finger« sehr gut in den Griff bekommen hat. Doch das Team schaut bereits weiter: Seit Mitte 2025 kann man Bilder direkt auf der Website in Videos und Animationen generieren. Das ultimative Ziel? David Holz will weg vom flachen Bild hin zu ganzen 3D-Welten (Stichwort: NeRFs), die man in Echtzeit erkunden kann, so wie ein Videospiel, das sich erst beim Spielen selbst erschafft.

1.4.2 Was macht Midjourney so erfolgreich?

Vielleicht haben auch Sie sich schon einmal gefragt, warum selbst ein Ein-Wort-Prompt wie »Wald« bei Midjourney oft sehr cineastisch aussieht, während andere KIs eher ein flaches Dokumentarfoto liefern? Das liegt daran, dass Midjourney eine eingebaute »Meinung« zu Ästhetik hat. Das Modell ist gezielt darauf trainiert, harmonische Farben, den Goldenen Schnitt und Tiefenschärfe zu bevorzugen, anstatt einen Prompt nur neutral und glatt umzusetzen.

Während Konkurrenten wie OpenAI oder Google (mit Gemini und dem Nano-Banana-Modell) Milliarden Dollar von Investoren einsammeln, bleibt Midjourney komplett eigenfinanziert. David Holz hat bewusst auf Risikokapital verzichtet, um die absolute kreative Kontrolle zu behalten. Was Midjourney aber wirklich von der Konkurrenz abhebt, ist nicht nur die Ästhetik, sondern die bewusste Entscheidung, die KI als gemeinschaftliches Erlebnis aufzubauen. Auch wenn sich der Fokus seit dem Launch der Website massiv verlagert hat, bleibt die Geschichte von Midjourney untrennbar mit Discord verbunden.

In den ersten Jahren gab es Midjourney ausschließlich über Discord. Das war damals ein radikaler Schritt: Statt in einer isolierten App fand die Magie in öffentlichen Kanälen statt. Das bedeutete, dass Millionen von Menschen (der Server zählt mittlerweile über 20 Millionen Mitglieder) sich gegenseitig beim Experimentieren zusehen konnten. In Discord Channels wie #newbies generieren sie Bilder in Echtzeit ohne Pause. Für viele war das anfangs purer Stress, aber genau hier lag auch der geniale Lerneffekt: Man sah einen spektakulären Prompt, merkte sich die Parameter und baute sie in eigene Versuche ein. Es entstand eine Art kollektive Intelligenz, bei der neue Stile und Techniken wie Lauffeuer durch die Community rasten und gemeinsam perfektioniert wurden.

Die Office Hours

Jeden Mittwoch klinkt sich Gründer David Holz persönlich in den Sprachkanal auf Discord ein, um vor Tausenden Zuhörern über die Updates von Midjourney zu sprechen, so wie es auch als Townhalls in vielen Start-ups bekannt ist. Es gibt keine glatte PR-Show, sondern ehrliche (und oft eigenwillige) Updates zur nächsten Version, zu Fortschritten der Woche, Q&As oder philosophischen Fragen über die Zukunft der Kreativität. Diese direkte Nähe zum Tool sorgt dafür, dass sich die Nutzer*innen nicht wie anonyme Kunden, sondern wie ein Teil eines großen Forschungsprojekt-Teams fühlen.

Während auf Discord das Handwerk gelernt wurde, sind X (ehemals Twitter) und Reddit die großen digitalen Galerien. Auf X werden die spektakulärsten Ergebnisse präsentiert, oft in Form von viralen Serien wie »Star Wars im Stil von Wes Anderson«. Auf Reddit (*r/midjourney*) finden sich hingegen die tiefgehenden Diskussionen und Tutorials, die über das Prompten hinausgehen. Diese Plattformen fungieren als Bindeglied zwischen den Hardcore-Nutzer*innen und der breiten Öffentlichkeit und halten den Hype sowie den Austausch über neue »Hacks« auch außerhalb der Midjourney-eigenen Tools lebendig. Obwohl man heute meist direkt im Browser auf der Website generiert, gibt es immer noch eine große Community und Anlaufstellen für Inspiration:

- Die Midjourney-Website (Community Feed): Das neue Herzstück seit Discord. Hier können Sie durch die Kreationen anderer Nutzer*innen scrollen, Bilder liken und sofort sehen, mit welchen exakten Worten und Einstellungen sie erschaffen wurden.
- Der offizielle Discord-Server: Mit über 20 Millionen Mitgliedern weiterhin einer der größten Server weltweit und der Ort für die wöchentlichen Live-Talks mit David Holz.
- Reddit und X: Unverzichtbar, um Trends aufzugreifen und zu sehen, wie Profis die KI in komplexe Workflows (z. B. für Film oder Design) einbinden und Tipps teilen.
- Plattformen wie PromptHero: Diese Seiten funktionieren wie Bibliotheken für Prompts und sind eine Goldgrube, wenn man einen ganz bestimmten Look sucht, aber nicht weiß, wie man ihn z. B. beschreiben soll.

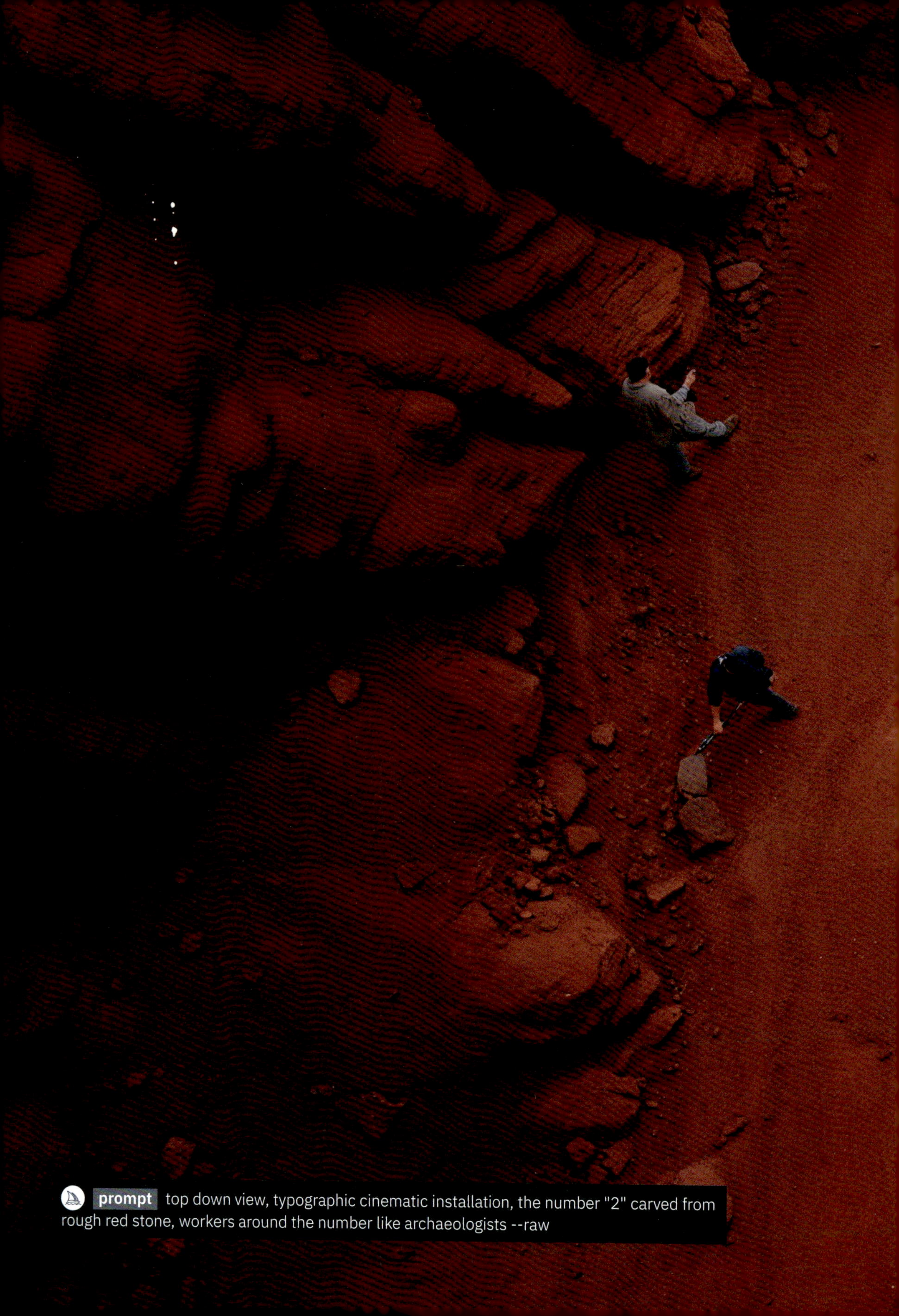

prompt top down view, typographic cinematic installation, the number "2" carved from rough red stone, workers around the number like archaeologists --raw

KAPITEL 2

Einführung in die Benutzeroberfläche

KAPITEL 2

Einführung in die Benutzeroberfläche

Midjourney wirkt auf den ersten Blick etwas komplex, ist im Kern jedoch klar strukturiert. Mit dem Launch der browserbasierten Weboberfläche im August 2024 hat sich die Arbeitsweise deutlich verändert, insbesondere im Vergleich zur zuvor ausschließlich über Discord nutzbaren Version.

In diesem Handbuch widme ich mich primär der Weboberfläche, da hier alle relevanten Funktionen gebündelt, übersichtlich dargestellt und deutlich einfacher nutzbar sind. Die Benutzeroberfläche bildet die Grundlage für alle weiteren Schritte, von der Anmeldung bis zur Bildgenerierung. Gemeinsam schauen wir uns an, wie der Einstieg funktioniert und wie man sich auf der Plattform orientiert. Am Ende des Kapitels wollen wir dann aber doch noch einen Blick auf die Arbeit mit Discord werfen.

2.1 Der Einstieg

Der Weg zu den ersten eigenen KI-generierten Bildern ist unkomplizierter, als man vielleicht erwartet. Midjourney hat die Einstiegshürden bewusst niedrig gehalten, sodass auch Nutzer*innen ohne technische Vorkenntnisse schnell loslegen können. Im Folgenden führe ich Sie durch den Anmeldeprozess und zeige Ihnen, wie Sie Ihr Konto einrichten und das passende Abonnement auswählen.

2.1.1 Anmeldung bei Midjourney

Bevor Sie mit der Bildgenerierung starten können, brauchen Sie ein Benutzerkonto und ein aktives Abo bei Midjourney. Öffnen Sie einen Browser Ihrer Wahl, und rufen Sie die Website *midjourney.com* auf.

Der Willkommensscreen

Auf der Startseite finden Sie mittig den Button **Sign Up**, über den Sie ein neues Konto anlegen können. Midjourney bietet keine klassische Registrierung mit E-Mail und Passwort. Sie haben folgende zwei Möglichkeiten, sich bei Midjourney anzumelden:

- **Mit Google anmelden**: Diese Methode eignet sich besonders, wenn Sie neu bei Midjourney sind oder Discord nicht nutzen. Die Anmeldung erfolgt über Ihr bestehendes Google-Konto.
- **Mit Discord anmelden**: Wenn Sie bereits einen Discord-Account haben und diesen bevorzugen, können Sie ihn nutzen. Der Vorteil: Alle bei Discord generierten Bilder werden ins Webface übertragen.

Wichtiger Hinweis für Discord-Nutzer*innen

Wenn Sie ein bestehendes Discord-Konto verwenden möchten, überprüfen Sie sorgfältig, welche E-Mail-Adresse mit diesem Konto verknüpft ist. Sollten Sie eine E-Mail eingeben, die nicht mit einem Discord-Konto verbunden ist, führt Discord Sie automatisch durch den Prozess zur Erstellung eines neuen Kontos. Das kann problematisch werden, wenn Sie bereits ein bestehendes Konto mit vorherigen Midjourney-Aktivitäten haben sollten.

Nach der Einrichtung Ihres Kontos oder dem Abschluss Ihres Abos können Sie eine zweite Anmeldemethode hinterlegen, z. B. Google, wenn Sie sich ursprünglich mit Discord angemeldet haben, oder umgekehrt. Das funktioniert ganz einfach über die Kontoeinstellungen auf *midjourney.com*. Wenn Ihr Discord-Konto jedoch bereits Bilder mit Midjourney erstellt hat, gilt dieses als Ihr Hauptkonto, und Sie müssen sich in diesem Fall weiterhin mit Discord anmelden, um Zugriff auf Ihre bisherigen Werke zu behalten.

2.1.2 Zahlmodelle und Kosten

Sobald Sie sich erfolgreich registriert haben, können Sie im linken Bereich in der Navigationsleiste unter dem Community-Reiter auf **Subscribe** klicken. Dort finden Sie eine Übersicht über die aktuellen Midjourney-Tarife, aufgeteilt in Monats- und Jahresabo. Beim Abschluss eines Jahresabos bietet Midjourney einen Rabatt von 20 %. In dem Fall wird der gesamte Betrag für ein Jahr im Voraus abgerechnet. Alle Midjourney-Tarife basieren auf Abos. Das bedeutet, dass sich das Abo monatlich oder jährlich automatisch verlängert, sofern es nicht aktiv gekündigt wird.

Midjourney bietet vier verschiedene Pläne an: Basic, Standard, Pro und Mega. Die verschiedenen Midjourney-Abonnements unterscheiden sich vor allem im Umfang der verfügbaren GPU-Zeit, in der Anzahl paralleler Jobs, die ausgeführt werden können, sowie in zusätzlichen Funktionen wie Videoauflösung oder privater Nutzung. Welcher Tarif sinnvoll ist, hängt stark davon ab, wie intensiv und in welchem Kontext Midjourney eingesetzt wird.

- Das Basic-Abo eignet sich in erster Linie für ein erstes Kennenlernen der Plattform oder für die gelegentliche Nutzung. Die enthaltene Fast-GPU-Zeit ist begrenzt, und Funktionen wie der Relax Mode oder Videoerstellung stehen nicht zur Verfügung.
- Das Standard-Abo richtet sich an Anwender*innen, die regelmäßig Bilder generieren möchten. Es bietet unbegrenzte Bildgenerierung im Relax Mode sowie eine deutlich höhere Fast-GPU-Zeit. Für viele kreative Arbeitsprozesse stellt dieser Tarif einen ausgewogenen Einstieg dar.
- Mit dem Pro-Abo erweitert sich der Funktionsumfang erheblich. Neben mehr GPU-Zeit ermöglicht es auch die Videogenerierung im Relax Mode sowie den Stealth Mode, mit dem erstellte Inhalte privat bleiben. Dieser Tarif eignet sich insbesondere für professionelle Workflows, kommerzielle Projekte oder die Arbeit mit sensiblen Bildinhalten.
- Das Mega-Abo bietet von allen vier Plänen den größtmöglichen Leistungsumfang mit maximaler Fast-GPU-Zeit und hoher Parallelisierung. Es ist vor allem für sehr intensive Nutzung, größere Projekte oder Teams gedacht, die regelmäßig mit Bild- und Videogenerierung arbeiten und möglichst wenig Einschränkungen im Arbeitsfluss haben möchten.

Tipp

Falls Sie sich am Anfang nicht sicher sind, wo Sie starten sollen, würde ich empfehlen, mit dem kleinsten Abo-Plan zu starten, denn ein Upgrade zu einem höheren Plan ist jederzeit möglich.

	Basic	Standard	Pro	Mega
Monatlicher Preis	10 $	30 $	60 $	120 $
Jährlicher Preis	96 $ (8 $/Monat)	288 $ (24 $/Monat)	576 $ (48 $/Monat)	1152 $ (96 $/Monat)
Fast-GPU-Zeit	ca. 3,3 Std./ Monat (200 Minuten)	15 Std./Monat	30 Std./Monat	60 Std./Monat
Relax-GPU-Zeit	–	unbegrenzte Bilder	unbegrenzte Bilder & SD-Video	unbegrenzte Bilder & SD-Video
Videoauflösung	SD	SD & HD	SD & HD	SD & HD
Zusätzliche GPU-Zeit kaufen	4 $/Std.	4 $/Std.	4 $/Std.	4 $/Std.
Stealth Mode (Privatmodus/ private Inhalte)	–	–	ja	ja
Max. parallele Bildprompts	3 Fast	3 Fast oder Relax	12 Fast oder 3 Relax	12 Fast oder 3 Relax
Max. parallele Videoprompts	1 Fast	3 Fast	6 Fast oder 3 Relax	12 Fast oder 3 Relax
Max. Wiederholungen/ Permutationsgröße	4 Jobs	10 Jobs	40 Jobs	40 Jobs
Max. Warteschlange (Queued Jobs)	10 Jobs	10 Jobs	10 Jobs (3 Relax-Videos)	10 Jobs (3 Relax-Videos)
Bilder bewerten für kosten-lose GPU-Zeit	ja	ja	ja	ja
Nutzungsrechte	allgemeine kommerzielle Bedingungen	allgemeine kommerzielle Bedingungen	allgemeine kommerzielle Bedingungen	allgemeine kommerzielle Bedingungen

Übersicht und Leistungsunterschiede

Zwei Anmerkungen

- Die Größe der Warteschlange (Queue) kann erweitert werden, um Wiederholungs- und Permutations-Jobs zu berücksichtigen.
- Zu den Nutzungsrechten: Wenn man zu irgendeinem Zeitpunkt ein kostenpflichtiges Abonnement abgeschlossen hat, dürfen die erstellten Bilder und Videos grundsätzlich frei verwendet werden. Unternehmen mit einem jährlichen Bruttoumsatz von mehr als 1.000.000 US-Dollar sind verpflichtet, ein Pro- oder Mega-Abo abzuschließen. Maßgeblich sind in jedem Fall die jeweiligen Nutzungsbedingungen von Midjourney.

2.1.3 Die Leistungen im Detail erklärt

Die verschiedenen Abonnements unterscheiden sich nicht nur im Preis, sondern vor allem in den enthaltenen Leistungen und Nutzungsmöglichkeiten. Um die richtige Wahl zu treffen, lohnt es sich, die einzelnen Komponenten genauer zu verstehen.

Midjourney nutzt leistungsstarke Graphics Processing Units/Grafikprozessoren (GPUs), um Prompts in Bilder und Videos umzuwandeln. Mit einem Abo bei Midjourney erwerben Sie diese GPU-Zeit, also Rechenleistung, die für die Bild- oder Videoberechnung benötigt wird. Je nach Modus wird diese Rechenzeit unterschiedlich eingesetzt.

- **Fast Mode** verbraucht die im Abo enthaltene monatliche Fast-GPU-Zeit. Bilder und Videos werden priorisiert berechnet und erscheinen vergleichsweise schnell. Die verfügbare Fast-Mode-Zeit wird monatlich zurückgesetzt und wird nicht mit in den nächsten Monat übernommen.
- **Relax Mode** ermöglicht unbegrenzte Bildgenerierung, ohne Fast-Mode-Zeit zu verbrauchen. Die Berechnung erfolgt mit geringerer Priorität, wodurch Wartezeiten entstehen können. Relax Mode eignet sich vor allem für Experimente oder größere Bildmengen ohne Zeitdruck. Für Videos ist dieser Modus nur in den Pro- und Mega-Tarifen verfügbar.
- **Turbo Mode** nutzt besonders schnelle GPUs und erzeugt Ergebnisse nochmals deutlich schneller, ungefähr in der doppelten Fast-Mode-Zeit.

Kostenlose GPU-Zeit geschenkt bekommen

Midjourney bietet seiner Community verschiedene Möglichkeiten, zusätzliche Fast-GPU-Zeit kostenlos zu erhalten, etwa durch das Bewerten von Bildern (Image Rankings) oder durch Surveys (Umfragen). Voraussetzung ist ein aktives Abonnement. Erhaltene Fast-Zeit ist 30 Tage gültig. Diese Möglichkeiten finden Sie unter *https://www.midjourney.com/tasks*.

Videos werden bei Midjourney standardmäßig in 480p erzeugt, auch als Standard Definition (SD) bezeichnet. Mit einem Standard-, Pro- oder Mega-Abo können Videos zusätzlich in 720p, also High Definition (HD), generiert werden.

Mit dem Stealth Mode (Privatmodus) sind Bilder und Videos auf der Midjourney-Website nicht öffentlich sichtbar. Der Stealth Mode ist nur in den Pro- und Mega-Abos nutzbar. Auch bei Kündigung oder Tarifwechsel bleiben bereits privat gesetzte Inhalte weiterhin privat.

Wichtig

Inhalte, die in öffentlichen Discord-Channels oder öffentlichen Web-Räumen erstellt werden, bleiben trotz aktiviertem Stealth Mode sichtbar. Für vollständig private Inhalte empfiehlt sich die Erstellung über die Create-Seite über die Midjourney-Website, Discord-Direktnachrichten oder einen privaten Discord-Server.

2.1.4 Bezahlmethode eingeben

Nach der Auswahl eines Abonnements werden Sie von Midjourney auf die Stripe-Bezahlungsseite weitergeleitet. Dort wählen Sie eine Zahlungsmethode aus und schließen den Buchungsvorgang ab.

Nach erfolgreicher Zahlung erhalten Sie eine Bestätigungs-E-Mail, die sowohl die Rechnung als auch den Zahlungsbeleg enthält. Diese E-Mail wird an die Adresse gesendet, die Sie während des Bezahlvorgangs bei Stripe angegeben haben. Sie kann von der E-Mail-Adresse abweichen, mit der Sie sich bei Midjourney registriert haben. Sobald der Bezahlvorgang abgeschlossen ist und die Terms of Services (Nutzungsbedingungen) akzeptiert wurden, können Sie auch schon mit der Bildgenerierung beginnen.

2.1.5 Abo verwalten

Um Ihr Abonnement zu ändern oder zu kündigen, können Sie jederzeit über **My Account** in der linken unteren Navigationsleiste zu **Manage Subscription** wechseln. Hier können Sie

- die verbleibende Fast-Mode-Zeit einsehen (unter **Usage Details**),
- Details zu Ihrem aktuellen Abo sowie enthaltene Funktionen und Preis ansehen (unter **Basic Plan Features** und **Billing & Payments**),
- den Tarif wechseln über den Button **Change Plan**,
- das Abo kündigen über den Button **Cancel Plan** und
- Zahlungsinformationen einsehen (unter **View Invoices**) oder ändern (unter **Edit Billing**).

Midjourney-Abos verlängern sich automatisch. Wenn Sie Ihr Abo also nicht weiterführen möchten, können Sie es jederzeit über **Cancel Plan** kündigen. Nach der Kündigung bleibt Ihr aktueller Plan inklusive verbleibender GPU-Zeit bis zum Ende des laufenden Abrechnungszeitraums aktiv. Alle mit Midjourney erstellten Bilder bleiben in Ihrem Konto gespeichert und sind auch ohne aktives Abonnement jederzeit über die Website abrufbar.

Konto löschen

Wenn Sie alle personenbezogenen Daten Ihres Midjourney-Kontos löschen möchten, finden Sie im Footer den FAQ-Punkt »How can I delete my account?«, über den der Prozess eingeleitet werden kann. Nach dem Start der Kontolöschung wird Ihr Abo sofort gekündigt, und Ihre Daten werden gelöscht. Anschließend gilt eine siebentägige Frist, innerhalb deren Sie die Löschung noch rückgängig machen können. Nach Ablauf dieser Frist werden alle Daten dauerhaft gelöscht, und das Konto kann nicht wiederhergestellt werden.

2.2 Der Explore-Bereich

Die Midjourney-Website ist der zentrale Einstiegspunkt zu einem beinahe magischen Ort für kreative Experimente. Sie verbindet die eigentliche Bildgenerierung mit einer inspirationsreichen, Pinterest-ähnlichen Umgebung, in der aus Ideen nach und nach visuelle Erzählungen entstehen. Am linken Rand der Seite befindet sich die Navigationsleiste, die auf allen Unterseiten sichtbar bleibt. Sie enthält die wichtigsten Bereiche der Plattform, die wir uns nun ansehen wollen.

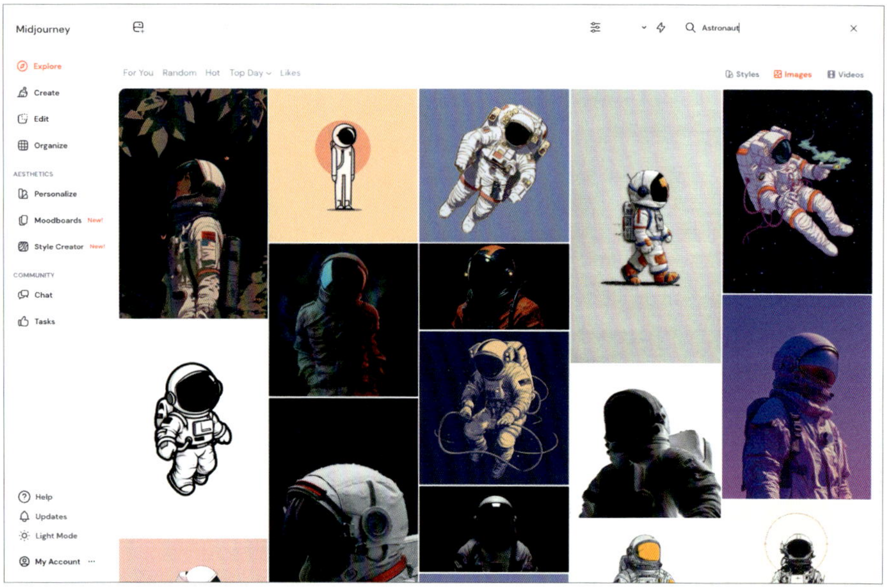

Inspiration auf der Explore-Seite, hier nach der Suche »Astronaut«

Die Explore-Seite ist eine kuratierte Galerie, in der Sie öffentlich generierte Bilder und Videos anderer Nutzer*innen durchstöbern wie auch Styles entdecken können. Sie bietet Inspiration, Einblicke in Trends und praktische Funktionen zur Weiterverwendung von Prompts und Stilen. Die Explore-Seite zeigt eine fortlaufende Bildübersicht mit verschiedenen Sortiermöglichkeiten für Styles, Bilder und Videos:

- **For You**: primär basierend auf dem persönlichen Profil »Global v7 Personalization Profile«
- **Random**: zufällige Bildauswahl
- **Hot**: besonders aktive oder viel diskutierte Bilder der Community
- **Top Day**: beliebteste Bilder nach Tag, Woche oder Monat
- **Likes**: von Ihnen favorisierte Bilder der Galerie oder auch Ihre eigenen erstellten Bilder

Über die Suchleiste oben rechts lassen sich gezielt Motive, Begriffe oder Stile finden, wie z. B. »Portrait«, »Cyberpunk«, »3D Illustration« oder »Astronaut«.

Wenn Sie auf ein Bild in der Galerie klicken und das Bild öffnen, finden Sie eine Detailansicht mit Informationen rechts neben dem Bild, wie z. B. der verwendete Prompt, die Bildparameter (z. B. Seitenverhältnis, Modellversion), der Username des/der Ersteller*in sowie das Datum und das Like-Herz zum Favorisieren.

Detailinformationen zum Bild

In der gleichen Ansicht können Sie jetzt kontextbasierte Schnellaktionen durchführen. Sie können den Prompttext oder Parameter anklicken und den Prompt so direkt in das eigene Promptfeld übernehmen. Klicken Sie die Lupe an, werden ähnliche, visuell verwandte Bilder gesucht. Das Herz-Icon bedeutet »Gefällt mir«: Das jeweilige Bild wird mit einem Like markiert und als Favorit abgespeichert. Alle favorisierten Bilder finden Sie später gesammelt in der Ansicht **Likes** auf der Explore-Seite.

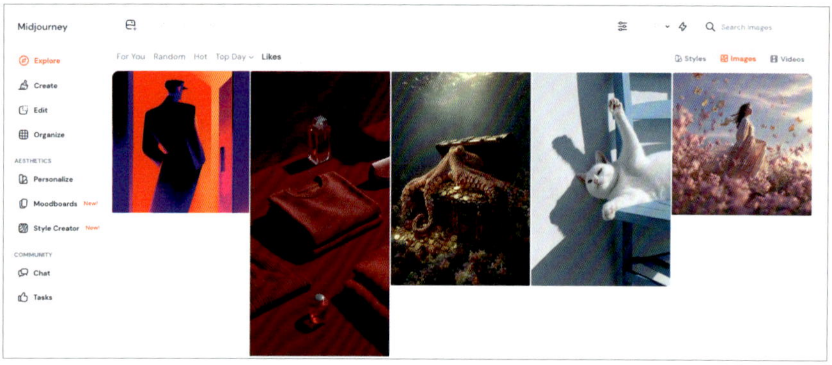

Meine Likes

Die Explore-Seite empfehle ich besonders Einsteiger*innen in Midjourney als ersten zentralen Anlaufpunkt der Website. Sie eignet sich hervorragend, um Inspiration zu sammeln und zugleich ein Gefühl für Sprache, Stil und Komposition zu entwickeln, wie sie in Midjourney verwendet werden. Prompts lassen sich hier direkt kopieren, anpassen oder als Ausgangspunkt für eigene Experimente nutzen.

Die Standardeinstellung für Beispiele ist rechts die Einstellung **Images**. Über **Videos** werden bewegliche Beispiele angezeigt. Der Style Explorer über **Styles** ist eine Bibliothek aller Style Reference Codes (SREFs), in der Sie visuelle Stile entdecken, vergleichen und als Grundlage für eigene Bildgenerierungen nutzen können.

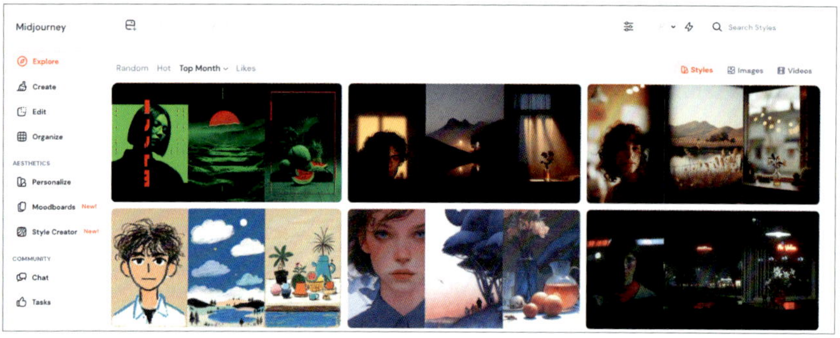

Entdecken Sie gezielt Stile.

Beim Anklicken eines Stils öffnet sich eine Galerie mit Beispielbildern, die dessen charakteristische Ästhetik zeigen. Der zugehörige SREF-Code kann direkt übernommen oder über **Try Style** auf den aktuellen oder zuletzt verwendeten Prompt angewendet werden. Auch hier lassen sich mit dem Herz-Icon wieder Stile favorisieren und sind später gesammelt im Likes-Bereich wieder auffindbar.

2.3 Der Create-Bereich

Die Create-Seite wird Ihr Hauptbereich für den kreativen Workflow in Midjourney. Hier entstehen Ihre neu generierten Bilder in Echtzeit auf Basis Ihrer Prompts. Die Create-Seite ist so aufgebaut, dass ein kontinuierliches Arbeiten vom ersten Entwurf bis zur finalen Variante so gut wie ohne Unterbrechung möglich ist.

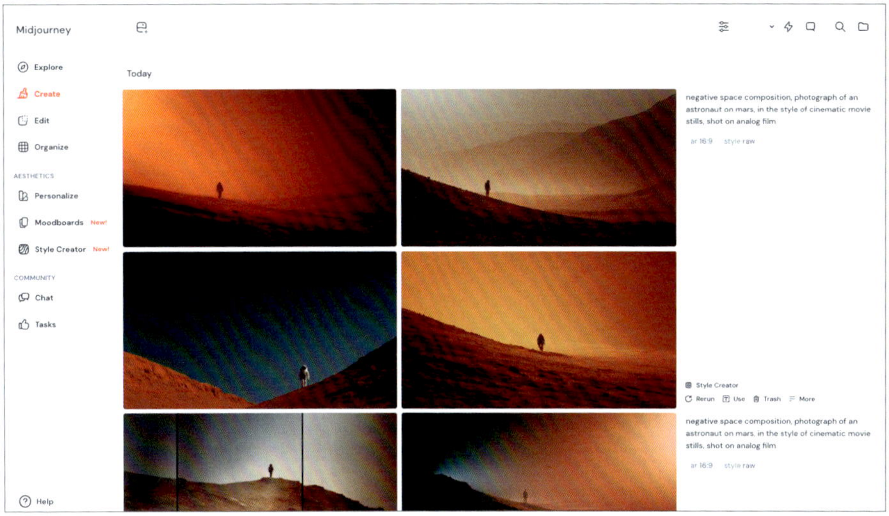

Bildgenerierung auf der Create-Seite

2.3.1 Die Prompteingabeleiste

Das Herzstück der Create-Seite ist die Prompteingabeleiste, auf Englisch *Imagine Bar*. Hier werden die Prompts für die Bild- wie auch Videogenerierungen eingegeben. Die Generierung startet entweder über den Senden-Button oder mit der ↵-Taste auf Ihrer Tastatur. Mit `Strg`+↵ (Windows) bzw. `cmd`+↵ (Mac) wird der Prompt ausgeführt, bleibt aber im Eingabefeld erhalten und kann direkt weiterverwendet oder angepasst werden.

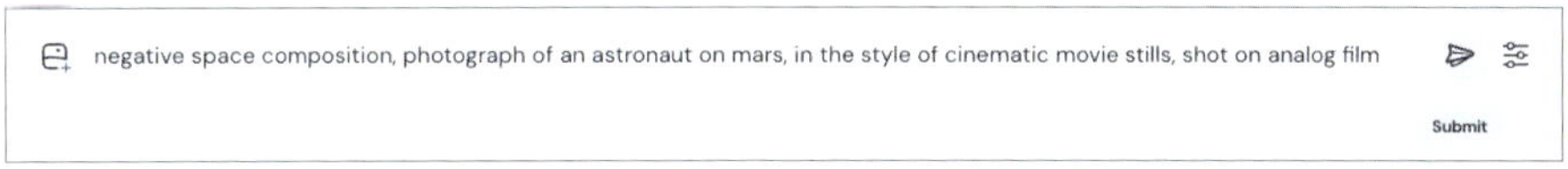

Die Prompteingabeleiste

Über das Bildsymbol links öffnet sich das Images Panel, in dem eigene Bilder hochgeladen oder aus der bestehenden Upload-Bibliothek ausgewählt werden können.

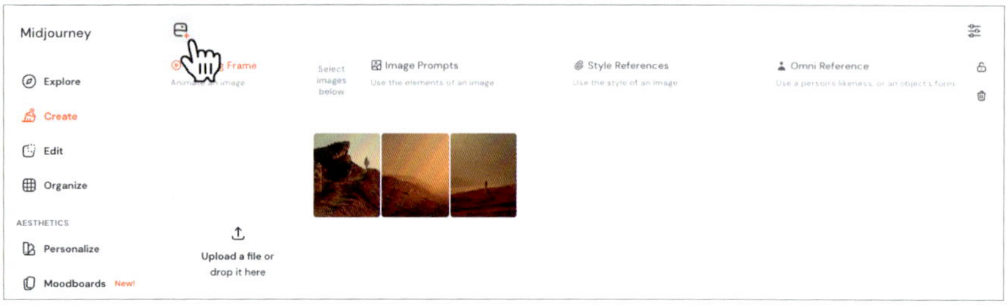

Bilder hinzufügen über den linken Button

Bilder lassen sich per Drag-and-drop direkt in die Imagine Bar ziehen und dort unterschiedlich einsetzen:

- als Image Prompt, um den visuellen Stil zu beeinflussen
- als Style Reference, um eine bestimmte Ästhetik zu übernehmen
- als Omni Reference, um Figuren oder Objekte konsistent zu halten
- als Starting Frame, um Videos auf Basis eines Standbildes zu erzeugen

Zu all diesen Punkten kommen wir später genauer. Nach dem Hinzufügen eines Bildes kann in der Imagine Bar auch zwischen Bild- und Videogenerierung umgeschaltet werden (zur Videogenerierung siehe Kapitel 9, »Video«).

Umschalten auf die Videogenerierung

Beim Überfahren eines Bildes in der Upload-Bibliothek erscheinen zusätzliche Aktionen. Hier können Sie anschließend Bilder beschreiben, im Editor öffnen oder aus der Bibliothek löschen.

Open in Editor

Zusätzlich lassen sich ausgewählte Bilder in der Imagine Bar fixieren oder gesammelt wieder entfernen.

Weitere Optionen

2.3.2 Voreinstellungen für den Prompt

Über das Einstellungssymbol rechts lassen sich komplexe Voreinstellungen definieren, die dann automatisch auf Ihre Prompts angewendet werden können. Ich gehe in Abschnitt 3.3 genauer auf die Einstellungsmöglichkeiten ein.

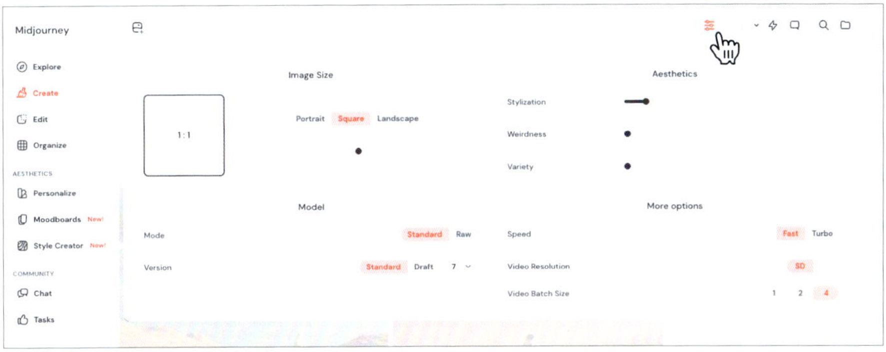

Voreinstellungen für den Prompt

Die **Image Size** bestimmt das Seitenverhältnis des Bildes. Die drei wichtigsten Formate können über Portrait, Square und Landscape direkt angewählt werden, die anderen sind über den Schieberegler erreichbar. Wichtige Einstellungen sind:

- 1:1 (oder **Square**): quadratisches Format, wird oft für Profilbilder und Social-Media-Posts genutzt
- 4:3 (**Landscape**): leicht rechteckig, bekannt aus älteren TV-Geräten und Computerbildschirmen, Querformat
- 3:4 (**Portrait**): typisches Porträtfoto-Format, rechteckig, Hochformat
- 2:3: gängiges Format in der Fotografie sowie bei Bilderrahmen und Drucken
- 16:9: Breitbildformat, Standard für HD-Videos und moderne Fernseher
- 9:16: vertikales Format, typisch für Smartphone-Inhalte und Social Media (z. B. TikTok, Instagram Stories etc.)

Darunter lässt sich im Bereich **Mode** das Midjourney-Modell auswählen.

- **Standard**: erzeugt stilisierte, ästhetisch optimierte Ergebnisse mit automatischer »Verschönerung« (ideal für harmonische, kreative Bildwelten)
- **Raw**: deaktiviert stilistische Vorgaben und sorgt für eine neutralere, promptnähere Ausgabe (besonders geeignet für sachliche Darstellungen oder präzise Kontrolle)

Midjourney hat seit seinem Start im Jahr 2022 mehrere Modellversionen veröffentlicht, die sich in Bildqualität, Stilinterpretation und Funktionsumfang teils erheblich unterscheiden. In den Einstellungen unter **Model** können Sie zwischen verschiedenen Versionen wählen, um gezielt unterschiedliche ästhetische Ergebnisse zu erzielen. Auf die Vor- und Nachteile der verschiedenen Versionen gehe ich in Abschnitt 3.3.1 ausführlich ein.

Unter **Aesthetics** verbirgt sich eine Stilkontrolle, die bestimmt, wie stark Midjourney den künstlerischen Stil betont.

- **Stylization** bestimmt, wie künstlerisch oder frei Midjourney interpretieren soll. Ein niedriger Wert ist hierbei näher am Prompt, ein höherer Wert bietet mehr Stilfreiheit.
- **Weirdness** aktiviert ungewöhnliche, experimentelle Bildkompositionen.
- **Variety** steuert, wie unterschiedlich die vier Bildvorschläge zueinander ausfallen sollen.

Unter **More Options** finden sich die Einstellungen **Speed**, **Video Resolution** und **Video Batch Size**. Die Speed-Einstellung bestimmt, wie schnell Ihre Generierungen verarbeitet werden, und hat direkten Einfluss auf den Verbrauch Ihrer GPU-Zeit. Dabei ist die Einstellung **Relax** warteschlangenbasiert, d. h. 0–10 Minuten pro Set (4 Bilder), abhängig von der Auslastung. **Fast** ist der Standardmodus, er benötigt ca. 1 Minuten pro Set. **Turbo** ist der schnellste Modus, er benötigt nur ca. 10 Sekunden pro Set.

Die **Video Resolution** steuert die Ausgabeauflösung bei der Generierung von Videos mit Midjourney. Niedrigere Auflösungen (SD, Standard Definition) erzeugen kleinere Dateien und verbrauchen weniger GPU-Zeit. Höhere Auflösungen (HD, High Definition) liefern detailreichere Videos mit besserer Bildqualität, benötigen aber entsprechend mehr Rechenleistung und damit mehr GPU-Zeit. Für finale Ergebnisse und die professionelle Verwendung sollten Sie die höchste verfügbare Auflösung wählen.

Die **Batch Size** bestimmt, wie viele Videovarianten Midjourney gleichzeitig aus einem einzelnen Prompt generiert. Über eine kleinere Batch Size (z. B. 1–2) erhält man weniger Varianten pro Generierung, was GPU-Zeit spart und schnellere Ergebnisse liefert. Das ist sinnvoll, wenn Sie bereits eine klare Vorstellung haben oder nur kleine Anpassungen testen möchten. Bei einer größeren Batch Size (z. B. 4) erstellt Midjourney mehrere Varianten gleichzeitig, was Ihnen mehr Auswahlmöglichkeiten gibt. Sie können die beste Version auswählen oder verschiedene Interpretationen Ihres Prompts vergleichen. Der GPU-Verbrauch steigt entsprechend, aber Sie sparen Zeit, weil Sie nicht mehrfach denselben Prompt absenden müssen.

Diese drei Optionen unter **More Options** beeinflussen sich gegenseitig in Bezug auf GPU-Verbrauch und Wartezeit. Eine Kombination aus Turbo Mode, hoher Video Resolution und großer Batch Size liefert schnell viele hochwertige Ergebnisse, verbraucht aber entsprechend viel GPU-Zeit. Umgekehrt können Sie mit Relax Mode, niedriger Auflösung und kleiner Batch Size ressourcenschonend experimentieren, müssen dafür aber längere Wartezeiten in Kauf nehmen. Für einen effizienten Workflow empfiehlt es sich, in der Konzeptphase mit niedrigeren Einstellungen zu arbeiten und erst für finale Versionen auf maximale Qualität und Geschwindigkeit zu setzen.

Stealth

Unter **More Options** befindet sich bei den Pro- und Mega-Plänen zusätzlich die Einstellung **Stealth**. Der Stealth-Mode (Privatmodus) sorgt dafür, dass Bilder und Videos auf der Midjourney-Website nicht öffentlich sichtbar sind. Bereits privat gesetzte Inhalte bleiben auch bei einer Kündigung oder einem Tarifwechsel weiterhin privat.

2.3.3 Creation Feed

Während die Bilder von Midjourney generiert werden, wird der Fortschritt direkt anhand von Prozenten oben links dargestellt. Sobald die vier Bilder generiert sind, erscheinen die fertigen Bildvorschläge unmittelbar zur weiteren Bearbeitung oder zum Download auf der Create-Seite.

Während die Bilder erstellt werden, werden sie unscharf dargestellt.

Wenn Sie mit der Maus über das fertig generierte Bild Ihrer Wahl im Feed fahren, erscheinen Schnellaktionen, mit denen sich Bilder direkt löschen (Papierkorb-Icon oben links), liken (Herz-Icon oben rechts), Variationen erstellen oder Bilder als Basis für ein Video verwenden lassen.

Rechts neben den Bildern werden der verwendete Prompt, die Parameter sowie gegebenenfalls Referenzbilder angezeigt, mit denen das Bild generiert wurde. Auch dieser Bereich bietet beim Mouseover zusätzliche Schnellzugriffe. Über diese können Sie den Prompt im Style Creator weiterverwenden, den gleichen Prompt erneut ausführen (**Rerun**), Prompt und Bilder für eine neue Generierung übernehmen (**Use**), Bilder aus dem Feed in den Papierkorb verschieben (**Trash**) oder weitere Optionen aufrufen. Mehr zum Create-Bereich erfahren Sie in Kapitel 3, »Prompting für die Bildgenerierung«.

Zusätzliche Funktionen erscheinen beim Darüberfahren mit der Maus.

Der Edit-Bereich

Die Edit-Seite ist der integrierte Editor von Midjourney und ergänzt die Bildgenerierung um Möglichkeiten zur Weiterbearbeitung. Hier können Sie bestehende Bilder gezielt anpassen, weiterentwickeln oder als Ausgangspunkt für neue Varianten nutzen. Da der Editor einen eigenen, umfangreichen Funktionsbereich darstellt, gehe ich darauf in Abschnitt 4.5 ausführlich ein.

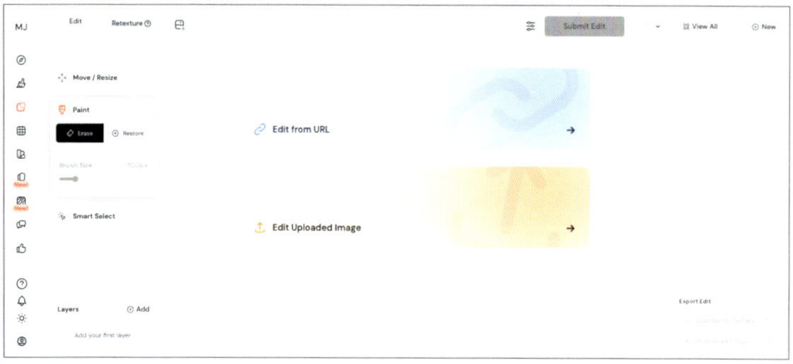

Der Edit-Bereich

2.4 Der Organize-Bereich

Die Organize-Seite ist der zentrale Arbeitsbereich, um alle mit Midjourney erstellten Bilder und Videos zu verwalten. Vor allem, wenn über einen längeren Zeitraum viele Varianten, Experimente oder Projekte entstehen, wird dieser Bereich schnell unverzichtbar. Hier lassen sich Inhalte gezielt durchsuchen, filtern, strukturieren und in einen sinnvollen Zusammenhang bringen. Die Organize-Seite ist damit weniger ein kreativer Startpunkt als vielmehr das Gedächtnis Ihrer Arbeit und der Ort, an dem Sie Ordnung schaffen.

Organisieren Sie Ihre Bildgenerierungen über den Organize-Bereich.

Wenn Sie die Organize-Seite aufrufen, sehen Sie eine Übersicht aller Ihrer generierten Bilder. Die Darstellung erfolgt standardmäßig in einem Raster, das sich dynamisch an Ihre Bildschirmgröße anpasst. Je nach Anzahl Ihrer Generierungen kann diese Sammlung schnell auf Hunderte oder Tausende von Bildern anwachsen, weshalb die verschiedenen Filter- und Sortierfunktionen besonders wichtig werden.

Die Seitenleiste zeigt entweder Ihre Ordnerstruktur und ermöglicht schnellen Zugriff auf bestimmte Sammlungen oder die Filterleiste.

2.4.1 Eine Ordnerstruktur anlegen (Folder)

Ordner dienen dazu, Ihre generierten Bilder und Videos übersichtlich zu strukturieren und thematisch zu bündeln, ähnlich wie Sie es auch auf Ihrem eigenen Computer machen würden. Über das Ordnersymbol neben der Suchleiste können neue Ordner angelegt, bestehende verwaltet und bei Bedarf zu Ordnergruppen zusammengefasst werden. Gerade das Verschachteln von Ordnern über **New Folder Group** ist bei Sortierungen in Kundenprojekten oder nach Kategorien sehr sinnvoll.

Bilder lassen sich per Drag-and-drop in Ordner verschieben. Darüber hinaus können neue Bilder direkt innerhalb eines Ordners generiert werden: Wird ein Ordner ausgewählt und anschließend ein Prompt in der Imagine Bar eingegeben, erscheinen die

Ergebnisse automatisch dort. Diese Struktur hilft dabei, unterschiedliche Projekte, Richtungen oder Arbeitsphasen übersichtlich voneinander zu trennen.

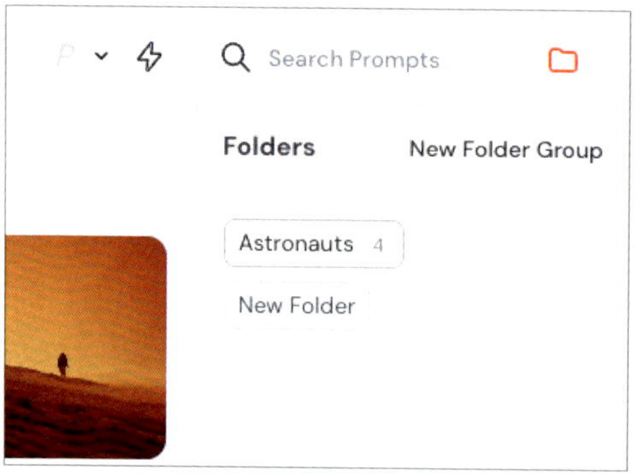

Bilder lassen sich in Ordnern verwalten.

Tipps für effektive Organisation

- Beginnen Sie von Anfang an mit einer durchdachten Ordnerstruktur. Nachträgliches Sortieren Hunderter Bilder ist mühsam.
- Nehmen Sie sich regelmäßig Zeit, neue Bilder zu sortieren und nicht mehr benötigte zu löschen. Eine gepflegte Sammlung spart langfristig Zeit.
- Verlassen Sie sich nicht ausschließlich auf die Cloud-Speicherung. Laden Sie wichtige Bilder regelmäßig herunter, und sichern Sie sie auf Ihrem eigenen System.

2.4.2 Die Suchleiste

Auf der Organize- und der Create-Seite befindet sich oben eine Suchleiste, die speziell für die eigene Bildsammlung gedacht ist. Während an anderen Stellen von *midjourney.com* auch Inhalte anderer Nutzer*innen durchsucht werden können, bezieht sich diese Suche ausschließlich auf die eigenen Generierungen. Gesucht werden kann sowohl nach Wörtern oder Sätzen aus dem Prompt als auch nach bestimmten Attributen, etwa Parametern, Personalisierungsprofilen oder weiteren promptbezogenen Eigenschaften. Wenn Sie beispielsweise alle Bilder finden möchten, bei denen Sie »sunset« im Prompt verwendet haben, gibt Ihnen die Suche entsprechende Ergebnisse zurück, die Sie auch mit einem Zeitpunkt kombinieren können.

Die verfügbaren Attribute lassen sich durchscrollen und per Klick zur Suchleiste hinzufügen. Durch die Kombination von Prompttext und mehreren Attributen kann die Suche gezielt eingegrenzt werden, um gewünschte Bilder schneller wiederzufinden. Hier ist es möglich, die Anzeige auf bestimmte Zeiträume (before – after), bestimmte Ordner, auf Seitenverhältnisse, Auflösungen usw. einzuschränken.

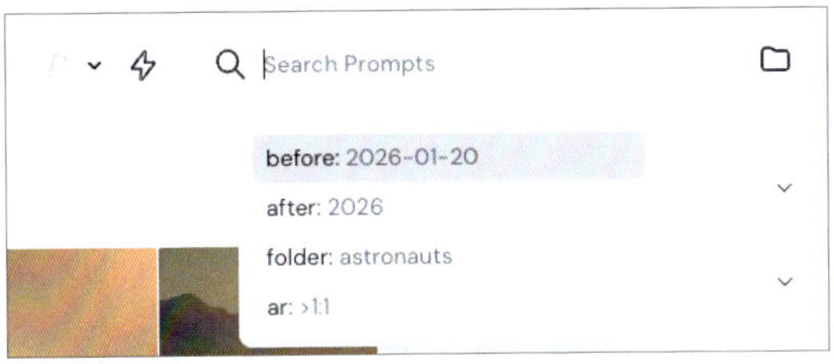

Umfassende Suchfunktionen sind integriert.

2.4.3 Die Seitenleiste

Auf der rechten Seite des Organize-Bereichs befindet sich die Seitenleiste mit den Reitern **Saved Searches**, **Profiles**, **Filters** und **View Options**.

Am wichtigsten sind hier die Filteroptionen, mit denen sich die angezeigten Bilder gezielt eingrenzen lassen. Aktivierte Filter blenden alle Inhalte aus, die nicht den gewählten Kriterien entsprechen. Es gibt z. B. Versionsfilter, Auflösungsfilter und Seitenverhältnisfilter. So werden beispielsweise durch einen Klick auf **Square** nur noch die quadratischen Bilder angezeigt.

Suchfunktion über die Filtereinstellungen

Die Filteroptionen lassen sich sowohl innerhalb einzelner Kategorien als auch kategorienübergreifend kombinieren. Werden mehrere Optionen innerhalb eines Bereichs aktiviert, erscheinen Bilder, die mindestens einer dieser Auswahlmöglichkeiten entsprechen. Werden Filter aus verschiedenen Bereichen kombiniert, werden nur Bilder angezeigt, die alle gewählten Kriterien erfüllen.

Saved Searches (früher Smart Folders) ermöglichen es, Bilder automatisch zu organisieren, ohne sie manuell verschieben oder zuweisen zu müssen. Stattdessen werden Inhalte dynamisch anhand definierter Suchbegriffe zusammengestellt. Wird eine Saved Search eingerichtet, erscheinen darin ausschließlich Bilder, deren Prompts alle angegebenen Suchbegriffe enthalten, die Reihenfolge der Begriffe spielt dabei keine Rolle. Wird beispielsweise die Suche »futuristic astronaut« angelegt, werden alle Bilder angezeigt, in deren Prompt beide Begriffe vorkommen.

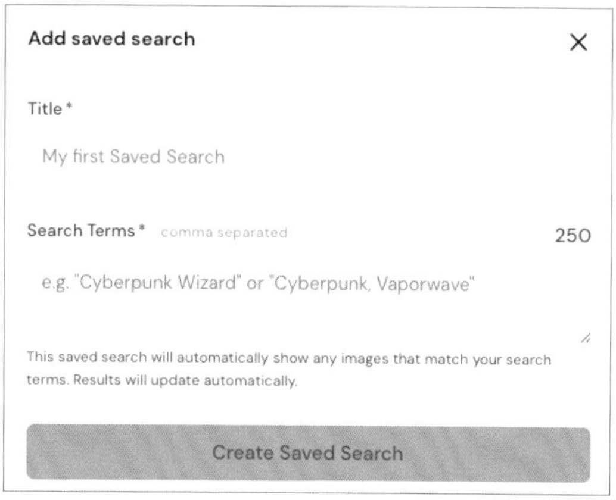

Hier lässt sich eine Suche sichern.

Im Bereich **Profiles** werden alle vorhandenen Personalisierungsprofile aufgelistet. Wird ein Profil ausgewählt, werden ausschließlich Bilder angezeigt, die mit diesem Profil generiert wurden. Auf diese Weise lassen sich Inhalte gezielt nach bestimmten Stimmungen, Stilrichtungen oder Moodboards filtern. Auf die Personalisierungsprofile gehe ich in Abschnitt 5.4 ausführlich ein.

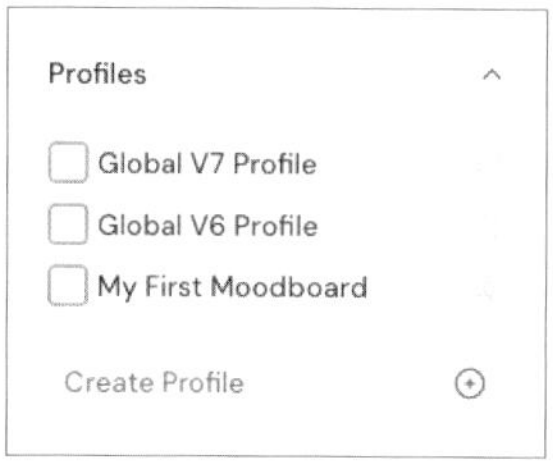

Verschiedene voreingestellte und selbst erstellte Profile können angeklickt werden.

Über **View Options** kann die Darstellung der generierten Bilder angepasst werden. Sie beeinflussen das Layout, ohne die eigentliche Sammlung zu verändern. Über **Square** werden alle Bilder in einem gleichmäßigen Raster in derselben Größe dargestellt, was einen schnelleren visuellen Überblick ermöglicht. Über **Full** behalten die Bilder ihre ursprünglichen Proportionen. Hochformate erscheinen höher, Querformate breiter. Die **Image Size** bestimmt die Größe der Vorschaubilder.

Sobald eine entsprechende Generierungshistorie vorhanden ist, erscheint neben der Filterleiste die Timeline Bar. Sie ähnelt einem schmalen Scrollbalken und zeigt beim Darüberfahren mit der Maus eine zeitliche Übersicht der Tage, an denen Bilder erstellt wurden. Ein Klick auf ein Datum führt direkt zu allen Inhalten, die an diesem Tag generiert wurden.

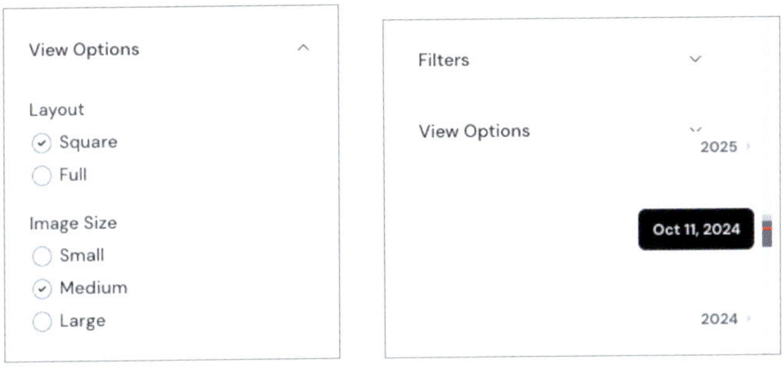

Links die View Options, rechts die Timeline Bar

2.4.4 Bulk Actions

Mehrere Bilder lassen sich gleichzeitig auswählen, entweder durch Klicken und Ziehen mit der Maus oder mit ⇧ + Klick für eine gezielte Auswahl. Zusätzlich kann über das Plussymbol neben dem Datum (oben links über der Bildergalerie) automatisch alles ausgewählt werden, was an diesem Tag generiert wurde. Nach der Auswahl erscheint am unteren Bildschirmrand ein Bulk-Actions-Fenster, das anzeigt, wie viele Bilder ausgewählt sind, und verschiedene Sammelaktionen anbietet. Über diese Aktionen können Bilder direkt heruntergeladen werden.

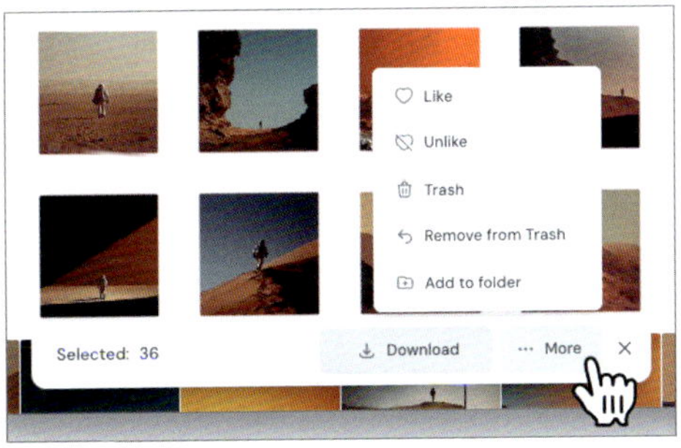

Mehrere markierte Bilder können gemeinsam bearbeitet werden.

Über **More** stehen weitere Optionen zur Verfügung, etwa das Markieren oder Entfernen von Favoriten, das Verschieben in oder aus dem Papierkorb, das Setzen auf privat oder öffentlich sowie das Hinzufügen zu oder Entfernen aus Ordnern.

Papierkorb (Trash)

Um den eigenen Arbeitsbereich übersichtlich zu halten, können Sie nicht mehr benötigte Inhalte in den Papierkorb verschieben. Wird eine Kreation in den Papierkorb gelegt, ist sie weder auf der Create- noch auf der Organize-Seite sichtbar und erscheint auch nicht im Archiv des Profils. Falls Sie sich später umentscheiden, lassen sich diese Inhalte über den Filter **In Trash** auf der Organize-Seite wiederfinden und mit »Remove from Trash« wiederherstellen.

Wichtig

Inhalte im Papierkorb sind nicht automatisch privat. Sie können weiterhin über öffentliche Bereiche wie die Explore-Seite, Rankings oder über direkte Links (Job-ID oder URL) auffindbar sein!

2.4.5 Ein Bild aufrufen

Ein Klick auf ein Bild öffnet die Detailansicht, die in der linken Spalte umfassende Informationen und weitere Optionen bietet. Im Zentrum der Detailansicht steht das Bild selbst in hoher Auflösung. Anders als in der Rasterübersicht sehen Sie hier alle Details und können die Qualität der Generierung genau beurteilen. Sie können sogar noch in das Bild hineinzoomen, um feine Details wie Texturen, Gesichtszüge oder kleine Bildelemente zu inspizieren. Mit den Pfeiltasten können Sie zum nächsten Bild springen, ohne die Detailansicht verlassen zu müssen. Das ermöglicht ein schnelles Durchblättern und Vergleichen mehrerer Generierungen.

In der rechten Leiste wird der vollständige Prompt, mit dem das Bild erstellt wurde, angezeigt. Sie können ihn über den Button **Use Prompt** kopieren, um ihn erneut zu verwenden oder als Ausgangspunkt für Variationen zu nutzen. Auch alle verwendeten technischen Parameter wie Seitenverhältnis, der Stylize-Wert, der Chaos-Wert, die Qualitätseinstellung, Version und weitere Einstellungen werden aufgelistet. So können Sie nachvollziehen, wie ein bestimmtes Ergebnis zustande kam. Besonders wertvoll ist auch die Angabe des SREF-Wertes, mit dem Sie exakt dasselbe Bild erneut generieren oder minimale Variationen erstellen können. Auch verwendete Referenzbilder werden hier angezeigt und das Ausgangsbild verlinkt. Sie können die gesamte Entstehungskette nachvollziehen. Auch bei Bildern, die durch Upscaling, Variationen oder Remix entstanden sind, sehen Sie hier die Verbindung zum Ursprungsbild.

Direkt aus der Detailansicht können Sie das Bild weiterbearbeiten – etwa Variationen erstellen, upscalen, in den Editor laden oder als Referenz für neue Generierungen verwenden.

Detailansicht auf der Organize-Seite

2.5 Aesthetics

Der Aesthetics-Bereich ist das kreative Zentrum für die Entwicklung und Verwaltung Ihres persönlichen visuellen Stils. Hier finden Sie drei miteinander verbundene Werkzeuge, die Ihnen helfen, konsistente Ästhetiken (deshalb »Aesthetics«) zu definieren und auf Ihre Generierungen anzuwenden. Die drei Bereiche ergänzen sich gegenseitig. Personalize liefert einen allgemeinen Geschmackscode, Moodboards definieren projektspezifische Ästhetiken, und der Style Creator ermöglicht die Feinabstimmung einzelner Stilparameter. Sie können diese Werkzeuge einzeln nutzen oder kombinieren, um maximale Kontrolle über den visuellen Output zu erlangen.

2.5.1 Aesthetics – Personalize

Personalize ermöglicht es, Midjourney schrittweise an den eigenen visuellen Geschmack anzupassen. Auf Basis einfacher Bildvergleiche wird ein persönliches Stilprofil erstellt, das die individuellen ästhetischen Präferenzen abbildet und später in Prompts genutzt werden kann. Das System zeigt Ihnen Bildpaare oder Bildreihen, und Sie wählen aus, welche Ihnen besser gefallen. Aus Hunderten dieser Entscheidungen lernt Midjourney Ihre ästhetischen Präferenzen – ob Sie warme oder kühle Farben bevorzugen, minimalistische oder detailreiche Kompositionen mögen, kontrastreiche oder weiche Bilder schätzen. Je mehr Bewertungen Sie abgeben, desto präziser wird

Ihr persönlicher Stilcode. Wie ein Personalization-Profil erstellt und angewendet wird, wird in Abschnitt 5.4 ausführlich erläutert.

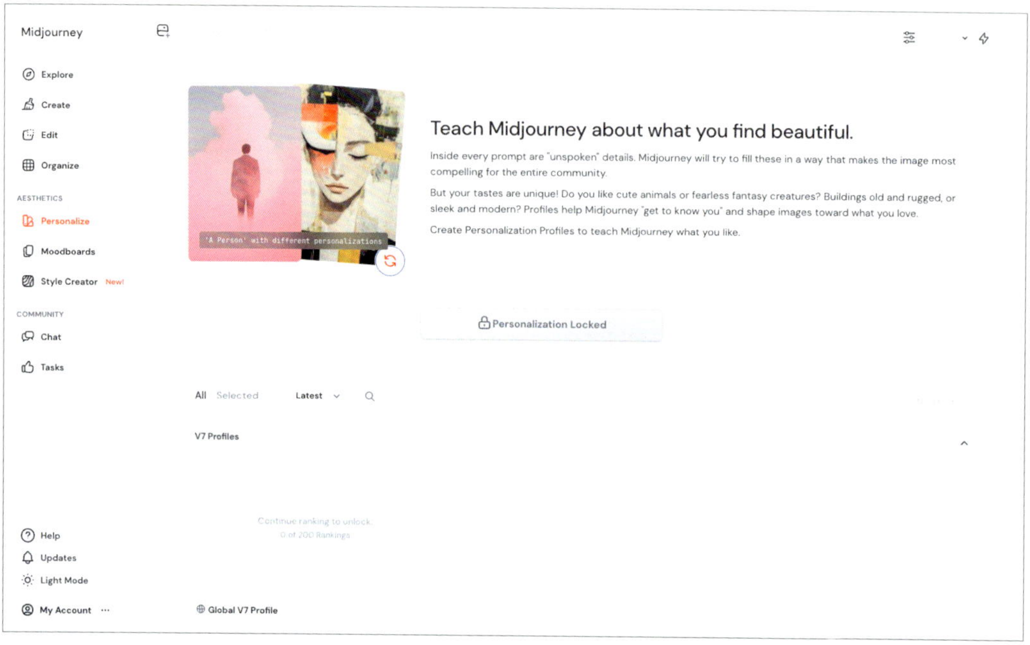

Der Personalize-Bereich

2.5.2 Aesthetics – Moodboards

Moodboards bieten eine weitere Möglichkeit, in Midjourney eine konsistente visuelle Sprache zu entwickeln. Sie bündeln mehrere Referenzbilder zu einem gemeinsamen ästhetischen Rahmen und eignen sich besonders dann, wenn bereits Bildmaterial vorliegt oder komplexere visuelle Zusammenhänge abgebildet werden sollen. Moodboards ermöglichen es Ihnen, visuelle Sammlungen als Stilreferenz anzulegen. Anstatt einzelne Bilder als Referenz zu verwenden, stellen Sie hier mehrere Bilder zusammen, die gemeinsam eine bestimmte Ästhetik definieren. Das können eigene Midjourney-Generierungen sein, aber auch hochgeladene Inspirationsbilder aus anderen Quellen.

Midjourney analysiert die gesammelten Bilder und extrahiert daraus übergreifende Stilmerkmale wie Farbpaletten, Lichtstimmungen, Texturen und Kompositionsprinzipien. Wenn Sie das Moodboard bei einer Generierung aktivieren, fließen diese Merkmale in das Ergebnis ein. Moodboards eignen sich besonders für projektspezifische Stile – etwa den Look einer bestimmten Kampagne, eines Buchprojekts oder einer Markenidentität. Die Erstellung und Anwendung von Moodboards werden in Abschnitt 5.5 ausführlich behandelt.

2.5.3 Aesthetics – Style Creator (Beta)

Der Style Creator (Beta) ermöglicht es, eigene Style Reference Codes (`--sref`) zu erstellen und damit visuelle Stile systematisch festzuhalten. Er dient dazu, aus mehreren Beispielbildern einen konsistenten Stil abzuleiten, der anschließend in Prompts wiederverwendet werden kann. Da der Style Creator einen eigenen, konzeptionell wichtigen Funktionsbereich darstellt, gehe ich darauf in Abschnitt 5.2.3 ein.

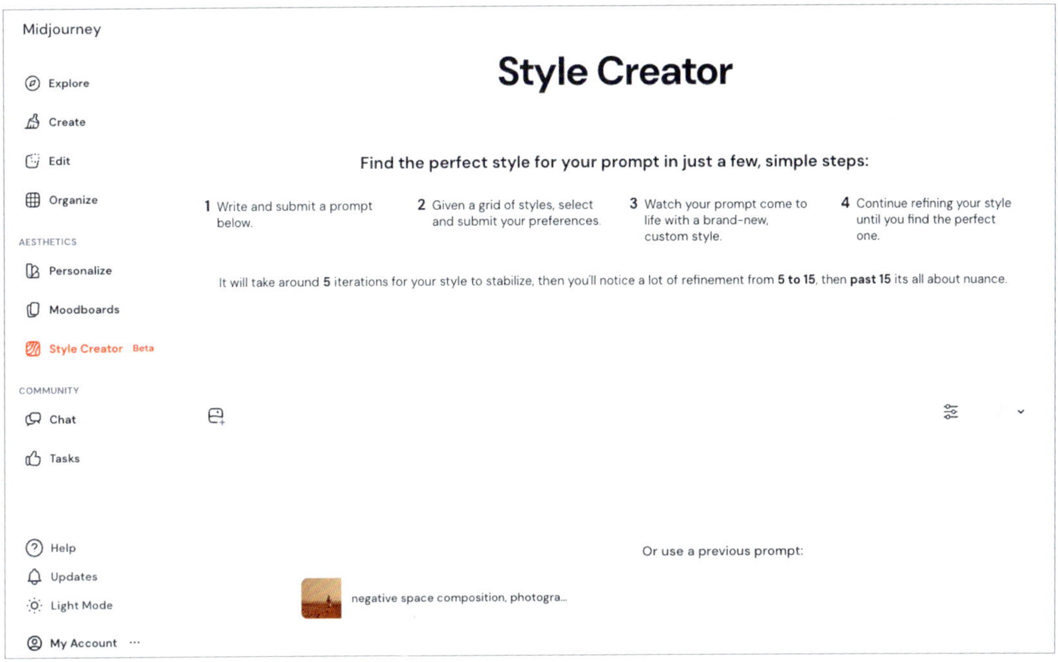

Über den Style Creator lassen sich SREF-Codes erstellen.

2.6 Community

Im Community-Bereich können Sie sich mit anderen Nutzer*innen vernetzen, Inspirationen sammeln und von den Arbeiten der weltweiten Kreativ-Community lernen.

2.6.1 Chat

Unter **Chat** finden Sie interaktive Chat-Rooms, in denen Sie sich mit anderen Nutzer*innen austauschen, Bilder generieren und gemeinsam an Ideen arbeiten können. Die Chat-Funktion verbindet kreatives Prompting mit Community-Interaktion in Echtzeit.

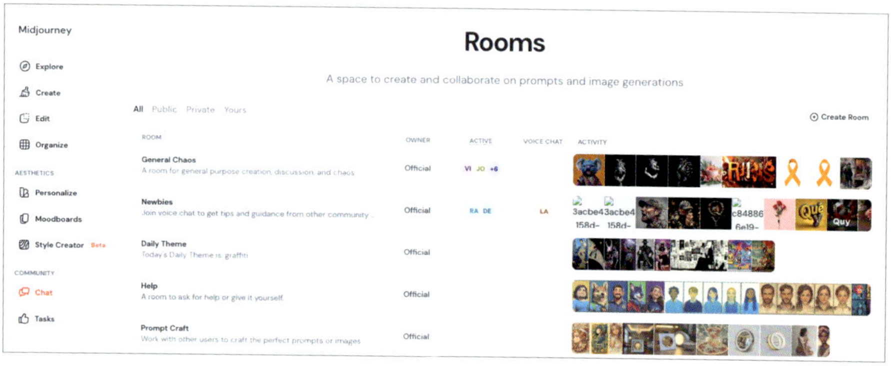

In vorgefertigten Räumen können Sie andere Nutzer und Nutzerinnen treffen.

Folgende vorgefertigte Chat-Rooms stehen für jeden direkt zur Verfügung:

- **General Chaos**: offener Raum für spontane Ideen, Austausch und Experimente
- **Newbies**: speziell für Einsteiger*innen, zum Fragenstellen und Beobachten
- **Help**: Raum, um selbst um Hilfe zu bitten oder Hilfe anzubieten
- **Daily Theme**: thematische Bildideen, täglich wechselnd
- **Prompt Craft**: gezielter Austausch über Formulierungen, Stilrichtungen und Prompt-Techniken

Mit einem Klick auf **Create Room** können Sie einen privaten Chat-Room anlegen. Dieser lässt sich mit einem Passwort schützen und gezielt mit anderen Midjourney-Abonnent*innen teilen – perfekt geeignet für geschlossene Arbeitsgruppen, Kundentermine oder kollaborative Sessions. In jedem Raum können Sie mit anderen Abonnent*innen live chatten, Prompts eingeben und Bilder generieren und über eine integrierte Sprachfunktion mit anderen Leuten sprechen.

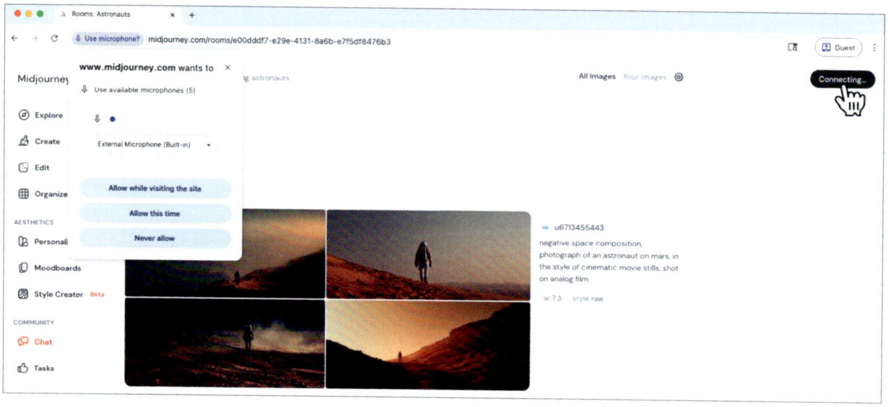

Ansicht eines Chat-Rooms mit aktivierbarer Sprachfunktion. Die Nutzung erfordert die Zustimmung zur Mikrofonverwendung im Browser.

2.6.2 Tasks

Auf der Tasks-Seite finden Sie verschiedene Aufgaben, mit denen sich z. B. die eigenen Personalization-Profile weiter verfeinern lassen. Durch das Ranking von Bildern oder die Teilnahme an Umfragen fließen persönliche Präferenzen in die Weiterentwicklung der zukünftigen Midjourney-Modelle und in gemeinschaftliche Entscheidungen ein.

Die Teilnahme an den verschiedenen Tasks kann zusätzlich mit Vorteilen wie extra GPU-Zeit belohnt werden. Diese dient als Bonus und erweitert den verfügbaren Arbeitszeitraum für Bild- und Videogenerierungen. Wer an den **Image Rankings** teilnimmt und an einem Tag zu den Top 2.000 der Bewertenden gehört, erhält eine zusätzliche Stunde Fast-Zeit. Da es sich um ein kompetitives System handelt, ist die Vergabe nicht garantiert. Bei Nutzung von Discord erfolgt eine Benachrichtigung per Direktnachricht durch den Midjourney Bot. Bei der Teilnahme an **Surveys** wird die zusätzliche Fast-Zeit garantiert vergeben.

Die Tasks-Seite

Wo sehe ich die GPU-Zeit?

Der aktuelle Stand der gekauften und gutgeschriebenen GPU-Zeit lässt sich jederzeit auf der Seite **Manage Subscription** unter **Usage Details** einsehen. Dort werden sowohl verfügbare Stunden als auch Ablaufdaten nicht genutzter Zeit angezeigt. Um vergebene Fast-Zeit zu erhalten und zu nutzen, ist ein aktives Abonnement erforderlich. Nicht genutzte, gutgeschriebene Fast-Zeit verfällt nach 30 Tagen.

Image Rankings

Auf der Image-Rankings-Seite stehen aktuell mehrere Aufgaben zur Verfügung, mit denen Bilder und Videos bewertet werden können.

- **Rank Style Grids**: Bewertung von Kollektionen an Styles (SREFs), um bevorzugte visuelle Richtungen auszuwählen.
- **Rank Style Images**: Auswahl einzelner Bilder an Styles (SREFs), um persönliche ästhetische Vorlieben zu erfassen.
- **Rank Videos**: Bewertung von Videos nach visueller Qualität und Wirkung.
- **Curate Community Frontpage**: Auswahl von Bildern, die auf der Community-Startseite hervorgehoben werden sollen. Diese Aufgabe beeinflusst nicht das Personalization-Profil.
- **Rank Image Aesthetics**: Ranking von einzelnen Midjourney-Bildern, bei dem das visuell ansprechendere ausgewählt wird. Die Auswahl fließt aktiv in Ihr Personalization-Profil ein.
- **Rank Image Aesthetics für Niji**: Entspricht dem Aesthetics-Ranking, bezieht sich jedoch ausschließlich auf Niji-Bilder.

Hier werden Styles bewertet.

Surveys
Über Umfragen werden Zusammenhänge zwischen Persönlichkeit und ästhetischen Vorlieben untersucht. Durch die Teilnahme fließen persönliche Einschätzungen in das Verständnis ein, wie unterschiedliche Stile und Präferenzen wahrgenommen werden. Die Ergebnisse tragen dazu bei, Midjourney stärker an individuelle künstlerische Neigungen anzupassen.

Community
Im Community-Bereich können Ideen und Vorschläge zu zukünftigen Funktionen bewertet werden. Durch dieses Feedback fließen Prioritäten und Bedürfnisse der Nutzer*innen direkt in die Weiterentwicklung von Midjourney ein.

2.7 Discord

Midjourney wurde lange Zeit ausschließlich über Discord genutzt, und auch heute spielt Discord weiterhin eine Rolle innerhalb der Community. Für den Einstieg in Midjourney oder für eine vertiefte, strukturierte Arbeitsweise führt der Weg jedoch zunehmend über die Weboberfläche. Die Midjourney-Website bündelt inzwischen sämtliche zentralen Funktionen an einem Ort und ermöglicht ein deutlich fokussierteres Arbeiten als der chatbasierte Discord-Workflow. Gerade für Nutzer*innen, die Midjourney neu kennenlernen oder gezielt vertiefen möchten, bietet die Weboberfläche mehr Übersicht, bessere Organisation und einen klareren kreativen Arbeitsfluss. Auch mit Blick auf die Weiterentwicklung von Midjourney ist davon auszugehen, dass neue Funktionen primär über die Website zugänglich gemacht werden.

Nichtsdestotrotz lohnt sich ein kurzer Blick auf Discord, insbesondere für Nutzer*innen, die Midjourney dort erstmals kennengelernt haben oder weiterhin einzelne Funktionen nutzen möchten. Im weiteren Verlauf dieses Handbuchs liegt der Fokus jedoch auf den Funktionen der Website von Midjourney, da sie den vollständigsten und übersichtlichsten Zugriff bietet.

2.7.1 Discord-Benutzeroberfläche

Die Discord-Oberfläche bildet den Rahmen für die Arbeit mit dem Midjourney Bot. Sie ist Channel-basiert aufgebaut und kombiniert Bildgenerierung, Community-Austausch und Support an einem Ort. Für den Einstieg reicht es, die grundlegenden Bereiche der Oberfläche zu kennen.

Der Start in Discord

Bevor Sie in Discord mit der Bildgenerierung über Midjourney beginnen können, benötigen Sie ein aktives Abonnement. Nach Abschluss des Abos steht der Nutzung in Discord nichts mehr im Weg, und Sie können direkt mit folgenden Schritten starten:

Dem Midjourney-Server auf Discord beitreten

Um mit dem Midjourney Bot interagieren zu können, müssen Sie zunächst dem offiziellen Midjourney-Server auf Discord beitreten. Öffnen Sie Discord über *www.discord.com*, und klicken Sie oben links auf das Plussymbol, um einen neuen Server hinzuzufügen.

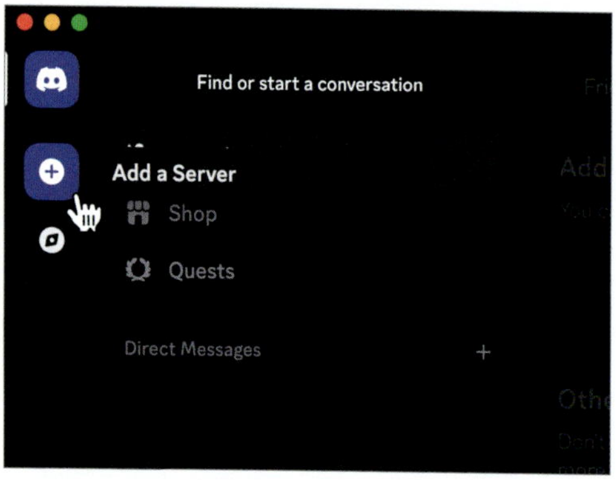

Einen neuen Server anlegen

Wählen Sie anschließend **Join a Server** aus, und geben Sie folgende Adresse ein: *http://discord.gg/midjourney*. Abschließend klicken Sie auf den Button **Join Server**. Alternativ kann die Verbindung zu Discord auch direkt über die Midjourney-Website hergestellt werden. In den Account Settings besteht die Möglichkeit, ein bestehendes Discord-Konto mit dem Midjourney-Account zu verknüpfen.

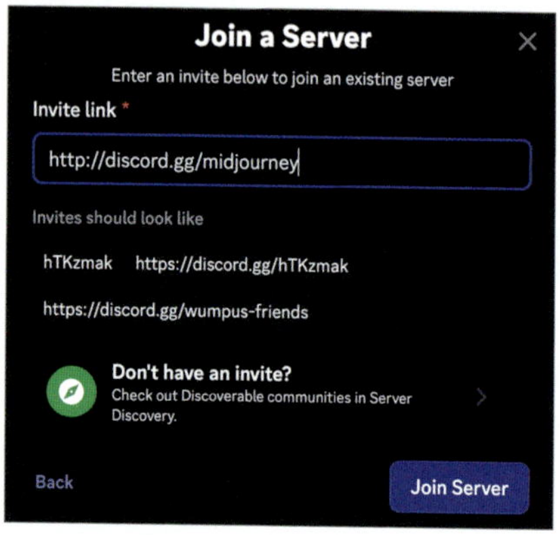

Join a Server

Channel auswählen

Nach dem Beitritt zum Server erscheint in der linken Seitenleiste eine Vielzahl unterschiedlicher Channels.

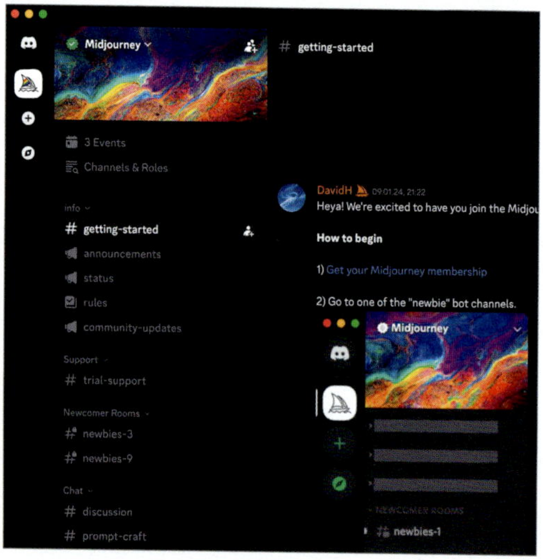

Channels in der Seitenleiste

Für die Bildgenerierung stehen ausschließlich Channels zur Verfügung, die mit *#general-* oder

#newbie- gekennzeichnet sind. Diese Bereiche sind speziell dafür vorgesehen, mit dem Midjourney Bot zu arbeiten. Die Newbie-Channels 1 bis 10 sind für Einsteiger*innen gedacht und aktiv nutzbar.

Prompt eingeben

Die Interaktion mit dem Midjourney Bot erfolgt in Discord über sogenannte Slash-Commands. Diese Befehle beginnen mit einem Schrägstrich und dienen unter anderem dazu, Bilder zu erzeugen, Einstellungen zu ändern oder Informationen zum eigenen Konto abzurufen. Der zentrale Befehl für die Bildgenerierung ist */imagine*. Geben Sie im Nachrichtenfeld zunächst einen Schrägstrich ein. Daraufhin öffnet sich eine Liste aller verfügbaren Befehle.

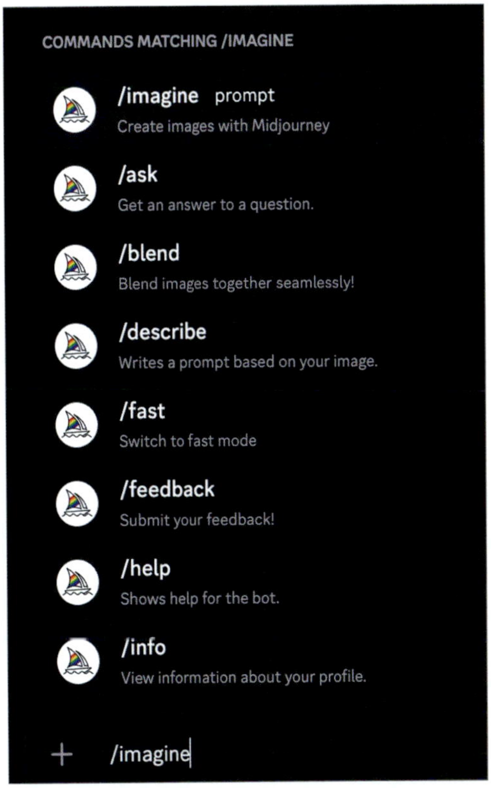

Die Liste der Befehle erscheint.

Tippen Sie weiter, bis */imagine* erscheint, und wählen Sie den Befehl aus. Anschließend können Sie Ihren Textprompt in das dafür vorgesehene Feld eingeben. Nach dem Absenden eines Prompts verarbeitet der Midjourney Bot die Anfrage und erstellt in der Regel innerhalb kurzer Zeit ein Raster aus vier Bildvarianten.

Ergebnisse

Für jede Bildgenerierung wird GPU-Zeit aus dem aktiven Abonnement verwendet. Um den aktuellen Stand der verfügbaren GPU-Zeit (Fast Time) einzusehen, kann der Befehl */info* genutzt werden.

Bilder weiterverarbeiten

Sobald das Bildraster erzeugt wurde, erscheinen unterhalb der Bilder mehrere Schaltflächen zur weiteren Bearbeitung, auf die ich auf den nächsten Seiten eingehen will.

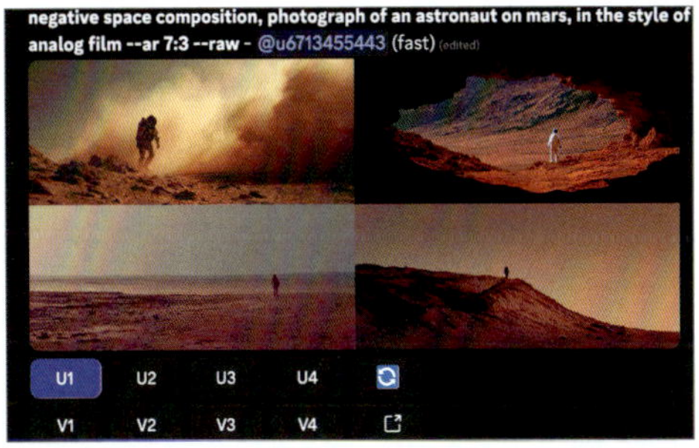

Die erzeugten Bilder lassen sich weiterbearbeiten.

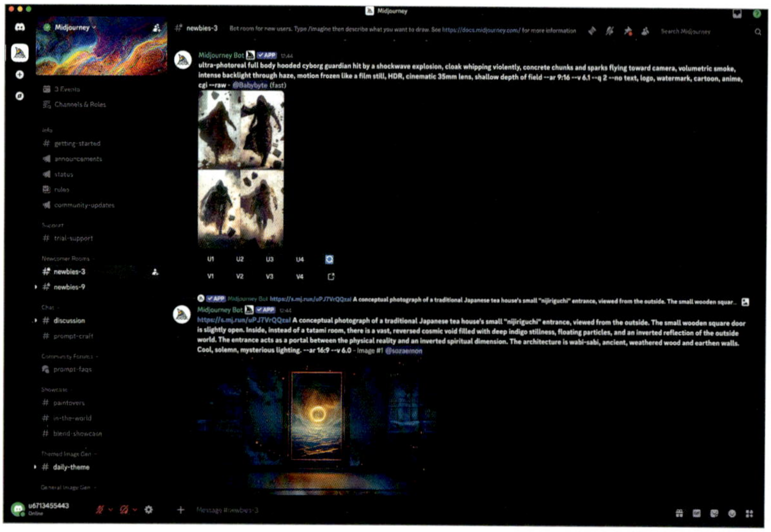

Die Oberfläche von Discord

1. **Server List**: Über die Server List auf der linken Seite lassen sich alle Discord-Server aufrufen, denen Sie beigetreten sind. Der oberste Eintrag mit dem Discord-Logo führt zu den Direct Messages/Direktnachrichten, über die auch mit dem Midjourney Bot kommuniziert werden kann.
2. **Channel List**: In der Channel List lassen sich die verschiedenen Kanäle des Servers durchsuchen und aufrufen.
3. **Chat Feed**: Der Chat Feed zeigt den laufenden Nachrichtenverlauf eines Channels in Echtzeit. Hier werden Prompts eingegeben, Generierungen angezeigt und Nachrichten mit anderen Servermitgliedern ausgetauscht.
4. **Member List**: In der Member List sind alle aktuell anwesenden Mitglieder des Servers sichtbar, darunter auch der Midjourney Bot sowie das Midjourney-Team, Guides und Moderatoren.

2.7.2 Einstellungen bei generierten Bildern

Schauen wir uns kurz die Möglichkeiten an, die Discord nach der Generierung eines Bildes bietet: Die U-Buttons unterhalb der vier generierten Varianten dienen dazu, ein einzelnes Bild aus dem Raster auszuwählen. In früheren Midjourney-Versionen wurden Bilder hierüber hochskaliert. In den aktuellen Modellen werden Bilder bereits in einer Auflösung von 1024 × 1024 Pixeln erzeugt. Die U-Buttons trennen das gewählte Bild aus dem Raster und machen zusätzliche Funktionen zugänglich. Mit dem Reroll-Button wird der ursprüngliche Prompt erneut ausgeführt. Dabei entsteht ein neues Raster mit vier weiteren Bildvarianten. Die V-Buttons erzeugen neue Varianten eines ausgewählten Bildes. Stil und Komposition bleiben dabei grundsätzlich erhalten, während Details neu interpretiert werden.

Varianten und Bearbeitungsmöglichkeiten

Nach der Auswahl eines einzelnen Bildes stehen zusätzliche Werkzeuge zur Verfügung.

- **Upscale (Subtle)** und **Upscale (Creative)**: Erzeugen eine hochskalierte Version des ausgewählten Bildes. **Subtle** erhält Details und Komposition weitgehend unverändert, während Creative eine freiere Neuinterpretation ermöglicht und Bilddetails stärker kreativ ausarbeitet.
- **Vary (Strong)** und **Vary (Subtle)**: Erzeugen stärkere oder subtilere Abwandlungen des gewählten Bildes.
- **Vary (Region)**: Ermöglicht es, einen bestimmten Bildbereich auszuwählen und gezielt neu generieren zu lassen, während der restliche Bildinhalt unverändert bleibt.
- **Zoom Out (1.5x/2x/Custom)**: Erweitern das Bild über den ursprünglichen Bildrand hinaus, ohne den bereits bestehenden Bildinhalt zu verändern.
- **Make Square**: Passt das Bild auf ein quadratisches Seitenverhältnis an, indem der Bildausschnitt entsprechend erweitert wird.
- **Pan** (← → ↑ ↓): Erweitert das Bild gezielt in eine Richtung. Die neu entstehenden Bildbereiche werden anhand des Prompts und des Ausgangsbildes ergänzt.
- **Animate (High motion)** und **Animate (Low motion)**: Erstellen eine animierte Version des Bildes. **Low motion** setzt auf ruhige, zurückhaltende Bewegung, während **High motion** eine dynamischere und stärker bewegte Bildwirkung erzeugt.
- **Favorite** (Herz-Icon): Markiert Bilder als Favoriten, um sie später auf der Midjourney-Website schneller wiederzufinden.
- **Web**: Öffnet das Bild direkt in Ihrer persönlichen Galerie auf *midjourney.com*.

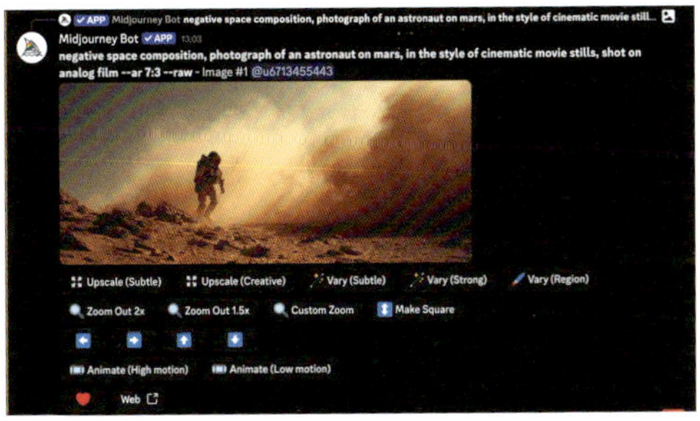

Werkzeuge in Discord

2.7.3 Direktnachrichten mit dem Midjourney Bot

Für viele Anwendungsfälle ist die Arbeit per Direktnachricht mit dem Midjourney Bot der übersichtlichste Weg, Midjourney in Discord zu nutzen. Anstatt in öffentlichen Channels zwischen den Prompts und Generierungen anderer Nutzerinnen und Nutzer zu arbeiten, findet die Bildgenerierung hier in einem eigenen Nachrichtenverlauf statt. Diese Arbeitsweise erleichtert das Nachverfolgen eigener Prompts und Ergebnisse deutlich und ermöglicht ein konzentrierteres Experimentieren ohne visuelle Ablenkung durch parallele Generierungen anderer Personen. Die Nutzung der Befehle und Funktionen entspricht dabei vollständig der Arbeit in öffentlichen Channels.

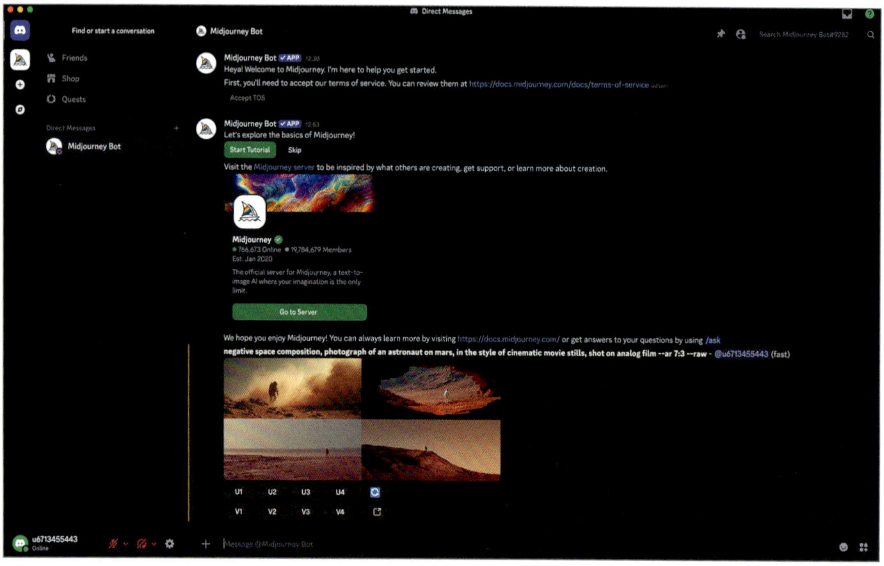

Bildgenerierung im Nachrichtenverlauf

Alle über Direktnachrichten erzeugten Bilder erscheinen ebenfalls in der persönlichen Galerie auf *midjourney.com*.

Wichtig

Auch Bilder, die über Direktnachrichten generiert werden, sind nicht automatisch privat. Sofern kein Stealth Mode aktiviert ist, bleiben die Ergebnisse auf der Midjourney-Website sichtbar und unterliegen weiterhin den allgemeinen Inhalts- und Moderationsregeln.

2.7.4 Discord Command List

Die Interaktion mit dem Midjourney Bot in Discord erfolgt über Slash-Commands. Diese Befehle werden genutzt, um Bilder zu generieren, Standardeinstellungen zu ändern,

Kontoinformationen abzurufen oder weitere Funktionen auszuführen. Klicken Sie in das Nachrichtenfeld, und geben Sie einen Slash / ein. Daraufhin erscheint oberhalb des Eingabefeldes eine Liste aller verfügbaren Befehle. Durch weiteres Tippen kann die Liste eingegrenzt werden, ähnlich wie bei einer Suchfunktion. Sobald der gewünschte Befehl in der Liste erscheint, kann er ausgewählt werden. Der Befehl wird anschließend mit dem Midjourney-Logo im Nachrichtenfeld angezeigt. Mit ↵ oder **Send** wird der Befehl ausgeführt.

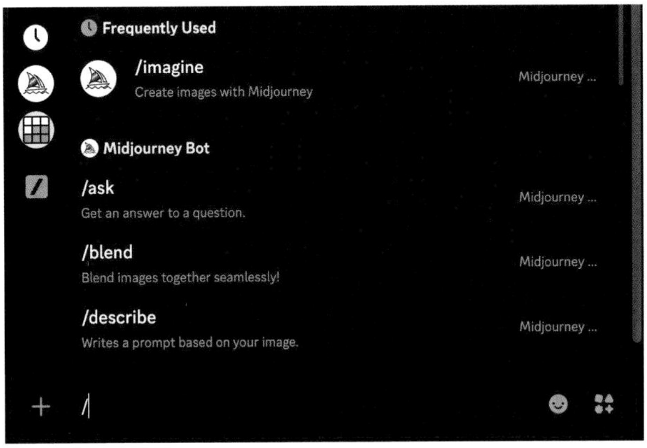

Befehle im Nachrichtenfeld

Für die meisten Workflows reichen die Essentials vollständig aus. Die weiteren Commands dienen der Feinsteuerung, Organisation oder Community-Interaktion und werden je nach Arbeitsweise relevant.

Bereich	**Command**	**Ergebnis**
Grundlagen	`/imagine`	Generiert ein Bild auf Basis eines Textprompts.
	`/info`	Zeigt Kontoinformationen, verbleibende GPU-Zeit und derzeitige Aufträge an.
	`/settings`	Öffnet und ändert die grundlegenden Bot-Einstellungen.
	`/fast`	Wechselt in den Fast Mode.
	`/relax`	Wechselt in den Relax Mode.
	`/turbo`	Wechselt in den Turbo Mode.
	`/describe`	Erstellt Promptvorschläge aus einem hochgeladenen Bild.
	`/blend`	Kombiniert mehrere Bilder zu einem neuen Bild.
	`/help`	Zeigt grundlegende Hilfetexte und Hinweise zur Nutzung.
	`/ask`	Stellt konkrete Fragen an den Midjourney Bot.

Bereich	Command	Ergebnis
Bild- und Promptfunktionen	/shorten	Analysiert lange Prompts und schlägt kürzere Varianten vor.
	/show	Generiert einen früheren Job erneut anhand der Job-ID.
	/synonyms	Zeigt thematisch verwandte Begriffe zur Prompterweiterung an.
	/list_tuners	Listet alle erstellten Style Tuners auf.
Einstellungen und Workflow	/prefer remix	Aktiviert oder deaktiviert den Remix Mode.
	/prefer suffix	Fügt automatisch ein festes Suffix an jeden Prompt an.
	/prefer option set	Erstellt oder verwaltet benutzerdefinierte Optionen.
	/prefer option list	Zeigt alle aktuell definierten benutzerdefinierten Optionen an.
	/prefer variability	Wechselt zwischen Strong- und Subtle-Variationen bei den V-Buttons.
	/public	Wechselt für Pro- und Mega-Abos in den Public Mode.
	/stealth	Wechselt für Pro- und Mega-Abos in den Stealth Mode.
Organisation, Analyse und Account	/subscribe	Erstellt einen privaten Link zur persönlichen Account-Seite.
	/userid	Gibt die persönliche Midjourney-User-ID aus.
	/invite	Gibt den Einladungslink zum Midjourney-Discord-Server aus.
Community und Zusatzfunktionen	/feedback	Reicht Feedback und Feature-Ideen ein und bewertet Vorschläge anderer Nutzer*innen.
	/faq	Erstellt einen Direktlink zu häufigen Fragen aus dem Prompt-Craft-Bereich.
	d/docs	Erstellt Direktlinks zu relevanten Dokumentationsthemen.
	/daily_theme	Aktiviert oder deaktiviert Benachrichtigungen für den Daily-Theme-Channel.

Kommandos in Discord

Über den Befehl `/settings` lassen sich die Standardeinstellungen von Midjourney direkt in Discord anpassen. Diese Einstellungen gelten automatisch für alle folgenden Prompts, sofern sie nicht explizit im Prompt, indem man Parameter mit abweichenden Werten manuell ergänzt, überschrieben werden.

Das Settings-Panel ist ausschließlich für Sie sichtbar, auch wenn der Befehl in einem öffentlichen Channel ausgeführt wird. Das Settings-Panel erscheint anschließend direkt im Chatverlauf.

Das Settings-Panel

Es werden folgende Einstellungen angeboten:

- **Midjourney Default Version**: Legt die Modellversion standardmäßig für alle Prompts fest.
- **RAW Mode**: Aktiviert automatisch den Parameter `--raw` für alle Prompts. Dadurch wird der stilistische Einfluss des Modells reduziert und das Ergebnis näher an der reinen Promptbeschreibung gehalten.
- **Stylize**: Hier stehen vier voreingestellte Stylize-Werte zur Auswahl: Stylize Low (50), Stylize Med (100, Standard), Stylize High (250), Stylize Very High (750). Diese Werte beeinflussen, wie stark das Modell den Prompt künstlerisch interpretiert.
- **Personalization**: Aktiviert die Personalisierung und fügt automatisch `--p` zu allen Prompts hinzu. Bei mehreren vorhandenen Profilen kann das Standardprofil über die Personalize-Seite auf der Website festgelegt werden.
- **Public/Stealth Mode**: Standardmäßig ist der Public Mode aktiv. Nutzer*innen mit Zugriff auf den Stealth Mode können hier auf den privaten Modus umschalten (aboabhängig).
- **Remix Mode**: Aktiviert oder deaktiviert den Remix Mode, der das nachträgliche Anpassen von Prompts bei Variationen ermöglicht.
- **Variation Modes**: Legt fest, ob Variationen standardmäßig *strong* oder *subtle* erzeugt werden. Strong ist die Voreinstellung.
- **Turbo/Fast/Relax Mode**: Bestimmt die standardmäßige GPU-Geschwindigkeit.
- **Reset Settings**: Setzt die Stylize-Einstellung auf **Medium** zurück und entfernt benutzerdefinierte Prompt-Suffixe, die über `/prefer suffix` gesetzt wurden.

Wichtig

Die Einstellungen in Discord und auf der Midjourney-Website sind miteinander synchronisiert. Änderungen an einem Ort wirken sich automatisch auch auf den anderen aus. Vor der Bildgenerierung empfiehlt es sich daher, die aktuellen Einstellungen kurz zu überprüfen.

prompt 3D typography sculpture, number "3" grown from grass with small wildflowers, overgrown meadow environment, calm and natural mood, soft morning light, realistic 3D render, centered composition, organic irregular surface --raw

KAPITEL 3

Prompting für die Bildgenerierung

KAPITEL 3

Prompting für die Bildgenerierung

Die Grundlage jeder Bildgenerierung in Midjourney ist der Prompt, die textbasierte Beschreibung dessen, was visuell entstehen soll. Er fungiert als kreative Anweisung und übersetzt Sprache in Bildkomposition.

3.1 Die Bedeutung des Promptings in Midjourney

Midjourney ist nach wie vor ein stark promptbasiertes Tool. Im Gegensatz dazu haben sich viele andere KI-Modelle in den letzten Wochen/Monaten deutlich in Richtung Konversation entwickelt. Tools wie ChatGPT von OpenAI oder Gemini mit Nano Banana Pro laden dazu ein, mit der KI zu chatten, Ideen auszutauschen, nachzufragen oder schrittweise zu iterieren. Der Umgang fühlt sich dialogisch an und somit weniger technisch.

Vielleicht gerade deshalb empfinde ich die Kunst des Promptens bis heute als besonders faszinierend. Ein Prompt ist kein Gespräch, sondern eine bewusste Setzung. Er zwingt dazu, eine Idee zu verdichten, Entscheidungen zu treffen und visuelle Vorstellungen in kurze Sprache zu übersetzen.

Wenn ich auf meine frühen Experimente zurückblicke, wird dieser Wandel sehr deutlich. In Dall-E 2, aber auch in frühen Midjourney-Versionen wie V4, bestanden meine Prompts häufig aus langen Ketten allgemeiner Beschreibungen, ergänzt durch Buzzwords wie `highly stylized`, `maximal facial detail`, `hyperrealistic skin and hair texture`, `ultra-realistic` oder `4k`. Ziel war es, dem Modell explizit Qualität, Detailgrad und Realismus klarzumachen. Diese Schlagwörter wurden oft mit den Namen bekannter Künstler*innen, Designer*innen oder Fotograf*innen kombiniert. Prompting war stark davon geprägt, möglichst viel visuelle Information im Text unterzubringen, um das Maximum aus einem einzelnen Bild herauszuholen. Der Prompt selbst trug damals einen Großteil der gestalterischen Last.

Heute hat sich dieser Umgang und das Wording für Prompts nochmals sehr verändert, allerdings nicht allein durch Erfahrung, sondern vor allem durch die Weiterentwicklung der Modelle. Aktuelle Midjourney-Versionen erzeugen hochrealistische, detaillierte Bilder bereits ohne explizite Aufforderung. Viele der früher gängigen Buzzwords haben heute kaum noch Einfluss auf das Ergebnis, da Eigenschaften wie Schärfe, Detailreichtum oder Materialität bei aktuellen Modellen bereits dem Stand der Technik entsprechen.

Mit dieser zunehmenden Entwicklung wie auch Erfahrung hat sich der Fokus beim Prompten in Midjourney nochmals deutlich verändert. Es geht nicht darum, weniger Text zu verwenden, sondern gezielter zu steuern. In Midjourney bedeutet das vor allem, das Textprompts und Parameter bewusst miteinander kombiniert werden. Während der Text die inhaltliche und oft auch visuelle Richtung vorgibt, übernehmen die Parameter die Feinsteuerung von Stil (SREFs), Stilintensität, Bildformat, Variation und entlasten somit auch den Prompt davon, alles sprachlich auszuerklären. Gute Ergebnisse entstehen aus der Entscheidung, welche Informationen explizit im Text stehen müssen und welche präziser über Parameter kontrolliert werden können. Ein guter Prompt ist weder kurz noch lang, sondern funktional. Er passt sich dem jeweiligen Ziel an – sei es Ideenfindung, Designprozess, Kundenarbeit oder freies Experimentieren.

Gerade in unserem hier deutschsprachigen Kontext ist ein Punkt besonders wichtig: Prompting in Midjourney funktioniert am zuverlässigsten auf Englisch. Midjourney wurde überwiegend auf englischsprachigen Bildbeschreibungen trainiert. Prompts auf Englisch liefern daher in den meisten Fällen die stabilsten und konsistentesten Ergebnisse. Zwar versteht das Modell Begriffe aus anderen Sprachen, doch Stil, Komposition und Detailtiefe lassen sich erfahrungsgemäß deutlich präziser steuern, wenn der Prompt auf Englisch formuliert ist. Es bedeutet allerdings nicht, dass andere Sprachen grundsätzlich ungeeignet sind. Für einfache Motive oder Begriffe können auch deutschsprachige Prompts funktionieren.

Hot

Andrej Karpathy (ehemals Director of AI bei Tesla, Founding Team bei OpenAI) wurde verschiedentlich mit der Aussage zitiert: »The hottest new programming language is English« (»Englisch ist die heißeste neue Programmiersprache«), eine Metapher dafür, dass natürliche Sprache zur zentralen Schnittstelle für KI-Interaktion wird (Quelle: *https://x.com/karpathy/status/1617979122625712128*). Gemeint ist damit nicht, dass technisches Verständnis oder klassische Programmiersprachen an Bedeutung verlieren, sondern vielmehr, dass Sprache selbst zur Schnittstelle wird. Die Fähigkeit, Absichten präzise zu formulieren, wird zu einem zentralen Bestandteil der Arbeit mit KI-Systemen.

3.2 Wie funktioniert ein guter Prompt?

Ein guter Prompt entsteht nicht durch Zufall oder möglichst viele Schlagwörter, er entsteht durch bewusste gestalterische Entscheidungen. Wer Midjourney professionell nutzen möchte, sollte jeden Prompt wie ein visuelles Briefing behandeln: klar, strukturiert und mit einer konkreten Bildvorstellung im Kopf. In diesem Abschnitt schauen wir uns die grundlegenden Bausteine eines wirkungsvollen Prompts an und entwickeln eine flexible Promptformel als Ausgangsbasis für Ihre Projekte Dabei gilt immer: Perfektion entsteht nicht beim ersten Versuch, sondern durch bewusstes Beobachten, Anpassen und Experimentieren.

3.2.1 Elemente des Prompts

»Treat your prompt like a creative brief«: Das ist eines der Zitate, die ich in Workshops gerne verwende. Ein guter Prompt ist mehr als eine Beschreibung. Er funktioniert wie ein visuelles Briefing. Statt dem Modell einfach nur zu sagen, was es erzeugen soll, wird eine gestalterische Richtung vorgegeben. Das bedeutet nicht, alles bis ins letzte Detail festzulegen, sondern die wichtigsten Entscheidungen bewusst zu treffen. Dabei helfen mir feste Leitfragen, um Inhalt, Stil und Stimmung gezielt zu steuern:

1. **Was oder wen sehen wir?** *(Person, Tier, Objekt, Ort, Szene ...)*
2. **Was soll das Bild beim Betrachter auslösen?** *(ruhig, verstörend, verspielt, heroisch ...)*
3. **Wo spielt das Ganze?** *(Ort, Landschaft, Innenraum, Fantasiewelt ...)*
4. **Wie sind Licht- oder Wetterbedingungen?** *(Abendlicht, Neonröhren, Regen,*
5. *Dämmerung ...)*
6. **Welche Farben dominieren das Bild?** *(knallig, pastellen, monochrom, schwarz-weiß ...)*
7. **Wie ist das Bild aufgebaut oder gerahmt?** *(Porträt, Totale, Close-up, Vogelperspektive, Schulterblick ...)*
8. **Was oder wer ist die visuelle Inspiration?** *(Künstlerin, Regisseurin, Filmstil, Kunstepoche, Ära ...)*
9. **In welchem Medium soll es umgesetzt werden?** *(Foto, Illustration, Stickerei, Skulptur, Kodachrome 25, 3D-Render, analoges 35 mm ...)*

Kontrolle entsteht durch Entscheidungen

Prompting bedeutet nicht, möglichst viele Informationen und Buzzwörter unterzubringen, sondern die richtigen auszuwählen. Je klarer die eigene Bildidee ist, desto weniger muss dem Modell erklärt werden. Gleichzeitig bleibt immer Raum für Interpretation und Überraschung.

PRAXIS

Prompting am Beispiel

Der schnellste Weg, Midjourney zu verstehen, ist nicht Theorie, sondern Praxis. Schon mit einem sehr einfachen Prompt lassen sich erste Bilder erzeugen. Wichtig ist dabei vor allem, bewusst zu beobachten: Welche Teile des Prompts übernimmt das Modell, welche interpretiert es frei, und welche Wörter haben den größten Einfluss? Im nächsten Schritt geht es dann darum, durch eine strukturierte Promptformel die Steuerung präziser zu gestalten.

Für Ihre ersten Schritte brauchen Sie noch keine Parameter. Es reicht, einen Prompt einzugeben und die Ergebnisse als Ausgangspunkt zu nutzen und erstmal zu beobachten.

Create-Seite aufrufen und Prompt formulieren

Öffnen Sie auf der Midjourney-Website im linken Navigationsbereich die Create-Seite. Wir starten bewusst mit einem reduzierten Prompt. Ein klares Motiv und eine einfache Szene reichen erstmal aus:

prompt a golden retriever sitting in a field

Der Prompt wird über die Imagine-Leiste im oberen Bereich der Website eingegeben.

Bild generieren

Nachdem Sie den Prompt in der Imagine-Leiste formuliert haben, senden Sie ihn per ↵-Taste über die Tastatur oder das **Senden**-Icon im Eingabefeld.

Die generierten Bilder erscheinen direkt unter der Imagine-Leiste und werden während des Generierungsprozesses visuell sichtbar auch aktualisiert. Der Prozess wird in Prozentzahlen oben links angezeigt.

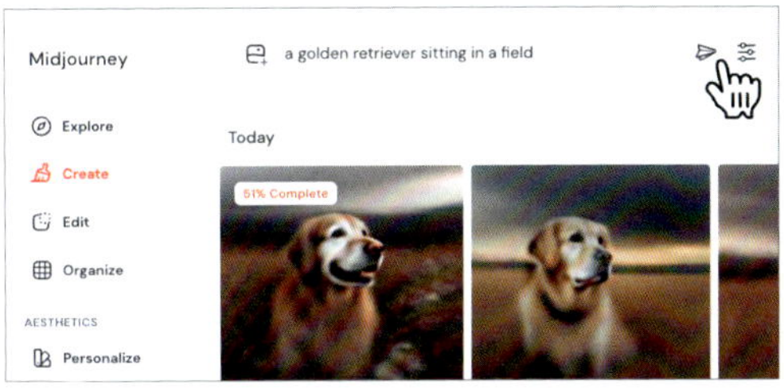

Unser Prompt in der Imagine-Leiste mit den generierten Beispielen

Erste Ergebnisse bewusst analysieren

Bevor wir stärker auf das Prompting eingehen, lohnt es sich, einen kurzen Blick auf die Ergebnisse zu werfen:

- Welche Elemente wurden eindeutig umgesetzt (Motiv, Umgebung)?
- Welche Aspekte hat Midjourney ergänzt (Stil, Licht, Farben)?
- Welche Variante kommt Ihrer ursprünglichen Vorstellung am nächsten?
- Was fehlt noch oder ist zu dominant?

Bei einfachen Prompts fällt typischerweise auf, dass Midjourney sehr stark seinen Standardstil durchsetzt, in diesem Rahmen die Ergebnisse stilistisch aber sehr stark variieren können. Hier ist die Kontrolle noch gering, die Kreativität und die Interpretation von Midjourney sind dafür sehr hoch. Das ist kein Fehler, sondern gewollt. Diese Phase dient dazu, ein Gefühl für Sprache, Wirkung und Interpretation zu entwickeln.

3.2.2 Allgemeine Promptformel in Midjourney

Ein Prompt kann vieles sein: ein einzelnes Wort, eine knappe Beschreibung, ein komplexer Satz. Selbst ein Emoji kann ein valider Prompt sein. Zu Beginn habe ich Prompts meist intuitiv formuliert, ohne bewusst auf Struktur oder Wortwahl zu achten. Mit der Zeit wurde jedoch deutlich, wie stark mein gestalterisches Hintergrundwissen aus Fotografie, Grafikdesign und Art Direction die Ergebnisse beeinflusst. Je klarer meine Vorstellung wurde, desto konsistenter wurden die Bilder.

Eine durchdachte Promptformel hilft dabei, Bildideen systematisch zu formulieren und konsistent umzusetzen. Sie ist besonders dann sinnvoll, wenn Stil oder Inhalt über mehrere Bilder hinweg gleich bleiben sollen, vor allem für Designprojekte oder bei Kundenarbeiten. Die Promptformel ist nicht als starres Regelwerk zu betrachten, sondern als Baukasten. Sie unterstützt dabei, komplexere Bildideen strukturiert zu denken und bewusst zu entscheiden, welche Aspekte gesteuert werden sollen und welche offen bleiben dürfen. Meine bewährte Grundstruktur sieht folgendermaßen aus:

[Medium], [Motiv/Szene], [Ort/Umgebung], [Stimmung/Emotion], [Licht/Farbe], [Stil/Genre], [Komposition/Perspektive], [Inspiration/Technik]

Diese Reihenfolge ist kein Muss, hilft aber, Bildideen logisch aufzubauen und nichts Wesentliches zu vergessen.

Aspekt	**Prompt**
Medium	`photograph`
Motiv/Szene	`golden retriever sitting`
Ort/Umgebung	`in a field of yellow flowers`
Stimmung/Emotion	`serene mood`
Licht/Farbe	`soft afternoon light, warm colors`
Stil/Genre	`natural documentary style`
Komposition/Perspektive	`cinematic centered composition`
Inspiration/Technik	`shot on Kodak Portra 400`

Promptformel mit Beispiel

Zusammengesetzt ergibt sich daraus folgender Prompt:

prompt photograph of a golden retriever sitting in a field of yellow flowers, serene mood, soft afternoon light, warm colors, natural documentary style, cinematic centered composition, shot on Kodak Portra 400

Ergebnis des Prompts mithilfe unserer Promptformel

3.2.3 Reduziert prompten

Nicht alle Bausteine müssen in jedem Prompt enthalten sein. Fehlen bestimmte Angaben, ergänzt Midjourney diese eigenständig, abhängig vom Motiv, dem Trainingsalgorithmus und internen Prioritäten des Modells. Ein stark reduzierter Prompt kann zum Beispiel so aussehen:

Aspekt	**Prompt**
Medium	–
Motiv/Szene	`golden retriever`
Ort/Umgebung	`in a field of flowers`
Stimmung/Emotion	–
Licht/Farbe	–
Stil/Genre	–
Komposition/Perspektive	–
Inspiration/Technik	–

![prompt] **prompt** a golden retriever in a field of flowers

Ergebnisse mit dem einfachen Prompt

3.2.4 Prompting mit Zeichen

Ein Prompt muss nicht ausschließlich aus Wörtern bestehen. Auch Emojis können als visuelle Impulse eingesetzt werden, um Midjourney eine bestimmte Stimmung, Symbolik oder Bildidee nahezulegen:

Aspekt	Prompt
Medium	–
Motiv/Szene	🧚 ✨
Ort/Umgebung	`in a forest`
Stimmung/Emotion	`whimsical`
Licht/Farbe	`nighttime`
Stil/Genre	–
Komposition/Perspektive	–
Inspiration/Technik	–

prompt 🧚✨, in a forest, whimsical, nighttime

Ergebnisse nach einem Prompt mit Emojis

Die richtige Balance finden

Mit zunehmendem Testen entwickeln Sie ein Gefühl dafür, welche Kombinationen gut zu bestimmten Projekten, Stilen oder Kundenvorgaben passen. Manche Szenarien profitieren von minimalen Prompts, andere erfordern eine sehr klare Steuerung. Die Promptformel hilft dabei, diese Balance bewusst zu wählen. Sie ist kein Ziel an sich, sondern richtet sich flexibel nach dem Projekt, der Phase oder dem persönlichen Arbeitsstil. So entsteht nach und nach Ihr eigener Prompt-Baukasten, der sich für Sie richtig anfühlt.

3.3 Advanced Prompting mit Parametern

Wenn der Prompt also das Herz einer Bildidee ist, dann legen Parameter fest, wie diese Idee durch das System getragen wird: Der Prompt definiert, was für ein Bild es sein soll, und die Parameter steuern, wie diese Vorstellung umgesetzt wird. Man kann sie sich also gerne wie ein Nervensystem vorstellen. Sie verändern nicht den inhaltlichen

Kern der Bildidee, sondern regulieren Intensität, Variation, Stabilität und Wiederholbarkeit. Parameter werden immer ans Ende des Prompts geschrieben, direkt nach der Bildbeschreibung in der Imagine-Leiste.

Prompt mit Parametern in der Imagine-Leiste

Wichtig

Die Parameter beginnen immer mit zwei Bindestrichen (--) und müssen korrekt geschrieben sein.

Achte darauf, dass vor dem ersten Parameter ein Leerzeichen steht und keine Satzzeichen innerhalb der Parameter verwendet werden (z. B. kein Komma, Punkt oder Doppelpunkt).

Folgende Aspekte sind unbedingt zu beachten

- Setzen Sie ein Leerzeichen nach dem Bildprompt und somit vor dem ersten Parameter.
- Vermeiden Sie Leerzeichen zwischen den beiden Bindestrichen.
- Verwenden Sie keine Satzzeichen wie Komma, Punkt etc.
- Fügen Sie den Parameter nicht innerhalb des Textprompts ein.

Schauen wir uns nun einmal die Parameter an, die Sie in Midjourney einstellen können. Im Folgenden werden wir sie uns ausführlich ansehen.

Parameter	**Prompt**	**Bedeutung**
Aspect Ratio	`--aspect/--ar`	Seitenverhältnis ändern (z. B. 1:1, 3:2, 16:9) – Standard ist quadratisch (1:1)
Batch Size	`--bs`	Anzahl der pro Videoprompt erzeugten Videos steuern
Chaos	`--chaos/--c`	Bildabweichung erhöhen – je höher, desto unvorhersehbarer (0–100)
Draft Mode	`--draft`	Schnellvorschau in V7 mit halbem GPU-Verbrauch
Fast Mode	`--fast`	schnelle Bildgenerierung aktivieren
Image Weight	`--iw`	Gewichtung von Bildprompts festlegen
Motion Low/High	`--motion low` `--motion high`	Animationseinstellungen für Videogenerierungen

Parameter	Prompt	Bedeutung
Niji Model	`--niji`	Anime/Manga-Modell aktivieren
No	`--no`	unerwünschte Elemente gezielt ausschließen
Omni Reference	`--oref`	gleichen Charakter oder Objekt über mehrere Bilder hinweg verwenden (Bild-URL nötig)
Personalization	`--profile/--p`	Stilprofil oder Moodboard verwenden
Public Mode	`--public`	Bilder öffentlich auf *midjourney.com* anzeigen
Quality	`--quality/--q`	Verarbeitungsqualität steuern (z. B. `--q 2` für mehr Details)
Raw Mode	`--raw`	stilistische Glättung des Midjourney-Systems deaktivieren – näher am Prompt
Relax Mode	`--relax`	ressourcenfreundliche Bildgenerierung mit Wartezeit
Repeat	`--repeat/--r`	Prompt mehrfach automatisch ausführen
Seed	`--seed`	Wiederholbarkeit eines Bildes sichern
Stealth Mode	`--stealth`	Bilder privat halten (nicht in öffentlicher Galerie sichtbar)
Stop	`--stop`	Bildgenerierung früher abbrechen (z. B. bei 70 %)
Style	`--style`	Stilmodus festlegen (z. B. raw, cute, scenic)
Style Reference	`--sref`	Bildstil aus Referenzbild übernehmen
Style Reference Versions	`--sv`	Version der Stilreferenz
Style Weight	`--sw`	Gewichtung von Style References festlegen
Stylize	`--stylize/--s`	künstlerische Stilintensität festlegen
Tile	`--tile`	nahtloses Muster erstellen
Turbo Mode	`--turbo`	schnellste GPU-Verarbeitung aktivieren
Version	`--version/--v`	Modellversion wählen (z. B. `--v 6.1`, `--v 7`)
Video	`--video`	Videos in Discord erstellen
Video Looping & End Frames	`--loop` `--end`	nahtlose Video-Loops und benutzerdefiniertes Endbild festlegen
Weird	`--weird/--w`	Bilder absichtlich ungewohnt/seltsam kreieren

Die wichtigsten Parameter im Überblick

3.3.1 Version

Mit dem Version-Parameter können Sie gezielt zwischen unterschiedlichen Midjourney-Modellen wechseln. Jede Version steht für einen bestimmten Entwicklungsstand des Systems und bringt eigene Stärken, Eigenheiten und Schwerpunkte mit sich. Man kann sich Versionen sehr gut wie Software-Updates vorstellen. Mit jeder neuen Version verbessern sich bestimmte Fähigkeiten, etwa Bildqualität, Promptverständnis oder Stile. Gleichzeitig können sich Charakter, Look und Verhalten des Modells auch verändern. Der Version-Parameter wird über `--version` oder `--v` am Ende eines Prompts gesetzt. Alternativ kann eine Standard-Modellversion in den Einstellungen der Imagine-Leiste festgelegt werden. Diese wird automatisch für alle zukünftigen Bildgenerierungen verwendet, bis sie geändert oder zurückgesetzt wird.

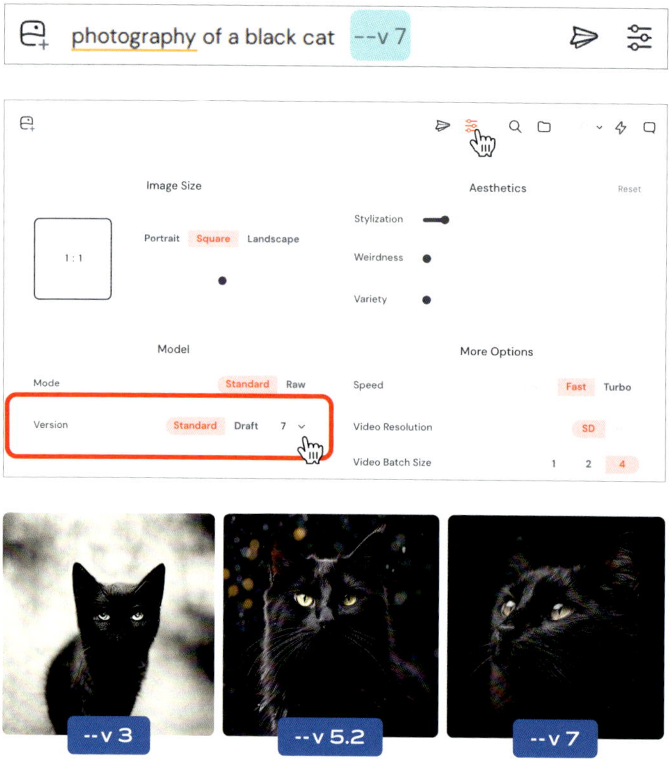

Prompting mit Version in der Imagine-Leiste oder in den Einstellungen

Anhand eines gleichen Prompts wollen wir uns zunächst die Unterschiede der Versionen ansehen.

> **prompt** portrait photography shot through an outdoor window of a coffee shop with neon sign lighting, window glares and reflections, a grandpa in a suit with a cup of coffee in his hands sitting at a table, shot with Kodak Portra 800 --v X

Version 3, veröffentlicht im Juli 2022 und Version 4, im November 2022

Version 5, veröffentlicht im März 2023 und Version 5.1, im Mai 2023

Version 5.2, veröffentlicht im Juni 2023 und Version 6, im Dezember 2023

Version 6.1, veröffentlicht im Juli 2024 und Version 7, im April 2025, Standard seit 17. Juni 2025

Was also zeichnet die verschiedenen Versionen aus?

- **Version 1 bis 3** hatten einen sehr markanten, fast traumartigen Stil. Die Bilder wirkten oft malerisch, abstrakt und weniger fotorealistisch. Details wie Hände, Gesichter und Text waren häufig verzerrt oder ungenau. Diese frühen Versionen werden heute selten genutzt, können aber für bewusst retro anmutende oder experimentelle Projekte interessant sein.
- **Version 4** markierte einen grundlegenden technologischen Sprung mit neuer Architektur und erstmals sehr hoher Kohärenz bei komplexen Szenen. Version 4 hat einen etwas weicheren, malerischen Look, der sich gut für illustrative und künstlerische Arbeiten eignet.
- **Versionen 5, 5.1** und **5.2** unterschieden sich vor allem im Default-Look, der Prompttreue und im Umgang mit Stilparametern. V5.x eignet sich hervorragend für Porträts, Produktfotografie und Szenen, die einen natürlichen, ungekünstelten Look erfordern.
- **Version 6** brachte einen großen Sprung im Promptverständnis, insbesondere bei längeren und komplexeren Textprompts. Auch Image-Prompting und Remixing wurden hier deutlich verbessert. Für viele Nutzer*innen war dies der erste Schritt zu wirklich kontrollierbarem Prompting. Die Version brachte ein dramatisch verbessertes Textverständnis mit sich, einen besseren Umgang mit schwierigen Lichtsituationen und eine verbesserte Texturqualität.
- **Version 6.1** war bis Mitte 2025 das Standardmodell. V6 liefert stabile, detaillierte Ergebnisse und ist deutlich schneller als Version 6. Für viele klassische Bildaufgaben bleibt sie gut nutzbar, wird aber zunehmend von Version 7 abgelöst.
- **Version 7 (Standard)** wurde im April 2025 veröffentlicht und ist seit Juni 2025 das Standardmodell in Midjourney. V7 zeichnet sich durch sehr hohe Präzision bei Text- und Bildprompts aus und liefert sichtbar kohärentere Ergebnisse, insbesondere bei

Körper, Händen und Objekten. Die Bilder wirken insgesamt schärfer, kontrastreicher und detailreicher. Die Farbwiedergabe ist natürlicher und weniger übersättigt als in manchen früheren Versionen. V7 erzeugt Bilder, die von echten Fotografien kaum noch zu unterscheiden sind. Hauttexturen, Stofflichkeit, Lichtbrechungen und mikroskopische Details erreichen ein bisher unerreichtes Niveau. Während V6 erstmals lesbare Texte ermöglichte, perfektioniert V7 diese Fähigkeit. Längere Textpassagen, verschiedene Schriftarten und Text auf gekrümmten Oberflächen werden zuverlässiger dargestellt. Für Mockups, Poster und Designs mit Typografie ist dies ein enormer Vorteil! Version 7 bringt zudem neue Konzepte wie Draft Mode und Omni Reference mit und eignet sich besonders für kontrollierte, konsistente Bildserien.

Niji-Modelle (Anime & Illustration)

Die Niji-Modelle sind eine eigenständige Modellreihe mit Fokus auf Anime-, Manga- und illustrativen Stilen. Sie folgen teilweise anderen gestalterischen Regeln als die Hauptversionen.

- Niji 7 (Januar 2026) bringt deutlich höhere Kohärenz und präzisere Details, etwa bei Augen, Linienführung und kleinen Bildelementen. Es folgt Textprompts wörtlicher als frühere Niji-Versionen und eignet sich besonders für wiederholbare Charaktere oder spezifische Designs.
- Niji 6 verbesserte insbesondere die Darstellung von Text in japanischen Schriftzeichen sowie die Detailqualität bei typischen Anime-Elementen wie Augen und Gesichtszügen.

Für aktuelle Projekte spielen diese älteren Versionen meist nur noch eine Rolle, wenn gezielt ein bestimmter Look oder ein experimenteller Stil gesucht wird. Gleichzeitig ist es eine Besonderheit von Midjourney, dass frühere Versionen auch Jahre später noch zugänglich bleiben. Während viele KI-Systeme ältere Modelle überschreiben oder vollständig aus dem öffentlichen Gebrauch entfernen, erlaubt Midjourney weiterhin den bewussten Rückgriff auf frühere Versionen. Das ermöglicht nicht nur experimentelles Arbeiten, sondern auch ein Weiterarbeiten in einem vertrauten Umfeld. Gerade wenn Sie wissen, dass ein bestimmter Stil, ein Look oder ein Workflow mit einer älteren Version verlässlich funktioniert, kann der gezielte Versionswechsel ein kreativer Vorteil sein.

Wann sind welche Versionen sinnvoll einzusetzen?

- Version 7: maximale Kontrolle und konsistente Bildsprachen
- Version 6/6.1: stabile Allrounder und vertrautes Verhalten
- Niji-Versionen: Anime und Illustration
- Ältere Versionen: gezielte Experimente oder »Retro-KI-Ästhetik«

Tipps zur Versionswahl

Es lohnt sich, denselben Prompt in verschiedenen Versionen zu testen, um die Unterschiede zu verstehen. Manche Prompts funktionieren in bestimmten Versionen besser als in anderen, und die Wahl der richtigen Version kann den Unterschied zwischen einem guten und einem herausragenden Ergebnis ausmachen.

Beachten Sie auch, dass neuere Versionen nicht automatisch »besser« sind – sie sind anders. Der malerische Charme von Version 4 oder der ausgewogene Look von Version 5.2 können für bestimmte Projekte genau richtig sein, auch wenn technisch fortschrittlichere Optionen verfügbar sind.

3.3.2 Aspect Ratio

Midjourney generiert Bilder standardmäßig im quadratischen Format im Seitenverhältnis 1:1. Sie können jedoch gezielt über den Aspect-Ratio-Parameter das Format steuern. In der Prompteingabeleiste bestimmen Sie mit `--ar` das Seitenverhältnis eines Bildes. Alternativ kann ein Standard-Seitenverhältnis in den Einstellungen der Imagine-Leiste festgelegt werden. Dieses wird automatisch auf alle zukünftigen Prompts angewendet, bis es geändert oder zurückgesetzt wird.

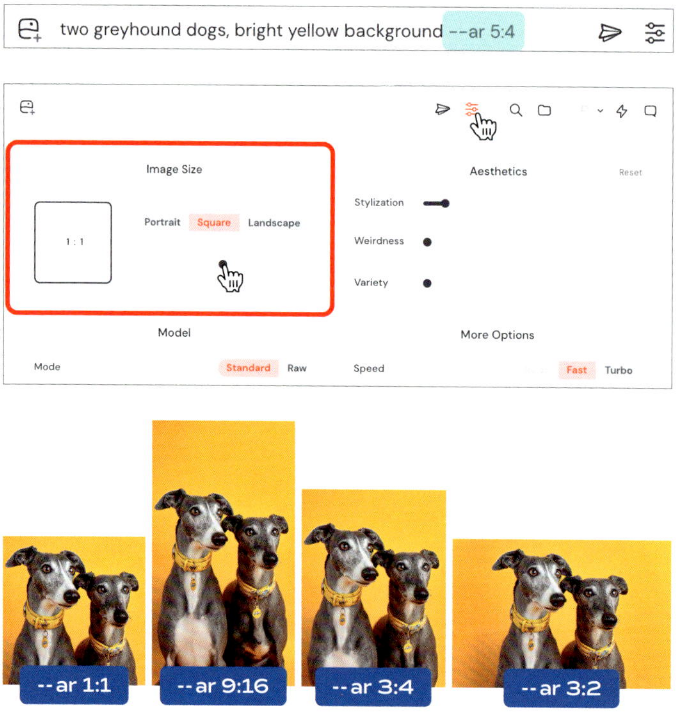

Seitenverhältnis über die Einstellungen bestimmen

Das Aspect Ratio beschreibt das Verhältnis von Bildbreite zu Bildhöhe. Es wird als Zahlenpaar angegeben, etwa 16:9 oder 5:4 – die erste Zahl steht für die Breite und die zweite für die Höhe des Bildes. Über das Aspect Ratio entscheiden Sie also, ob ein Bild breit oder hoch angelegt ist: Ist die erste Zahl größer, entsteht ein Querformat (Landscape), ist die zweite Zahl größer, entsteht ein Hochformat (Portrait).

Ein Verhältnis von 5:4 bedeutet also, dass das Bild fünf Einheiten breit und vier Einheiten hoch ist.

Aspect Ratio	Aussehen	Einsatzbereich
1:1	quadratisches Format	Neutral, ausgewogen und sehr flexibel. Gut geeignet für erste Tests, Icons, Cover oder neutrale Bildkompositionen ohne starke Blickrichtung.
4:5	leicht vertikales Format	Ideal für Porträts, Medium Shots und Social-Media-Posts wie z. B. bei Instagram. Bietet mehr Raum nach oben und unten, ohne zu stark in die Länge zu ziehen.
3:4	klassisches Hochformat, ähnlich fotografischen Standardformaten	Gut geeignet für Editorials oder illustrative Motive mit klarer vertikaler Ausrichtung.
2:3	starkes Hochformat	Häufig in Fotografie und Print. Eignet sich für Ganzkörperaufnahmen oder Motive mit klarer vertikaler Dynamik.
9:16	sehr hohes Format	Typisch für Social-Media-Storys, Reels oder vertikale Videoformate. Erzwingt eine klare vertikale Komposition und fokussiert stark auf das Hauptmotiv.

Aspect Ratio	Aussehen	Einsatzbereich
4:3	klassisches Querformat	Bekannt aus Fotografie und Video. Wirkt ausgewogen und erzählerisch, mit ausreichend Raum für Kontext.
3:2	fotografisches Standardformat vieler Kameras	Natürliches Verhältnis, gut geeignet für Landschaften und dokumentarische Szenen.
2:1	sehr breites Querformat	Gut geeignet für panoramaähnliche Szenen, etablierende Shots oder Kompositionen mit starkem horizontalem Verlauf.
16:9	breites, filmisches Querformat	Ideal für cineastische Szenen, Landschaften oder erzählerische Kompositionen mit viel Umgebung.
21:9/7:3	extrem breites Kinoformat	Häufig genutzt für Movie Stills, etablierende Einstellungen und stark cineastische Kompositionen. Erzwingt eine klare horizontale Bildführung und eignet sich besonders für erzählerische Weite, Architektur oder Landschaften.

Gängige Aspect Ratios und ihre typischen Einsatzbereiche

Das gewählte Seitenverhältnis beeinflusst, wie viel Raum Midjourney für Umgebung, Hintergrund oder Bewegung zur Verfügung steht und wie Motive im Bild angeordnet werden.

Warum also ist Aspect Ratio gestalterisch wichtig? Aspect Ratio beeinflusst nicht nur das Bildformat, sondern oft auch den tatsächlichen Bildausschnitt im finalen Ergebnis. Midjourney nutzt das vorgegebene Seitenverhältnis, um zu entscheiden, wie viel Raum einem Motiv zur Verfügung steht und wie es im Bild platziert wird. Deshalb kann es zeitweise auch sinnvoll sein, nicht direkt mit dem finalen Zielformat zu starten. Gerade in frühen Phasen eines Bildes hilft ein kompakteres Aspect Ratio dabei, das Hauptmotiv klar zu definieren und zu stabilisieren. Ein praktisches Vorgehen ist zum Beispiel, zunächst mit einem mittleren, eher vertikalen Format wie 4:5 zu starten, etwa für einen Medium Shot oder ein zentriertes Motiv.

Im nächsten Schritt kann das Bild über die Edit-Funktion auf ein breiteres Format wie 16:9 erweitert werden. So entsteht zusätzlicher Raum für Umgebung, Kontext oder Bewegung, ohne dass das zentrale Motiv neu interpretiert werden muss.

prompt medium shot photography, two greyhound dogs wearing collar and tag, bright yellow background --ar 4.5 --raw

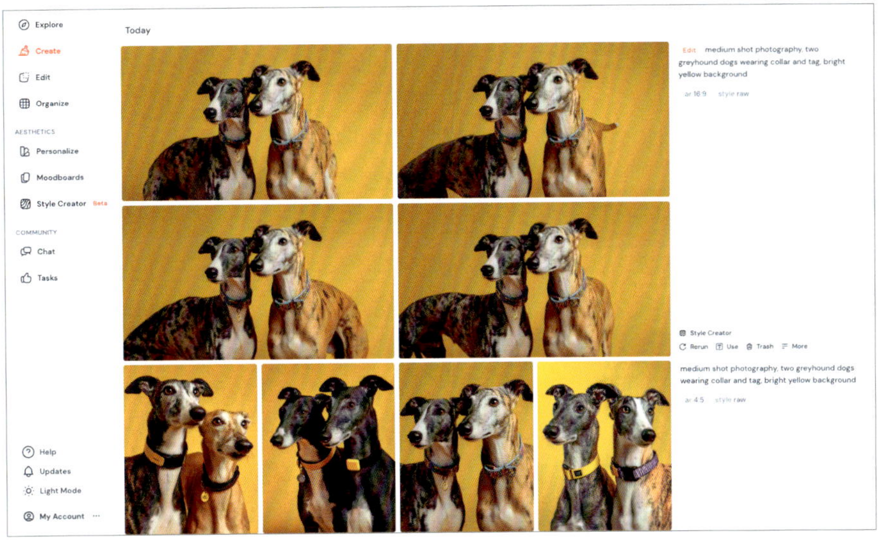

Nach der Anpassung des Aspect Ratios von 4:5 auf 16:9 über die Edit-Funktion entstehen vier neue Bildvarianten auf Basis des bestehenden Motivs.

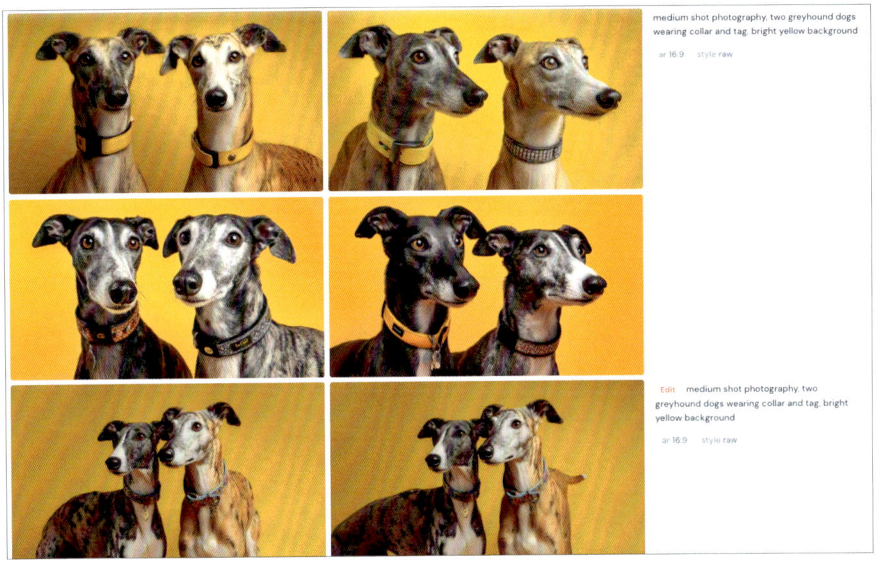

Direkter Vergleich desselben Prompts: 4:5 → 16:9 über Edit (unten) versus direkte Generierung in 16:9 (oben). Der zweistufige Ansatz kommt der gewünschten »Medium Shot«-Komposition näher als die direkte Generierung im 16:9-Format.

Der Bildausschnitt in Midjourney lässt sich also auch nach der Generierung flexibel weiterentwickeln. Funktionen wie **Pan**, **Zoom Out** oder die Arbeit im Editor ermöglichen es, den sichtbaren Bildraum zu erweitern, zu verschieben oder an ein anderes

Seitenverhältnis anzupassen. Das Aspect Ratio ist damit kein endgültiger Zustand, sondern Teil eines flexiblen Workflows. Bildformat und Bildausschnitt können sich im Verlauf eines Projekts verändern, ohne dass das Ausgangsbild komplett neu generiert werden muss. Wie sich diese Werkzeuge konkret einsetzen lassen und wie sie zusammenspielen, wird ausführlich in Kapitel 4, »Bildverarbeitung in Midjourney«, behandelt.

3.3.3 Raw Mode

Im Standardmodus fügt Midjourney den Prompts eine eigene kreative Interpretation hinzu. Selbst einfache Beschreibungen können dadurch stark stilisiert oder ästhetisch beeinflusst werden. Das kann hilfreich sein für schnelle Explorationen, aber die gezielte Steuerung erschweren. Der Raw Mode deaktiviert diesen automatischen Midjourney-Style weitgehend. Das Modell folgt dem Prompt direkter und wörtlicher. Bei einfachen Prompts entstehen dadurch häufig realistischere, fotografischere Ergebnisse. Gleichzeitig reagieren detaillierte, stilistisch ausgearbeitete Prompts im Raw Mode besonders präzise und kontrollierbar.

Der Raw Mode kann mit dem Parameter `--raw` am Ende des Prompts hinzugefügt werden. Alternativ kann der Raw Mode über die Einstellungen in der Imagine-Leiste aktiviert werden, indem der Modus auf **Raw** gesetzt wird. Ist der Raw Mode in den Einstellungen aktiviert, gilt er automatisch für alle folgenden Prompts, bis er wieder deaktiviert wird.

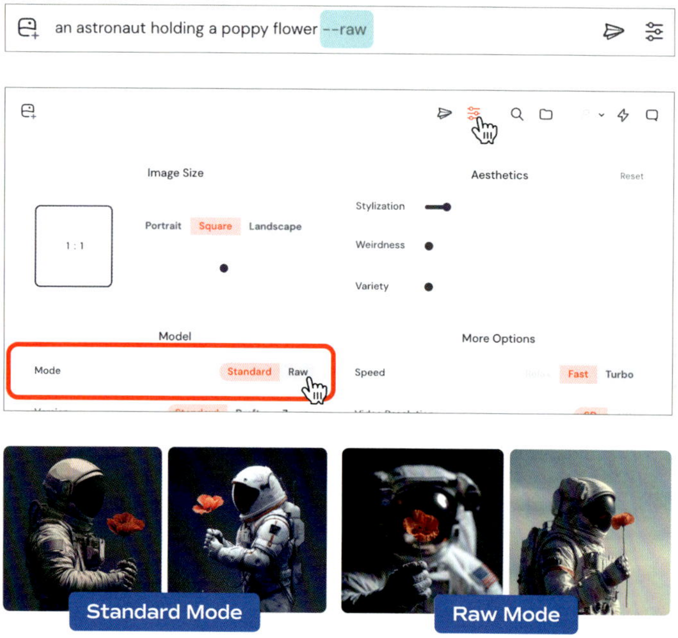

Einstellung des Modus

In meinen eigenen Arbeiten nutze ich den Raw Mode fast durchgehend. Meine Prompts sind in der Regel bewusst aufgebaut, stark geplant und häufig fotografischer Natur. Genau in diesem Kontext spielt der Raw Mode seine Stärke aus, da er die formulierte Bildidee sehr direkt umsetzt und den Standard-Midjourney-Style reduziert. Der Standardmodus kommt bei mir also vor allem in experimentellen Phasen zum Einsatz. Wenn es darum geht, neue Stile zu entdecken, bewusst Zufall zuzulassen oder sich visuell überraschen zu lassen, kann der zusätzliche kreative Einfluss des Modells hilfreich sein. Für kontrollierte Bildsprachen und Kundenprojekte greife ich jedoch fast ausschließlich auf den Raw Mode zurück. Diese Unterscheidung ist weniger eine Frage von richtig oder falsch als von Ziel und Arbeitsphase. Beide Modi haben ihre Berechtigung, und entscheidend ist primär, bewusst zu wählen, welcher Modus zur jeweiligen Bildidee passt.

Info

Der Raw Mode ist mit Midjourney Version 5.1 und höher verfügbar.

3.3.4 Stylize

Mit dem Stylize-Parameter steuern Sie, wie stark Midjourney seine eigene künstlerische Interpretation in ein Bild einbringt. Stylize ist damit einer der zentralen Parameter, um zwischen Präzision und künstlerischer Interpretation zu balancieren. Um einen bestimmten Stylize-Wert zu setzen, fügen Sie `--s` oder `--stylize` gefolgt von einer Zahl am Ende Ihres Prompts in der Imagine-Leiste hinzu. Alternativ können Sie einen Standardwert für **Stylization** in den Einstellungen festlegen.

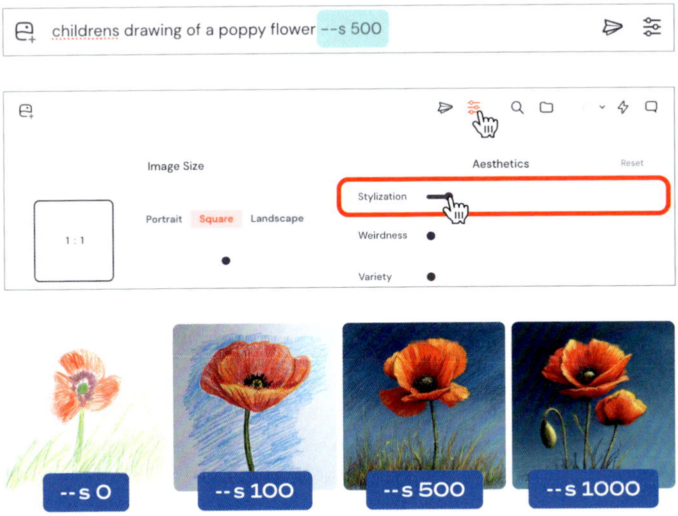

Die Auswirkungen von **Stylize**

Der Standardwert für **Stylize** liegt bei 100, und in den aktuellen Modellversionen lässt sich der Wert zwischen 0 und 1000 einstellen. Gerade bei einfachen Motiven wird der Unterschied deutlich sichtbar. Ein schlichtes Objekt oder eine einfache Zeichnung erhält mit zunehmendem Stylize-Wert mehr Tiefe, Detail und visuelle Komplexität. Es gilt:

- niedrige Werte = hohe Prompttreue, wenig Interpretation
- hohe Werte = stärkere künstlerische Freiheit von Midjourney mit ausgeprägterem Stil

Bei sehr niedrigen Stylize-Werten (z. B. `--s 0`) setzt Midjourney Prompts äußerst wörtlich um. Linien, Formen und Inhalte folgen der Beschreibung eng, oft mit minimaler ästhetischer Ausschmückung. Bei hohen Stylize-Werten (z. B. `--s 1000`) interpretiert das Modell freier. Details werden stärker ausgearbeitet, Licht und Texturen wirken expressiver, das Bild kann sich jedoch von der ursprünglichen Intention entfernen. Schauen wir uns einige Beispiele an.

Immer auch Promptabhängig

Der Einfluss von Stylize hängt stark von der Prompt-Formulierung ab: Sehr konkrete Prompts begrenzen die Wirkung hoher Stylize-Werte, während vage Beschreibungen selbst bei niedrigen Werten Raum für kreative Interpretation lassen.

prompt photography, a bird sitting on a tree branch --s {0, 100, 250, 500, 750, 1000}

Von nüchterner Aufnahme bis hin zu kreativeren Bild

prompt 3D cute dino character, blue background --s {0, 100, 250, 500, 750, 1000}

Vom einfachen Dino bis hin zum ausgearbeiteten Character

Versuchen Sie auch, unterschiedliche Parameter miteinander zu kombinieren. In Verbindung mit dem Raw Mode beispielsweise lassen sich niedrige Stylize-Werte sehr präzise und fotorealistisch einsetzen.

prompt overview shot of goats on a farm --raw --s {0, 100, 250, 500, 750, 1000}

Fotorealistische Umsetzungen in unterschiedlichen Stufen mit der Kombination mit »--raw«

In Kombination mit **Personalize** steuert **Stylize**, wie stark Ihr individueller Stil in das Bild einfließt.

prompt portrait of a woman with a black bob haircut --p --s {0, 100, 250, 500, 750, 1000}

Vom schlichten Porträt mit neutraler Beleuchtung bis hin zum Beauty-Porträt mit künstlerischer Beleuchtung

Stylize muss also kein isolierter Regler sein, sondern kann Teil eines Zusammenspiels aus Prompt und weiteren Parametern sein. Dabei ist es wichtig, sich zu merken, dass es keinen »richtigen« Stylize-Wert gibt. Niedrige Werte eignen sich für kontrollierte Bildsprachen oder präzise Umsetzungen. Höhere Werte sind ideal für visuelle Experimente.

3.3.5 Chaos/Variety

Mit dem Chaos-Parameter steuern Sie, wie stark sich die einzelnen Bildvarianten innerhalb einer Generierung voneinander unterscheiden. Auf der Midjourney-Website wird dieser Parameter als **Variety** bezeichnet. Chaos beeinflusst nicht, was Midjourney erzeugt, sondern wie unterschiedlich die Ergebnisse Ihres Vierersets eines Prompts ausfallen. Um einen Chaos-Wert festzulegen, fügen Sie `--c` oder `--chaos` mit einer Zahl zwischen 0 und 100 am Ende des Prompts hinzu. Alternativ kann eine Standardeinstellung für **Variety** in den Einstellungen der Imagine-Leiste festgelegt werden.

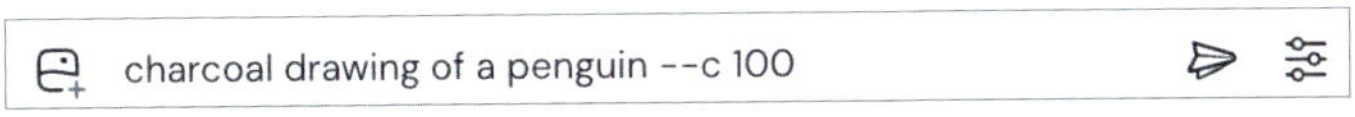

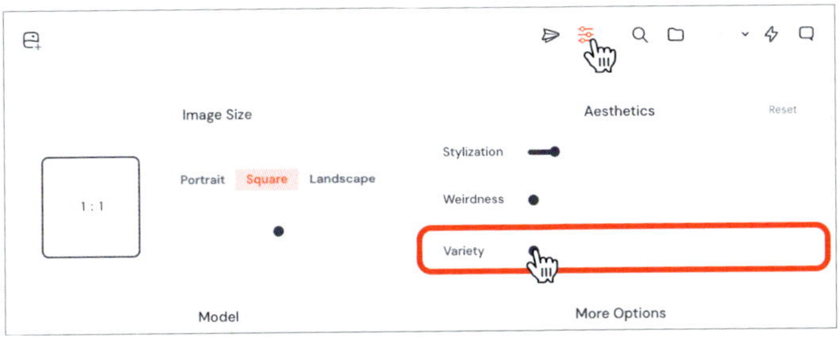

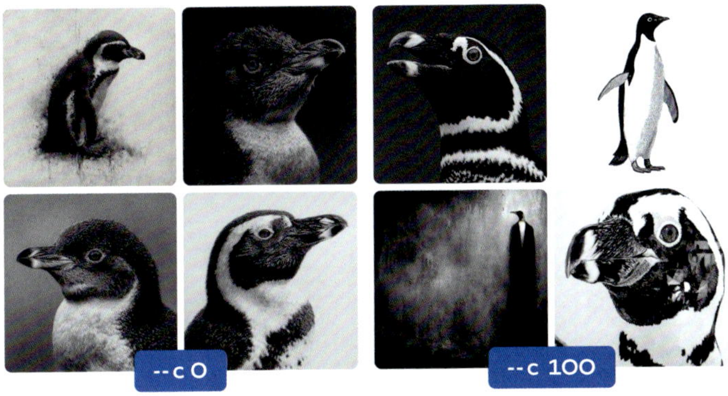

Die Auswirkung von Chaos/Variety

Der Chaos-Wert kann zwischen 0 und 100 liegen. Hohe Chaos-Werte enden meistens in eher unerwarteten Ergebnissen und können dazu führen, dass Bilder weniger strikt dem Prompt folgen.

- Chaos 0 (Standardeinstellung) = sehr ähnliche Bildvarianten
- Niedrige Chaos-Werte = gezielte Umsetzung, Konsistenz
- Mittlere Chaos-Werte = kontrolliertere Vielfalt
- Hohe Chaos-Werte = starke Unterschiede, mehr Überraschung

Chaos entfaltet seine Stärke vor allem in Kombination mit klar strukturierten, durchdachten Prompts. Der Parameter eignet sich besonders dann, wenn eine Bildidee bereits sauber formuliert ist und gezielt mehr Variation erzeugt werden soll, etwa zur Ideenfindung oder zur Erweiterung bestehender visueller Richtungen. In diesem Fall sorgt Chaos für unterschiedliche Interpretationen innerhalb eines klaren Rahmens, ohne dass die grundlegende Bildidee verloren geht. Motiv, Stil und Stimmung bleiben erkennbar, während Details, Komposition oder Ausarbeitung variieren. Hierfür wieder ein paar Beispiele. Chaos ist somit eher weniger ein Parameter für Feinarbeit, sondern für eine größere Auswahl und Vielfall. Besonders effektiv ist Chaos in Kombination mit klaren Prompts: Je klarer die Grundidee, desto spannender werden die Abweichungen.

prompt sports photography, fitness studio shot of a woman in beige sportswear on a brown mat in a stretching pose on a mat doing yoga, toned muscles highlighted by soft natural daylighting, high-end editorial aesthetic, captured with an 105mm macro f/2.8 lens, close-up shot --c {0, 25, 50, 100}

Von einer vorhersehbaren Umsetzung des Prompts in klassischen Yogaposen bis zur maximalen künstlerischen Freiheit und experimentellen, unkonventionellen Ergebnissen

Bei sehr kurzen Prompts, bei denen man Midjourney mehr Raum zum Interpretieren gibt, wirkt Chaos hingegen deutlich unberechenbarer. Die Variation fällt hier oft extremer aus und kann schnell in Ergebnissen enden, die kaum nutzbar sind. Auch das kann sinnvoll sein für Experimente, eignet sich aber weniger für eine gezielte Weiterentwicklung.

Chaos ist somit eher weniger ein Parameter für Feinarbeit, sondern für eine größere Auswahl und Vielfalt. Besonders effektiv ist Chaos in Kombination mit klaren Prompts: Je klarer die Grundidee, desto spannender werden die Abweichungen.

prompt portrait of a woman with blonde short hair --c {0, 25, 50, 100}

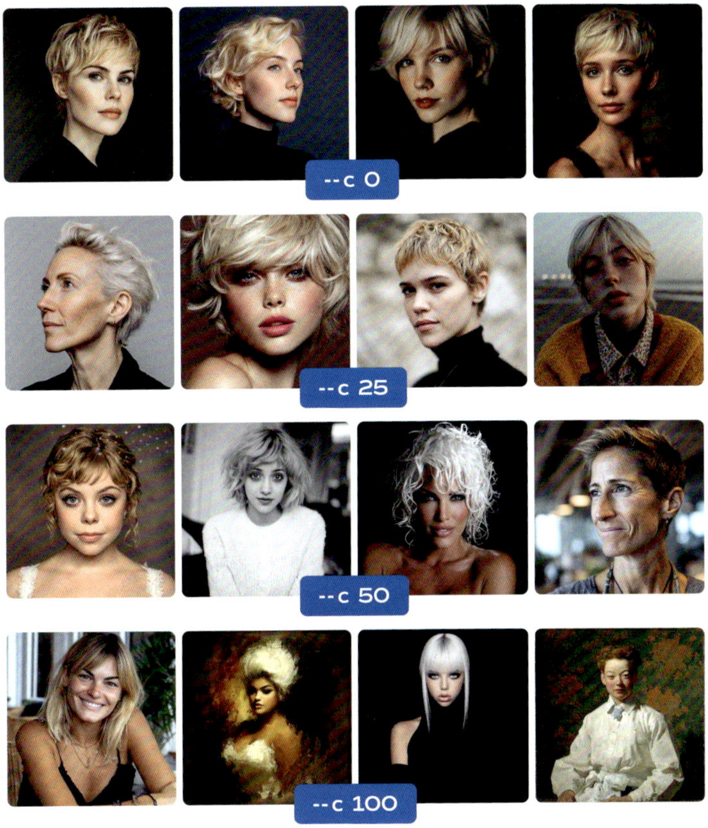

Vom klassischen, erwartbaren Porträt mit konventioneller Pose, neutralem Ausdruck und standardmäßiger Komposition bis hin zu völlig unvorhersehbaren Ergebnissen – experimentelle Blickwinkel sind ebenso dabei wie unkonventionelle Farbstimmungen und künstlerische Interpretationen, die das klassische Porträt neu denken.

3.3.6 Weird

Der Weird-Parameter erweitert den kreativen Spielraum von Midjourney für gezielte Verwirrung. Der Parameter ermutigt das Modell, Bildlösungen zu erzeugen, die außerhalb gewohnter Muster liegen. Weird beeinflusst nicht primär die Variation zwischen mehreren Bildern wie Chaos, sondern die Art der Bilder selbst. Mit aktivem Weird-Parameter beginnt Midjourney, ungewöhnlichere visuelle Entscheidungen zu treffen. Formen, Proportionen, Materialien oder Bildlogiken können sich deutlich von Erwartbarem entfernen. Weird ist bewusst als experimenteller Parameter gedacht. Er eignet sich wenig für Kontrolle oder Reproduzierbarkeit, sondern für Exploration und ungewöhnliche Bildideen.

Um einen Weird-Wert zu verwenden, fügen Sie --w gefolgt von einer Zahl am Ende des Prompts hinzu. Alternativ kann auch für **Weirdness** ein Standardwert in den Einstellungen der Imagine-Leiste festgelegt werden.

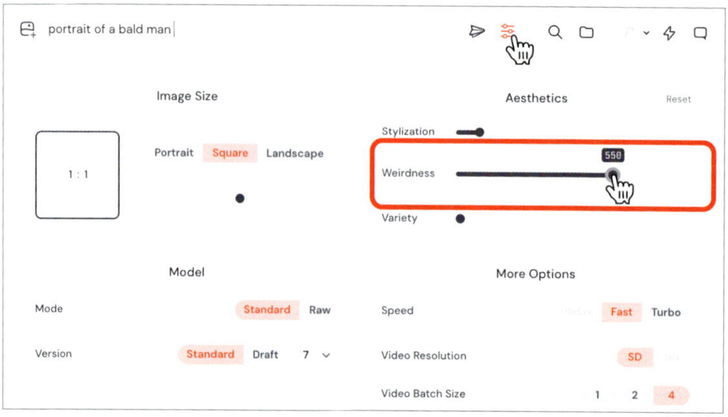

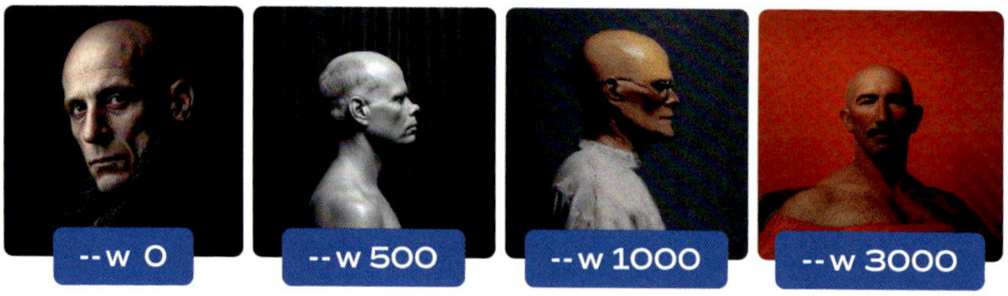

Auswirkung von Weird

Standardmäßig ist Weird auf 0 gesetzt, und der Wertebereich reicht von 0 bis 3000.

- Weird 0 = keine zusätzliche Verzerrung
- Niedrige Weird-Werte = leichte Irritationen, subtile Abweichungen
- Hohe Weird-Werte = stark experimentelle, teils abstrakte Ergebnisse

Hinweis

Da Weird ein experimenteller Parameter ist, kann sich seine Wirkung mit neuen Modellversionen verändern. Er ist erst ab V5 einsetzbar. Außerdem ist Weird nicht kompatibel mit Seeds, was die Reproduzierbarkeit einschränkt.

prompt illustration of a mermaid -- w {0, 500, 1750, 3000}

Von der konventionellen, gefälligen Meerjungfrau-Illustration mit klassischen Proportionen und erwartbarer Ästhetik bis hin zu experimenteller Ausführung mit unerwarteten Texturen oder einer befremdlichen Atmosphäre

Weird eignet sich besonders für Phasen, in denen es nicht um Präzision, sondern um neue visuelle Richtungen geht. Er kann helfen, festgefahrene Bildideen aufzubrechen oder bewusst aus etablierten Stilen auszubrechen. In meiner eigenen Praxis setze ich `--weird 100-500` sehr bewusst ein, oft auch noch mit der Version 5 und 6, vor allem in frühen Konzept- und Findungsphasen. Nicht, um Bilder möglichst »verrückt« aussehen zu lassen, sondern um aus gewohnten Mustern auszubrechen.

prompt photography, portrait of a woman in the city, 1983, color hints of blue, shot on Fuji Pro 400H --weird 500 --v {5, 6.1, 7}

Die Auswirkung des Parameters Weird 500 ist je nach Version unterschiedlich ausgeprägt.

Gerade bei der Darstellung von Menschen kann Weird helfen, den Algorithmus aufzubrechen. Statt immer wieder die typischen, glatt inszenierten KI-Gesichter zu erzeugen, entstehen häufiger Figuren, die normaler, unperfekter und glaubwürdiger wirken. Proportionen, Gesichtszüge oder Ausdrücke variieren stärker, ohne vollständig ins Abstrakte zu kippen.

Auch in Bezug auf Stil und Umgebung sorgt ein moderater Weird-Wert oft für Ergebnisse, die weniger »perfekt und glatt« wirken. Räume, Texturen und Bildwelten werden roher, eigenständiger und visuell interessanter. Für klassische KI-Ästhetiken kann das ein bewusster Gegenpol sein. Entscheidend ist dabei die Dosierung. Ein Wert um 100 bis 500 reicht häufig aus, um neue Richtungen zu öffnen, ohne die Bildidee zu sehr zu verlieren. Höhere Werte nutze ich persönlich deutlich seltener und wenn dann eher für gezielte Experimente.

prompt movie stills, Kodak Portra 400 --ar 16:9 --raw --weird 500 --v 6.1

Atmosphärische Filmstills mit charakteristischem Portra-Look und warmem Farbspektrum, wobei der Weird-Parameter ungewöhnliche Szenarien erzeugt

Vorsicht

Für kontrollierte Projekte, Serien oder konsistente Bildsprachen ist Weird meist ungeeignet. Für Experimente, künstlerische Exploration oder Konzeptphasen kann er jedoch sehr inspirierend sein.

3.3.7 Quality

Quality legt fest, wie viel GPU-Zeit Midjourney für die Berechnung der ersten Bildgeneration einsetzt. Höhere Quality-Werte bedeuten mehr Rechenaufwand, was sich vor allem in feineren Details, dichteren Texturen und einer insgesamt sorgfältigeren Ausarbeitung zeigen kann. Gleichzeitig steigen mit höheren Quality-Werten auch der Ressourcenverbrauch und die Generierungszeit. Über `--quality` oder kurz `--q` bestimmen Sie damit indirekt den Detailgrad und die Ausarbeitung von Texturen. Alternativ kann für die Qualität auch über **Speed** ein Standardwert in den Einstellungen der Imagine-Leiste festgelegt werden.

Quality beeinflusst nicht die Bildidee selbst, sondern die Rechenintensität (GPU-Zeit), mit der sie umgesetzt wird. In Version 7 liegt der Standardwert für Quality bei 1 bzw. **Relax** in den Einstellungen. Mögliche Werte sind:

- --q 1 bzw. **Relax** = Standardqualität, ausgewogenes Verhältnis aus Detailgrad und Geschwindigkeit
- --q 2 bzw. **Fast** = doppelte Rechenzeit, potenziell mehr Details
- --q 4 bzw. **Turbo** = vierfache Rechenzeit, höchste Ausarbeitung

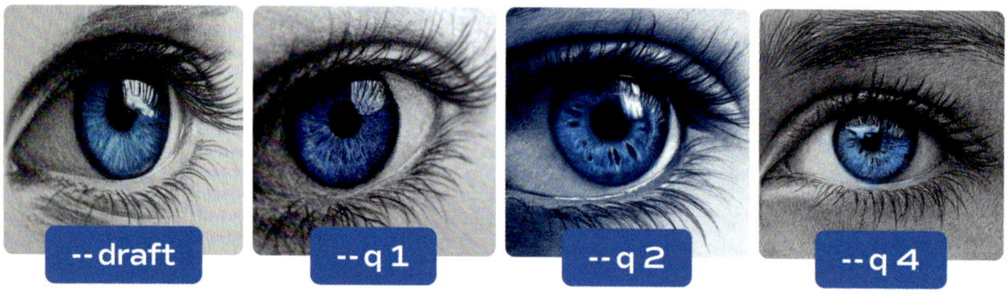

Auswirkung unterschiedlicher Qualitätseinstellungen

Nicht jedes Motiv profitiert gleichermaßen von höheren Quality-Werten. Der Unterschied zeigt sich vor allem bei komplexen Texturen, Materialien oder detailreichen Szenen. Der Quality-Parameter wirkt zudem nur auf die erste Bildgeneration, also auf die initialen vier Bilder eines Prompts. Er hat keinen Einfluss auf spätere Variationen, In- oder Outpainting sowie Upscales. Quality ist also eine Einstellung für den Einstieg in einen Prompt, nicht für die spätere Verfeinerung.

Hinweis

In Version 7 gibt es keine Einstellung --q 3. Wird dieser Wert verwendet, schaltet Midjourney automatisch auf --q 4.

Für schnelle Explorationen oder Ideenfindung kann ein höherer Quality-Wert unnötig Ressourcen verbrauchen, ohne einen klaren Mehrwert in den Ergebnissen zu liefern. Wer sogar gezielt GPU-Zeit sparen möchte, kann stattdessen mit dem Draft Mode arbeiten, der auf Geschwindigkeit statt Detailtiefe optimiert ist.

3.3.8 Repeat

Mit dem Repeat-Parameter können Sie denselben Prompt mehrfach ausführen lassen. Statt eine einzelne Bildgeneration zu starten, erzeugt Midjourney gleich mehrere vollständige Bildsets auf Basis des gleichen Prompts. Um Repeat zu verwenden, fügen Sie `--r` mit einer Zahl am Ende des Prompts hinzu. In den Einstellungen gibt es Repeat nicht.

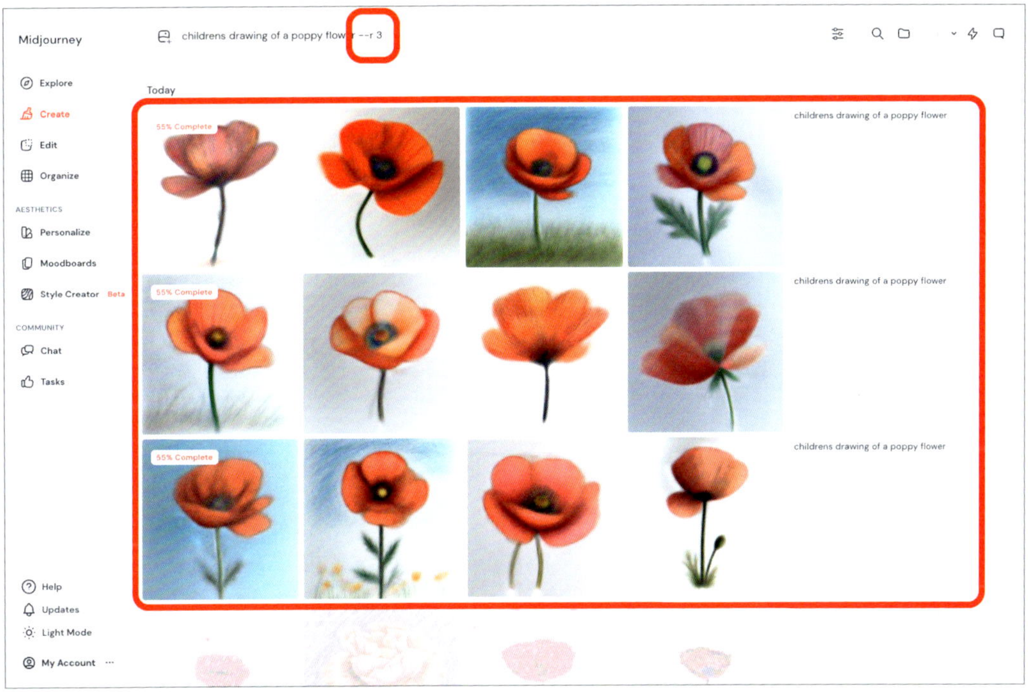

Wiederholte Generierung durch Repeat

Wichtig

Der Repeat-Parameter wird nicht in den finalen Bildinformationen gespeichert. Nach Abschluss der Generierung ist er daher nicht mehr sichtbar. Wenn Sie denselben Prompt später erneut mit Repeat ausführen möchten, müssen Sie den Parameter manuell wieder hinzufügen oder in der Imagine-Leiste die ↑-Taste drücken, um zum zuletzt eingegebenen Prompt zurückzukehren.

Die Anzahl der möglichen Wiederholungen hängt von Ihrem gewählten Abo-Modell ab:

- Basic: 2 bis 4 Repeat/Wiederholungen des Prompts
- Standard: 2 bis 10 Repeat/Wiederholungen des Prompts
- Pro und Mega: 2 bis 40 Repeat/Wiederholungen des Prompts

Repeat funktioniert ausschließlich im Fast und Turbo Mode. Im Relax Mode kann der Parameter nicht benutzt werden. Jede Wiederholung verbraucht GPU-Zeit, vergleichbar mit dem manuellen Ausführen mehrerer Prompts. Repeat ist besonders hilfreich, wenn ein Prompt bereits klar formuliert ist und gezielt mehr Auswahl benötigt wird. Statt denselben Prompt mehrfach manuell auszuführen, lassen sich so effizient mehrere Bildsets erzeugen. In Kombination mit Permutation Prompts (siehe den folgenden Abschnitt) eignet sich Repeat gut, um unterschiedliche Parameterwerte oder Varianten systematisch zu vergleichen. So entsteht schnell ein Überblick darüber, wie sich kleine Änderungen auf das Ergebnis auswirken.

prompt a portrait of a man with round glasses -- s {5,1000} --r 2

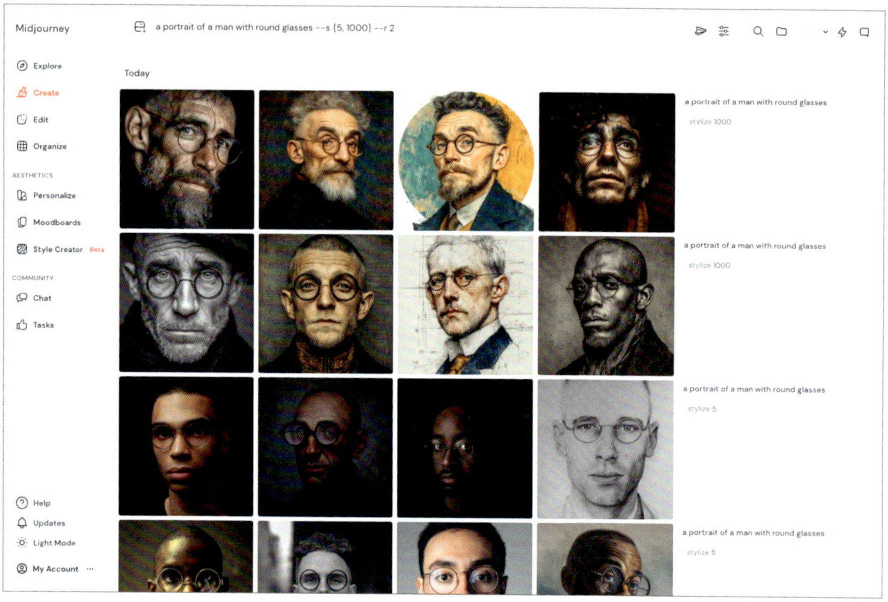

Der Prompt wird insgesamt viermal ausgeführt: Zwei Durchläufe verwenden »--s 5«, zwei weitere »--s 1000«. So entsteht ein direkter Vergleich zwischen niedriger und sehr hoher Stilisierung innerhalb desselben Prompts.

In Kombination mit Style References eröffnet Repeat eine besonders schnelle Möglichkeit, Style Reference Codes zu finden. Wird ein Prompt mit `--sref random` und einem Repeat-Wert kombiniert, erzeugt Midjourney mehrere Bildsets mit jeweils zufällig ausgewählten Stilreferenzen.

prompt a portrait of a man with round glasses --sref random --r 4

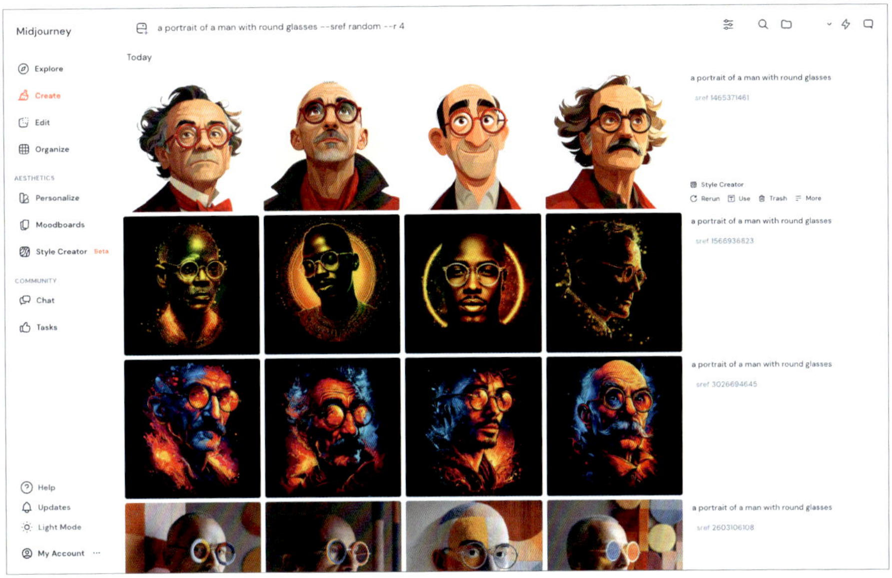

Der gleiche Prompt wird viermal ausgeführt, wobei Midjourney jedes Mal eine zufällig ausgewählte Style Reference (»--sref random«) verwendet. Dadurch entstehen vier unterschiedliche Stilrichtungen auf Basis desselben Textprompts.

In diesem Fall werden vier vollständige Bildsets generiert, jeweils mit einem anderen zufälligen Stil. Das eignet sich besonders für frühe Findungsphasen oder freies Experimentieren. Statt gezielt nach einem Stil zu suchen, lässt man Midjourney unterschiedliche ästhetische Richtungen vorschlagen. Auf diese Weise lassen sich interessante Stile schnell identifizieren, speichern und in späteren Prompts gezielt weiterverfolgen. Eine detaillierte Erklärung zu Style References findet sich in Abschnitt 5.1, »Style References«.

3.3.9 Permutations

Permutations oder Permutationen ermöglichen es, aus einer einzigen Prompt-Idee automatisch mehrere Varianten zu erzeugen. Sie sind besonders dann sinnvoll, wenn Unterschiede sichtbar gemacht werden sollen: Welche Farbe funktioniert besser? Welches Seitenverhältnis passt zum Motiv? Wie verändert eine andere Modellversion das Ergebnis? Statt einzelne Prompts manuell zu verändern und mehrfach auszuführen, lassen sich gezielt Variablen definieren, die Midjourney systematisch kombiniert. Sie eignen sich besonders für schnelle Vergleiche und strukturierte Tests.

Permutations funktionieren nach einem einfachen Prinzip: Alle Teile des Prompts, die variieren sollen, werden in geschweifte Klammern { } gesetzt und durch Kommas getrennt. Midjourney erzeugt daraus automatisch mehrere vollständige Prompts.

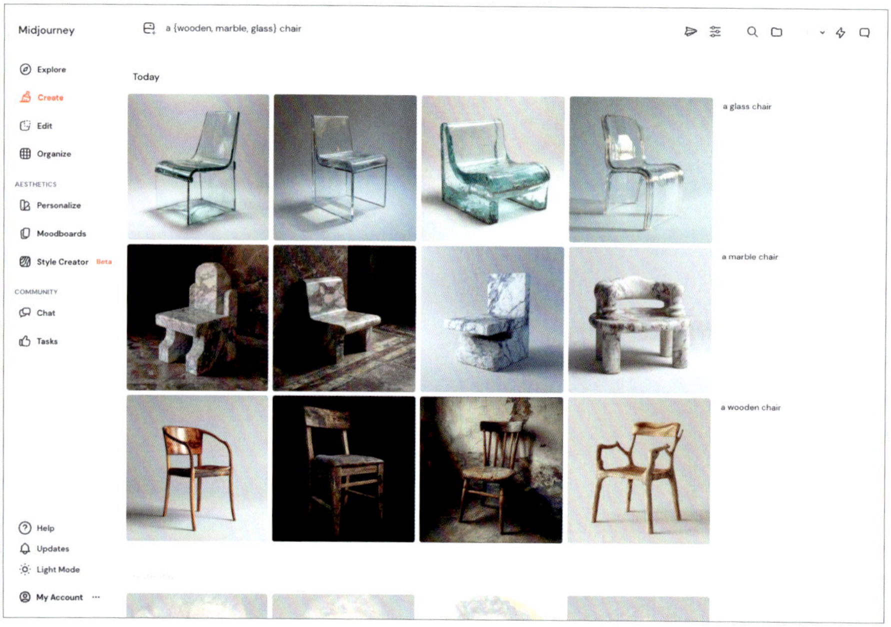

Der Prompt »a {wooden, marble, glass} chair« führt zu drei unterschiedlichen Bildersets: »a wooden chair, a marble chair, a glass chair«.

Jede durch Permutations erzeugte Variante entspricht einem vollwertigen Promptlauf und verbraucht entsprechend GPU-Zeit. Die maximale Anzahl der Permutations hängt von Ihrem Abo ab: Basic: bis zu vier Prompts, Standard: bis zu zehn Prompts und Pro/Mega: bis zu 40 Prompts.

Wichtig

Permutations funktionieren ausschließlich im Fast oder Turbo Mode. Im Relax Mode können Sie sie nicht nutzen.

Auch Parameter lassen sich per Permutations variieren. So können beispielsweise unterschiedliche Seitenverhältnisse oder Modellversionen getestet werden, ohne den Prompt mehrfach neu einzugeben.

prompt a chair in a modern living room --ar {1:1, 7:3, 4:5}

Der Prompt wird in unterschiedlichen Seitenverhältnissen ausgeführt. Dabei sind allerdings auch die dargestellten Ergebnisse unterschiedlich, nicht nur die Image Size.

prompt a scandinavian chair --v {5.2, 6, 6.1}

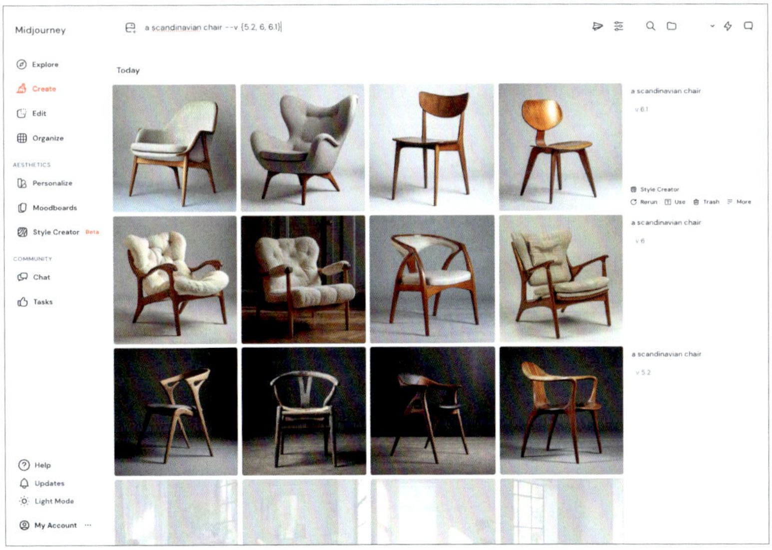

Promptergebnisse in verschiedenen Versionen

Kombination mehrerer Permutations

Besonders interessant ist es, Permutations zu kombinieren. In diesem Fall erzeugt Midjourney alle möglichen Kombinationen der angegebenen Varianten – das Modell multipliziert die Optionen miteinander und generiert für jede Kombination ein eigenes Bild. Der folgende Prompt erzeugt nicht zwei, sondern vier separate Generierungen. Je mehr Permutations Sie hinzufügen, desto schneller wächst die Anzahl der Kombinationen. Ein Prompt mit drei Stoffen und zwei Umgebungen und zwei Perspektiven erzeugt bereits $3 \times 2 \times 2 = 12$ einzelne Generierungen. Das ist einerseits enorm praktisch, um systematisch verschiedene Varianten auszuprobieren, kann andererseits aber auch schnell viel GPU-Zeit verbrauchen.

prompt a {wooden, velvet} chair in a {loft, gallery}

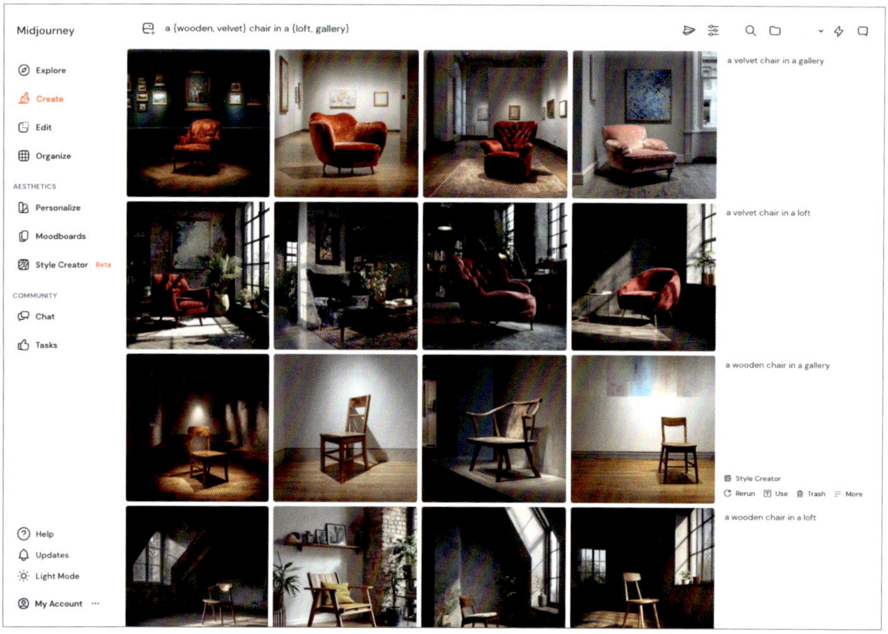

Dieser Prompt führt zu vier Varianten: a wooden chair in a loft, a wooden chair in a gallery, a velvet chair in a loft, a velvet chair in a gallery

Es ist außerdem möglich, geschweifte Klammern innerhalb anderer geschweifter Klammern zu verschachteln und so komplexere Permutations innerhalb eines einzelnen Prompts zu definieren. Aber auch hier sollten Sie Vorsicht walten lassen:

Je mehr Permutations kombiniert werden, desto schneller steigt die Anzahl der generierten Prompts.

prompt a {wooden {chair, stool}} in a {boho-style, minimalistic} home

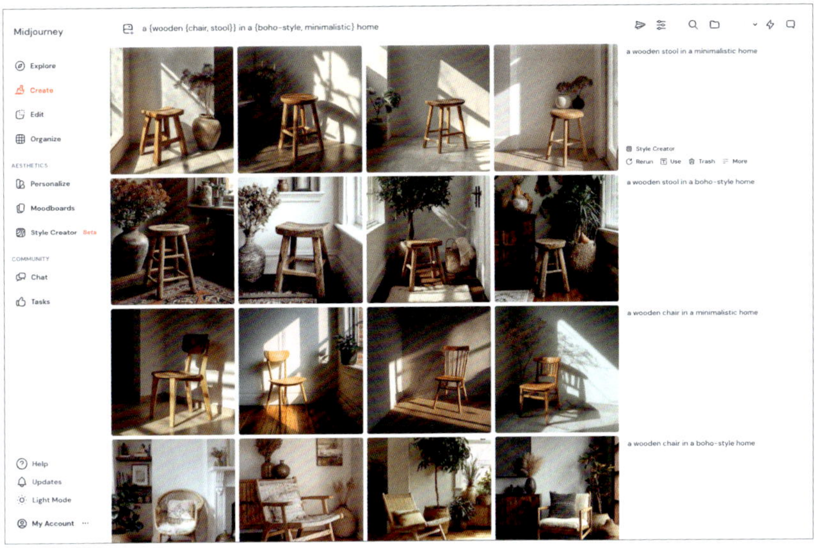

Dieser Prompt führt zu vier Varianten: a wooden chair in a boho-style home, a wooden chair in a minimalistic home, a wooden stool in a boho-style home, a wooden stool in a minimalistic home

Sonderfall: Kommas innerhalb von Permutations

Soll innerhalb einer geschweiften Klammer ein Komma verwendet werden, das nicht als Trennzeichen fungieren soll, muss es mit einem Backslash kombiniert werden.

prompt a {beige, pastel\, blue} wooden chair in a minimalistic home

Dieser Prompt führt zu zwei Varianten: a beige wooden chair in a minimalistic home, a pastel, blue wooden chair in a minimalistic home

3.3.10 No

Mit dem No-Parameter können Sie gezielt festlegen, welche Elemente nicht im Bild erscheinen sollen. Über `--no` teilen Sie Midjourney explizit mit, was ausgeschlossen werden soll, um den Fokus des Bildes klar zu halten. Der Parameter eignet sich besonders, um unerwünschte Details, typische Fehlinterpretationen oder wiederkehrende Artefakte zu vermeiden. Der Parameter `--no` wird am Ende des Prompts ergänzt, gefolgt von einem oder mehreren Begriffen, die ausgeschlossen werden sollen. In den Einstellungen kann er nicht festgelegt werden.

prompt photography, a street in Palm Springs during summer --no cars

Negative Prompts funktionieren gut.

In diesem Fall wird Midjourney angewiesen, keine Autos in das Bild einzubauen. Mehrere Ausschlüsse können einfach durch Kommas getrennt werden. Wichtig ist, dass Ausschlüsse nicht im Fließtext des Prompts formuliert werden. Formulierungen wie »without« oder »please don't add« oder ähnliche natürliche Sprache sind weniger zuverlässig. Stattdessen sollten unerwünschte Inhalte eher über den `--no`-Parameter definiert werden. Technisch entspricht die Verwendung von `--no` dem Abwerten eines Prompt-Bestandteils ähnlich wie in einem Multi-Prompt. Ein Ausschluss über `--no` verhält sich also ähnlich wie eine Gewichtung von `-0.5`. Unerwünschte Elemente werden also nicht komplett verboten, aber stark unterdrückt. Je klarer der restliche Prompt formuliert ist, desto zuverlässiger greift der Ausschluss.

3.3.11 Multi-Prompts

Mit Multi-Prompts lassen sich verschiedene Bausteine im Prompt getrennt gewichten und zu einem neuen, kreativen Gesamtbild kombinieren. Statt alle Begriffe als eine geschlossene Beschreibung zu behandeln, werden einzelne Konzepte bewusst voneinander getrennt und erst im Modell miteinander kombiniert. Ohne Trennung liest Midjourney die beiden Wörter als zusammenhängenden Begriff. »Cat suit« wird als Catsuit interpretiert – also der enganliegende, einteilige Ganzkörperanzug. Die Bilder zeigen eine Person mit einem solchen Kleidungsstück. Der Doppelpunkt-Separator (`::`) weist Midjourney an, die beiden Begriffe als getrennte Konzepte zu behandeln. »Cat« und »suit« werden unabhängig voneinander interpretiert und dann im Bild kombiniert. Das

Ergebnis zeigt eine Katze, die einen Anzug trägt. Bei einem normalen Prompt interpretiert Midjourney alle Begriffe gemeinsam als eine Einheit, bei Multi-Prompts hingegen werden die einzelnen Bestandteile in eigenständige Bedeutungsräume getrennt und anschließend miteinander verknüpft. Die Trennung erfolgt über einen doppelten Doppelpunkt : :, der als inhaltlicher Trenner fungiert.

prompt cat suit --v6 oder cat:: suit --v6

Sehr unterschiedliche Ergebnisse aufgrund von ::

Wird der folgende Prompt ohne Trennung verwendet, interpretiert Midjourney den Begriff als Seepferdchen, also das bekannte Meerestier. Wird derselbe Begriff hingegen mit einem Multi-Prompt getrennt, behandelt Midjourney »sea« und »horse« als zwei eigenständige Konzepte, in diesem Fall also ein Pferd im Meer.

prompt photography, sea horse --v 6

Varianten eines Seepferdchens werden erstellt.

prompt photography, sea:: horse --v 6

Mit den Doppelpunkten versteht Midjourney, dass Pferde gezeigt werden sollen.

prompt studio portrait::1 harsh shadows::–0.25 --v 6.1

»harsh shadows::-0.25« verwendet eine negative Gewichtung, die Midjourney anweist, harte Schatten zu reduzieren oder zu vermeiden. Der Wert »–0.25« ist subtil – keine vollständige Eliminierung, sondern eine sanfte Abschwächung.

Das funktioniert nur, wenn die Summe aller Gewichte positiv bleibt. Folgender Prompt kann daher nicht ausgeführt werden. denn die Gewichtung ergibt folgende Rechnung: 1 + (–2) = –1

prompt studio portrait::1 harsh shadows::–2 --v 6.1

Das Ergebnis liegt im negativen Bereich, was von Midjourney nicht akzeptiert wird.

Ein negatives Prompt Weight von `-0.5` entspricht funktional dem `--no`-Parameter:

prompt lush garden:: flowers::–0.5 --v 6.1

Das Prompt Weight von »–0.5« (oben) ist gleichbedeutend mit »lush garden --no flowers --v 6.1« (unten).

Weights im Workflow

Prompt Weights sind eine tolle Erweiterung im Prompt für Balance und Nuancierung. Besonders in komplexen Prompts ermöglichen sie eine präzise Steuerung, ohne die Bildidee zu zerbrechen. Schauen wir uns das am Beispiel an. Im ersten Fall werden alle Elemente gleichwertig behandelt. Astronaut, Anzug und Blumenfeld teilen sich die visuelle Aufmerksamkeit.

prompt cinematic photography of an astronaut, wearing a spacesuit with golden accents, standing in a field of poppy flowers --ar 16:9 --raw --v 5.1

Ausgangspunkt: Prompt ohne Weights

Nun rücken der Astronaut und die cineastische Inszenierung klar ins Zentrum. Pose, Körperhaltung und Präsenz dominieren, während Anzugdetails und Umgebung deutlich zurückstecken müssen.

prompt cinematic photography of an astronaut::3, wearing a spacesuit with golden accents::1, standing in a field of poppy flowers::1 --ar 16:9 --raw --v 5.1

Fokus auf das Hauptmotiv

Im nächsten Prompt werden Texturen, Reflexionen und Details des Raumanzugs stärker ausgearbeitet.

prompt cinematic photography of an astronaut::1, wearing a spacesuit with golden accents::3, standing in a field of poppy flowers::1 --ar 16:9 --raw --v 5.1

Fokus auf Styling und Materialität

3.3.13 Seeds

Ein Seed ist der Ausgangspunkt, von dem aus Midjourney ein Bild generiert. Technisch entspricht er dem zufälligen »Rauschmuster«, das am Anfang des Bildprozesses steht. Ein Seed ist eine ganze Zahl zwischen 0 und 4294967295. Wird kein Seed angegeben, verwendet Midjourney bei jeder Generierung einen neuen, zufälligen Seed. Geben Sie einen Seed explizit an, fixieren Sie den Startpunkt des Prompts. So können Sie denselben Bildaufbau erneut verwenden und gezielt einzelne Promptänderungen testen.

Sie finden den Seed unter den Optionen und **Copy**.

Um den Seed eines bereits generierten Bildes zu kopieren, öffnen Sie ein Bild auf der Create- oder Organize-Seite. Unter dem Options-Icon neben dem Prompt wählen Sie **Copy • Seed** aus. Jetzt können Sie den kopierten Seed mit `--seed` in einen neuen Prompt in der Imagine-Leiste eingeben.

Der Seed ist ein Analyse- und Testwerkzeug, kein Mittel zur Stilkontrolle. Seeds eignen sich besonders gut für das gezielte Experimentieren während des Promptens. Wird ein Seed fixiert, entsteht ein stabiler Ausgangspunkt, der es ermöglicht, einzelne Veränderungen im Prompt bewusst zu vergleichen. So lässt sich nachvollziehen, wie sich Anpassungen an Formulierungen, Licht, Perspektive oder technischen Parametern konkret auf das Ergebnis auswirken. In diesem Sinne funktionieren Seeds ähnlich wie eine Kontrollvariable in einem Experiment. Für das Speichern oder Reproduzieren von Stilen, Charakteren oder einer wiedererkennbaren Bildsprache sind Seeds jedoch nicht geeignet. Sie beeinflussen ausschließlich die anfängliche Rauschstruktur des Bildes und tragen nicht zur langfristigen Konsistenz eines visuellen Looks bei. Wer über mehrere Bilder hinweg einheitliche Ergebnisse erzielen möchte, sollte stattdessen mit Stilreferenzen, Omni-Referenzen oder Personalisierungsfunktionen arbeiten.

Ein weiterer wichtiger Aspekt ist die eingeschränkte Vorhersagbarkeit von Seeds. Selbst bei identischen Prompts kann es vorkommen, dass ein Seed zu einem späteren Zeitpunkt andere Resultate erzeugt. Seeds sollten daher nicht als verlässliche oder dauerhafte Referenz dienen, sondern als temporäres Werkzeug innerhalb eines kreativen Arbeitsprozesses. Auch in Bezug auf Konsistenz ist ihr Einfluss begrenzt. Faktoren wie die genaue Promptstruktur, die verwendete Modellversion oder kleine Änderungen an Parametern haben in der Regel einen deutlich stärkeren Einfluss auf das finale Bild als der Seed selbst. Entsprechend sollte der Seed nie als alleiniger Garant für Bildgleichheit betrachtet werden.

Wichtig

Seeds in Verbindung mit dem Turbo Mode funktionieren nicht zuverlässig. Da der Turbo Mode auf Geschwindigkeit optimiert ist, kann die exakte Reproduzierbarkeit eines fixierten Seeds nicht gewährleistet werden.

Wird ein Prompt ohne inhaltliche oder technische Änderungen erneut ausgeführt und dabei derselbe Seed verwendet, startet Midjourney mit demselben visuellen Ausgangsrauschen. In der Praxis führt das dazu, dass in den meisten Fällen die gleichen vier Bildvarianten erneut generiert werden oder sich zumindest eindeutig zuordnen lassen. Bildaufbau, Motivverteilung und zentrale Formen bleiben dabei weitgehend erhalten.

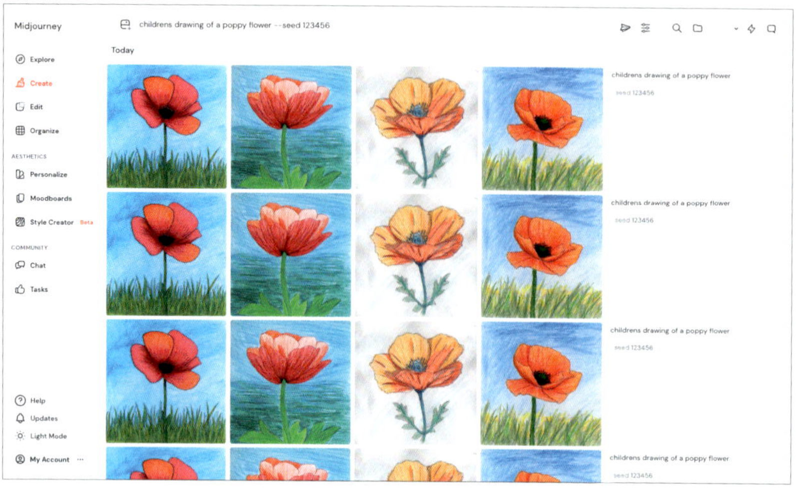

Vier Bildgenerierungen mit dem gleichen Seed

Sobald dieser Ausgangspunkt definiert ist, lassen sich gezielt Veränderungen untersuchen. Werden bei gleichbleibendem Seed beispielsweise die Werte im Stylize-Parameter angepasst, lassen sich ästhetische Verschiebungen direkt miteinander vergleichen. Die Bildstruktur bleibt generell erkennbar, während sich Stilintensität, Kontrast oder Idealisierung verändern.

prompt childrens drawing of a poppy flower --seed 123456 --s 200, 500, 1000

In diesem Beispiel wurde derselbe Prompt mehrfach ausgeführt, wobei Stylize-Werte von 0 bis 1000 verwendet wurden.

Mit zunehmender Stilisierung werden deutliche visuelle Veränderungen sichtbar. Die Bilder wirken insgesamt heller, die Mohnblume verliert ihren kindlich-illustrativen Charakter, und die ästhetische Voreingenommenheit von Midjourney tritt stärker hervor. Trotz dieser Veränderungen bleiben zentrale Bildelemente über alle Varianten hinweg erkennbar. Da der Seed konstant bleibt, lassen sich einzelne Bildvarianten über die verschiedenen Bildraster hinweg eindeutig zuordnen. Werden diese Bilder nebeneinandergestellt, wird besonders deutlich, wie sich das Motiv schrittweise mit steigender Stilisierung weiterentwickelt. Die Zwischenstufen spielen dabei eine wichtige Rolle, da sie Übergänge sichtbar machen, die bei einem direkten Vergleich von extremen Werten nur schwer nachvollziehbar wären.

Dasselbe Prinzip gilt für den Einsatz von Personalisierung. Durch das Beibehalten des Seeds wird sichtbar, welche gestalterischen Eigenheiten eine Personalisierung in das Bild einbringt, etwa bestimmte Farbvorlieben oder Lichtstimmungen, ohne dass sich Motiv oder Komposition grundlegend verschieben.

prompt portrait of a woman with a black bob haircut --ar 4:5 --seed 787878 --p

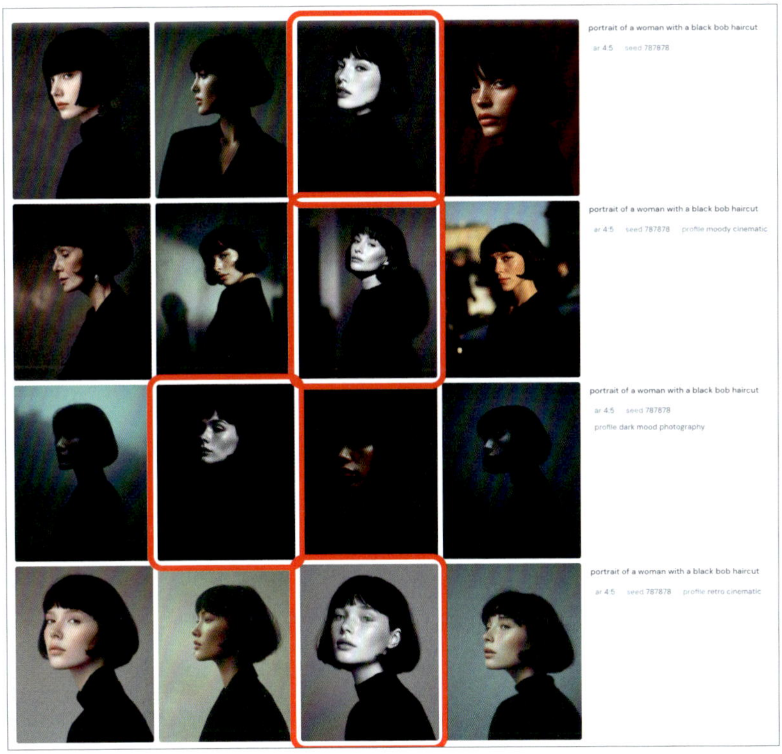

Durch den Seed wird die Personalisierung deutlich.

Auch textliche Änderungen im Prompt lassen sich auf diese Weise präzise analysieren. Wird nur ein einzelnes Wort, ein Stilbegriff oder eine Kameraangabe verändert, bleibt das Bild in seiner Grundform nachvollziehbar, während sich gezielt einzelne visuelle Eigenschaften verändern.

prompt portrait of a woman with a [COLOR] bob haircut --ar 4:5 --seed 009008

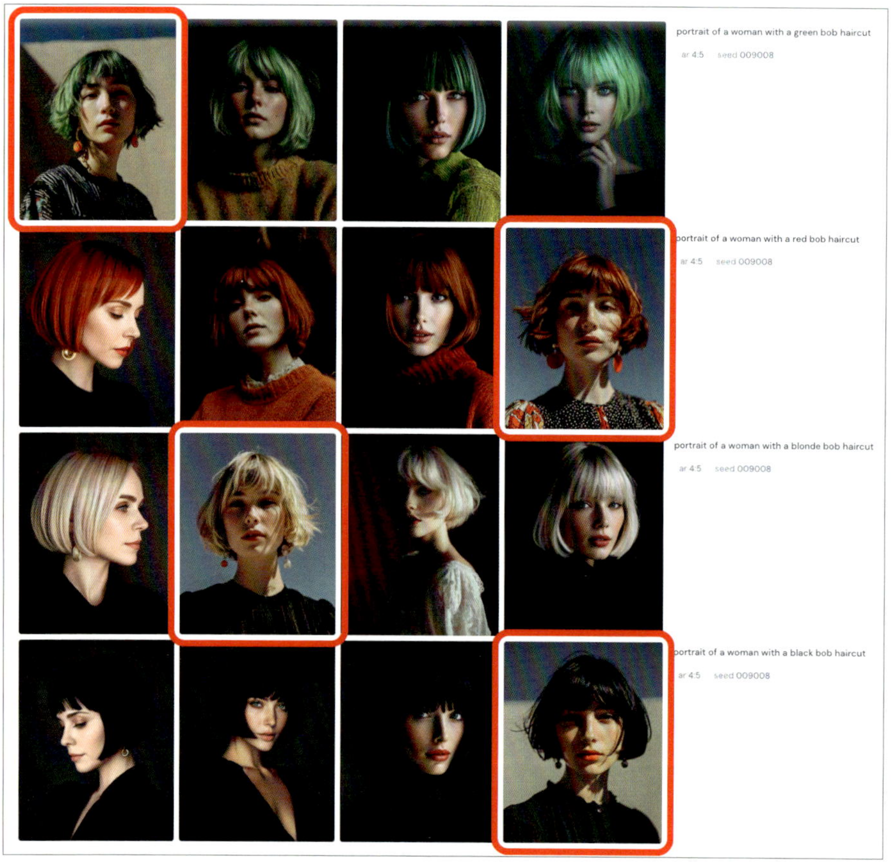

Nur die Haarfarbe wurde hier geändert durch die Eingabe von »green/red/blond/black« im Prompt.

Im Workflow eingesetzt, dient der Seed daher weniger der exakten Wiederholung eines Ergebnisses, sondern vielmehr als Werkzeug zur kontrollierten Weiterentwicklung und zum Verständnis eines Bildes.

3.4 Bildprompting: Prompting mit Referenzbildern

Möchten Sie Inhalt, Bildaufbau und Farbwelt Ihrer Midjourney-Generierungen gezielt beeinflussen, können Sie Bilder direkt in Ihren Prompt integrieren. Referenzbilder dienen dabei als visuelle Orientierung und helfen dem Modell, Ihre gewünschte Richtung besser zu interpretieren. Das Modell analysiert dabei die zentralen visuellen Elemente der Referenzbilder und nutzt diese als Inspirationsquelle für eine neue, eigenständige Bildgenerierung.

Besonders hilfreich ist Bildprompting, wenn Sie einen bestimmten Look reproduzieren, mehrere Bilder stilistisch angleichen oder komplexe visuelle Ideen klarer kommunizieren möchten. Statt alles sprachlich zu beschreiben, geben Sie der KI konkrete visuelle Anhaltspunkte – das erhöht die Kontrolle und verbessert die Konsistenz Ihrer Ergebnisse deutlich.

Um ein Bild zu einem Prompt hinzuzufügen, klicken Sie in der Imagine-Leiste links auf das Bild-Icon und **Add Images**. Dadurch öffnet sich das Bilder-Panel, über das neue Bilder hochgeladen oder bereits vorhandene Bilder ausgewählt werden können. Wird ein Bild aus der Upload-Bibliothek ausgewählt, wird es automatisch als Image Prompt hinzugefügt. Alternativ können Bilder per Drag-and-drop in die jeweiligen Bildbereiche gezogen werden. Sie können ein Bild jederzeit wieder entfernen, indem Sie den Mauszeiger darüberbewegen und auf das X-Symbol klicken.

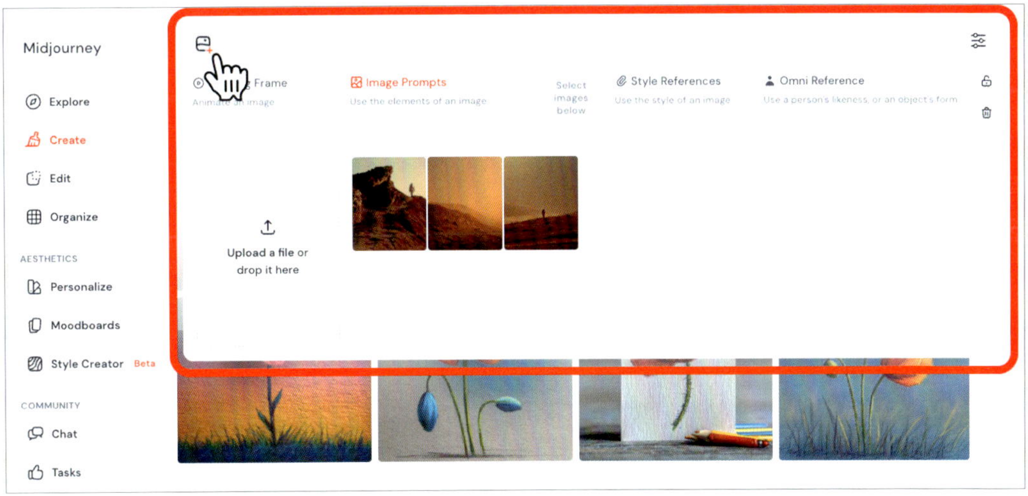

Ein Referenzbild hinzufügen über **Add Images**

Es gibt vier Möglichkeiten, einen Bildprompt zu nutzen:

1. **Starting Frame**: Falls ein Bild als erster Frame für ein Video benutzt werden soll, kann man es über **Starting Frame** hochladen (siehe Abschnitt 9.1).
2. **Image Prompts**: Bilder dienen hier als inhaltliche und stilistische Vorlage. Midjourney orientiert sich sowohl am Motiv als auch an der Ästhetik – Komposition, Farben und Bildaufbau fließen in die Generierung ein.
3. **Style References**: Der Bereich extrahiert ausschließlich den visuellen Stil eines Bildes – Farbpalette, Lichtstimmung, Texturen und künstlerischen Charakter (siehe Abschnitt 5.2).
4. **Omni Reference**: Hierüber können Personen und Objekte und nichtmenschliche Charaktere zuverlässig übertragen werden (siehe Abschnitt 5.3).

Wichtig

Image Prompts und Referenzen dienen nicht dazu, Bilder exakt zu kopieren. Die Referenzen dienen ausschließlich als visuelle Orientierung und fließen interpretiert in die Neugenerierung ein.

Bilder fixieren

Sollen dieselben Bilder für mehrere Prompts verwendet werden, können sie fixiert werden. Dadurch bleiben sie im Imagine-Bereich erhalten und müssen nicht bei jedem neuen Prompt erneut hinzugefügt werden. Das passiert im Bereich **Add Images** oben rechts über das Schloss.

3.4.1 Image Prompts im Workflow

Image Prompts sind also Referenzbilder, die Sie in Ihren Prompt einbinden, um Midjourney visuelle Informationen mitzugeben. Sie liefern konkrete Hinweise zu Stil, Komposition, Farbgebung, Licht oder Formen und ergänzen damit den Text um eine visuelle Ebene. Im Hintergrund vergleicht das Modell Ihr Referenzbild mit erlernten Bildmustern und extrahiert daraus prägende Merkmale. Diese fließen in die neue Generierung ein, ohne das Bild einfach zu kopieren. Das Ergebnis ist eine eigenständige Interpretation, die sich an den visuellen Eigenschaften des Inputs orientiert.

Image Prompts lassen sich auf verschiedene Weise in den kreativen Prozess integrieren. Je nachdem, wie viel visuelle Kontrolle Sie benötigen und wie experimentell Sie arbeiten möchten, bieten sich unterschiedliche Kombinationen aus Referenzbildern und Textprompts an.

Single Image Prompt + Textprompt

Wählen Sie ein Referenzbild aus, das Ihrer Bildvorstellung möglichst nahekommt, und ergänzen Sie dazu Ihren Textprompt. Für den Textprompt ist hier entscheidend, dass er das finale Bild beschreibt mit allen gewünschten Inhalten, Stimmungen und Details. Der Textprompt dient hier nicht als Anweisung für das Referenzbild, um dieses inhaltlich zu verändern.

> **prompt** Kombination des Bildes *https://s.mj.run/CTzGtWwg_yg* mit dem Prompt: photography, an astronaut walking in the distance, in the style of cinematic movie stills, nighttime with a starry night sky --ar 16:9 --raw

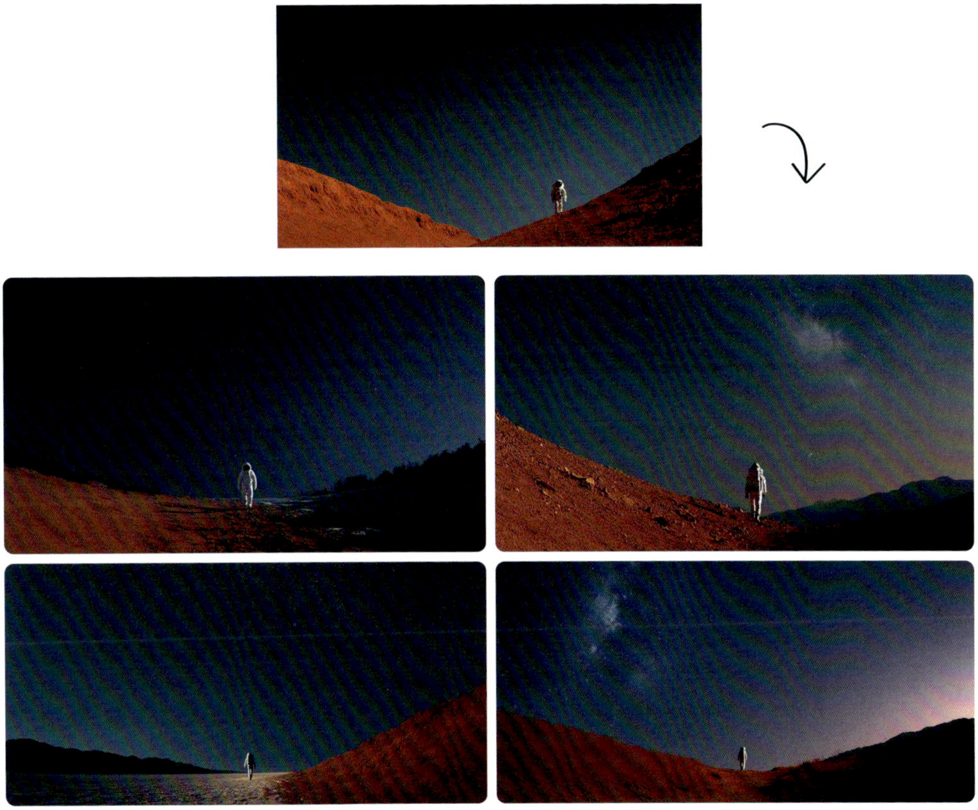

Die Ergebnisse orientieren sich sehr stark an der Bildreferenz.

Multiple Image Prompts + Textprompt

Kombinieren Sie mehrere Referenzbilder mit einem Textprompt, um noch mehr Details festzulegen. Die visuellen Grundlagen liefern somit die Bilder, und der Text kann gezielt Details festlegen, die in den Referenzbildern nicht oder nur teilweise sichtbar sind.

prompt Kombination der Bilder *https://s.mj.run/CTzGtWwg_yg* und *https://s.mj.run/XNX207U8cwQ* mit dem Prompt: photography, an astronaut walking in the distance, in the style of cinematic movie stills, nighttime with a starry night sky --ar 16:9 --raw

Eindeutig wurden beide Referenzbilder integriert.

Blend – Multiple Image Prompt ohne Textprompt

Wenn man zwei oder mehrere Bildreferenzen ohne zusätzlichen Textprompt hochlädt, »blendet« (kombiniert) man die visuellen Eigenschaften dieser Bilder miteinander.

Midjourney kombiniert dabei Aspekte wie Formen, Farben, Lichtstimmung und Komposition zu einem neuen Bild, das sich aus den gemeinsamen Merkmalen der Vorlagen ableitet. Blend eignet sich besonders für visuelle Experimente, bei denen weniger eine konkrete Bildaussage im Vordergrund steht als das spielerische Erkunden von Stilen und Bildwirkungen. So lassen sich beispielsweise unterschiedliche Ästhetiken miteinander verschmelzen oder neue, unerwartete Looks entwickeln.

prompt https://s.mj.run/XiLk_NZw5Uc https://s.mj.run/QJu8p59JL40 --ar 16:9

Ergebnis über Blend

3.4.2 Weights

Weights ermöglichen es, den Einfluss von Image Prompts, Style References und Omni References gezielt zu steuern. Über die Gewichtung lässt sich festlegen, welche Informationsquelle im Generierungsprozess, also Bild- oder Textprompt, dominanter sein soll.

Damit gewinnen Sie direkte Kontrolle über das Verhältnis zwischen visueller Vorgabe und inhaltlicher Beschreibung. Ein höheres Gewicht bei Referenzbildern verstärkt deren Einfluss auf Stil, Komposition oder Farbwelt, während ein stärker gewichteter Textprompt die inhaltliche Richtung präziser bestimmt.Weights sind besonders hilfreich, wenn mehrere Einflüsse kombiniert werden. So können Sie gezielt priorisieren, welches Referenzbild den Look vorgibt oder wie stark bestimmte Aspekte übernommen werden sollen. Auch feine Anpassungen lassen sich damit umsetzen, etwa wenn ein Stil nur subtil einfließen oder ein Motiv klar im Vordergrund stehen soll.

Image Weight

Der Parameter kann in einem Bereich von 0 bis 3 eingesetzt werden und bestimmt, wie stark ein Image Prompt das finale Ergebnis beeinflusst. Der Standardwert für Image Weight liegt bei 1. Gerade dann, wenn Bild- und Textprompt unterschiedliche Richtungen vorgeben oder mehrere Bilder gleichzeitig verwendet werden, wird der Effekt deutlich sichtbar. Mit zunehmendem Image Weight orientiert sich Midjourney stärker an Formen, Farben und Komposition des Referenzbildes, während der Text an Einfluss verliert.

prompt Kombination *https://s.mj.run/CTzGtWwg_yg* mit dem Prompt: photography, an astronaut walking in the distance, in the style of cinematic movie stills, nighttime with a starry night sky --ar 16:9 --raw --iw [unterschiedliche Werte]

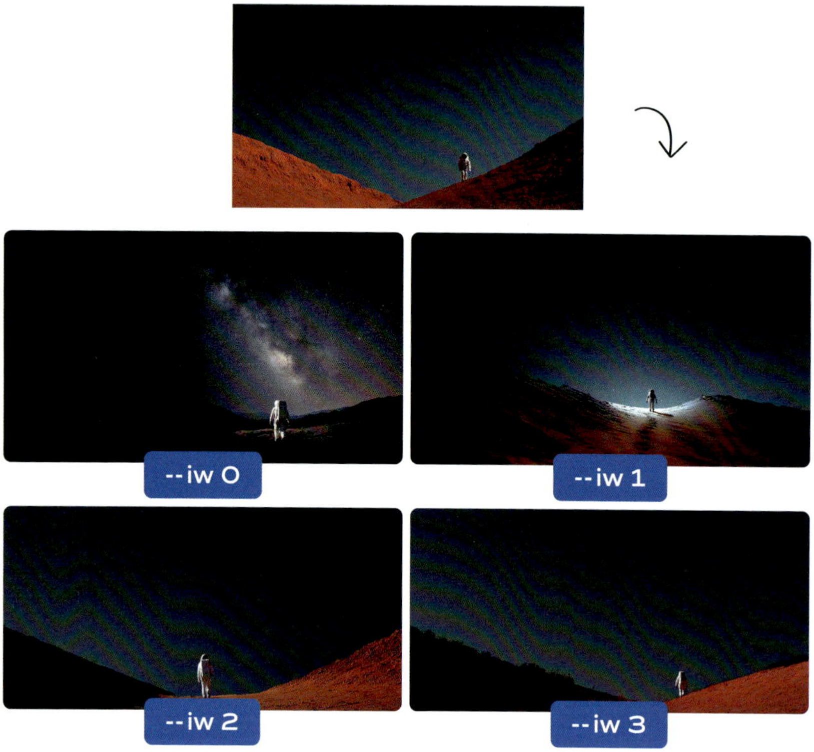

Auswirkung der verschiedenen Image Weights im Prompt: Bei sehr niedrigen Werten (z. B. »--iw 0«) dient das Bild lediglich als lose Inspiration. Midjourney folgt in erster Linie dem Text und interpretiert das Referenzbild frei oder nur in Ansätzen. »--iw 1« zeigt eine ausgewogene Balance zwischen Textprompt und Bildreferenz. Bei »--iw 2« gewinnt das Referenzbild deutlich an Einfluss, und bei »--iw 3« prägt das Referenzbild die Bildstruktur deutlich. Komposition, Farbverteilung und visuelle Anordnung bleiben näher am Ausgangsbild, während der Textprompt eher ergänzend wirkt.

Es gilt: Ein niedriger Weight-Wert bedeutet die stärkere Gewichtung des Textprompts, ein hoher Weight-Wert ergibt die stärkere Gewichtung des Referenzbildes. In V7 ist die Gewichtung zurzeit noch nicht einstellbar.

Style Weight

Der Parameter lässt sich mit einem Wert zwischen 0 und 1000 einstellen und steuert, wie stark der Stil einer Style Reference in die Bildgenerierung einfließt. Der Standardwert für Style Weight liegt bei 100. Besonders bei einfachen Motiven oder neutralen Textprompts wird sichtbar, wie stark sich der Stil mit steigender Gewichtung durchsetzt.

prompt portrait of a woman with a black bob haircut --ar 16:9 --raw --sref *https://s.mj.run/gXgshAjwwgM* --sw [unterschiedliche Werte]

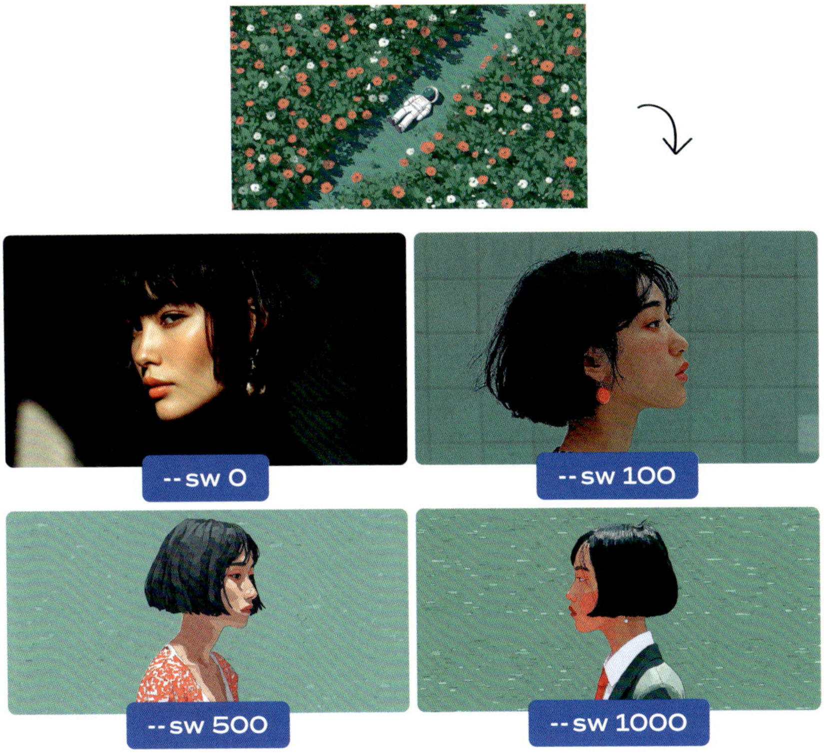

Auswirkung verschiedener Style Weights: Bei niedrigen Style-Weight-Werten (z. B. »--sw 0«) übernimmt der Textprompt nahezu vollständig die Kontrolle. Der Stil der Referenz ist kaum wahrnehmbar oder nur sehr subtil vorhanden. Bei höheren Werten (z. B. »--sw 1000«) prägt die Style Reference das Bild. Farben, Licht und Stil folgen klar der Referenz, und Motivdetails können sich vom Textprompt lösen.

Es gilt: Niedrige Style-Weight-Werte bedeuten eine stärkere Kontrolle durch den Textprompt, hohe Style-Weight-Werte ergeben einen stärkeren stilistischen Einfluss der Referenz. Seit den Modellversionen 6 und 7 zeigt sich dieser Effekt auch besonders stark in Kombination mit SREF-Codes.

prompt portrait of a woman with a black bob haircut --ar 16:9 --raw --sref 2152772817 --sw [unterschiedliche Werte]

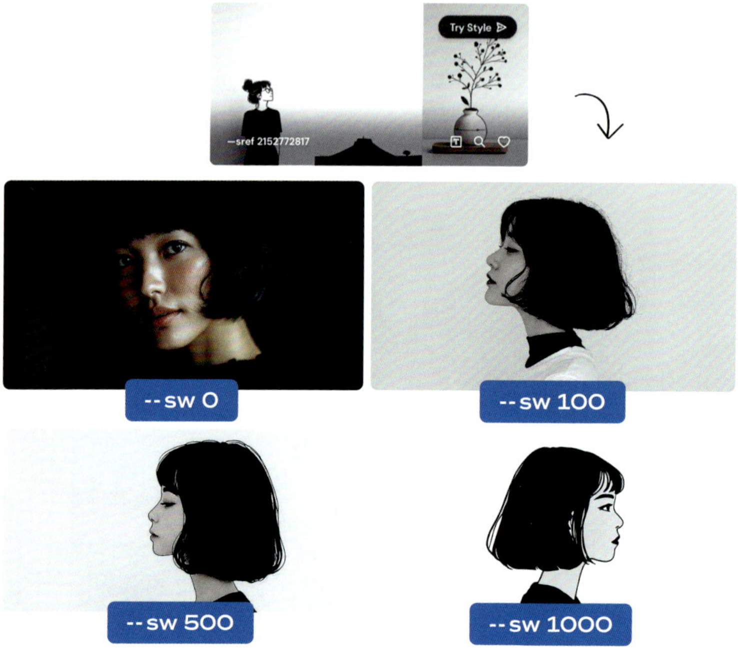

Auswirkung verschiedener Style-Weight-Werte. Mit zunehmendem Wert prägt der Stilcode das Bild immer stärker – von keinem sichtbaren Einfluss bei 0 bis hin zur vollständigen stilistischen Übernahme bei 1000.

Omni Reference Weight

Der Parameter kann zwischen 1 und 1000 eingestellt werden und steuert, wie stark charakteristische Details aus einer Omni Reference in das neue Bild übernommen werden. Der Standardwert für Omni Reference Weight liegt bei 100. Der Einfluss zeigt sich vor allem bei wiedererkennbaren Merkmalen wie Proportionen, Silhouetten, Gesichtszügen oder markanten Objektformen. Omni Reference Weight eignet sich daher besonders für konsistente Figuren oder Objekte.

prompt photography, portrait of a woman sitting on a bench in the park, golden hour --ar 16:9 --ow [verschiedene Werte]

Bei niedrigen Werten (z. B. »--ow 50«) bleibt die Referenz eher abstrakt. Midjourney greift einzelne Eigenschaften auf, interpretiert diese jedoch flexibel und kontextabhängig. Bei hohen Werten (z. B. »--ow 400« oder höher) werden Details aus der Referenz deutlich übernommen. Sehr hohe Werte können jedoch zu instabilen, verpixelten oder unvorhersehbaren Ergebnissen führen, insbesondere in Kombination mit hohen Stylize-Werten.

Niedrige Omni-Reference-Werte begründen eine freie Interpretation der Referenz, hohe Omni-Reference-Werte erreichen eine stärkere Übernahme visueller Merkmale.

Auswirkung der Kombination von »ow 1000« mit dem Parameter »stylize 1000«

Auf der Website von Midjourney kann die Stärke der Omni Reference auch direkt über einen Schieberegler in der Imagine-Leiste angepasst werden, ohne den Parameter manuell im Prompt zu setzen.

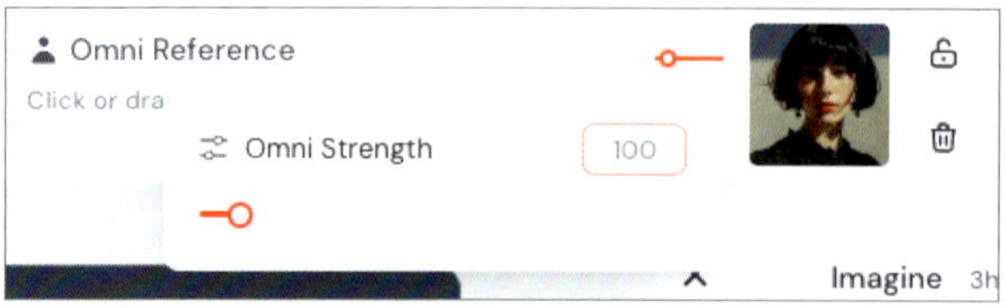

Omni-Strength-Einstellung

3.4.3 Describe

Describe ist ein Image-to-Text-Werkzeug, das ein hochgeladenes Bild analysiert und in Wörtern beschreibt. Es ist allerdings nicht darauf ausgelegt, ein Bild exakt zu reproduzieren, sondern es dient lediglich als freie und kreative Orientierung für die generierten Promptvorschläge. So entstehen, auch wenn man mehrfach das gleiche Bild in Describe hochlädt, jedes Mal unterschiedliche Beschreibungen. Dadurch eignet sich das Tool besonders gut dafür, neue Bildsprachen zu erkunden und zu lernen, wie man mit Midjourney »spricht«.

Um Describe zu verwenden, können Sie ein Bild direkt in die Imagine-Leiste ziehen. Beim Ziehen erscheint ein Hinweisfeld unter der Imagine-Leiste mit der Aufforderung, das Bild zur Beschreibung abzulegen. Es lassen sich sowohl Bilder vom eigenen Computer als auch bereits hochgeladene Bilder aus der Midjourney-Mediathek verwenden.

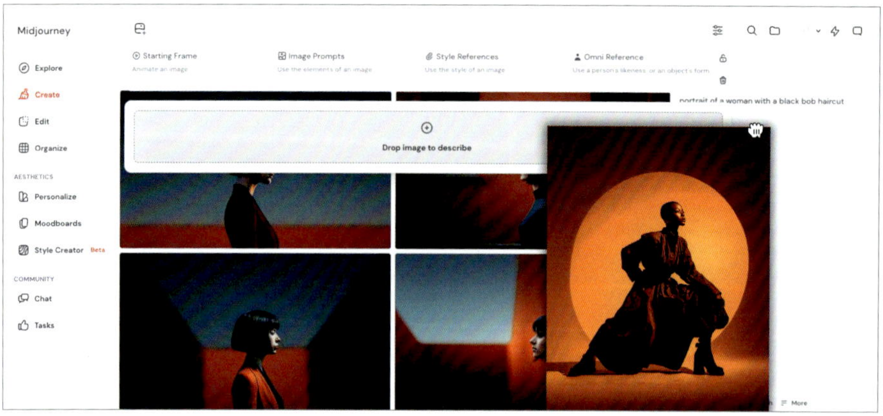

Der Befehl **Drop image to describe**

Wird das Bild in diesem Bereich losgelassen, generiert Midjourney automatisch vier unterschiedliche Promptvorschläge, die auf der Create-Seite angezeigt werden.

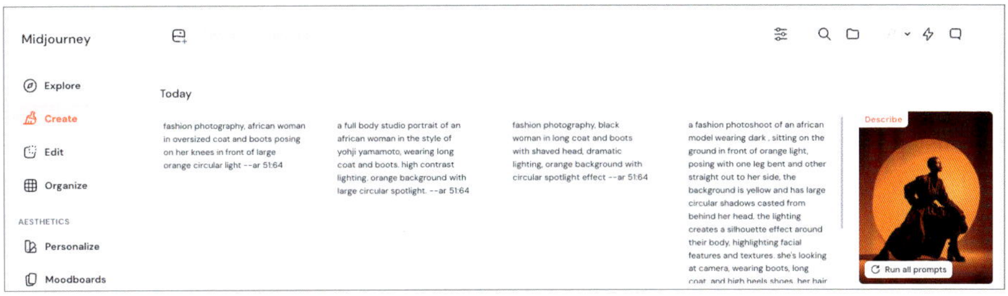

Vorschläge für Prompts

Die einzelnen Vorschläge können übernommen werden, indem der entsprechende Text ausgewählt und in die Imagine-Leiste eingefügt wird. Alternativ lassen sich alle vier Prompts gleichzeitig ausführen mit **Run all prompts**, um unterschiedliche Interpretationen direkt zu vergleichen. Die Describe-Vorschläge werden nicht auf der Create- oder Organize-Seite gespeichert, beim Neuladen der Website verschwinden sie wieder.

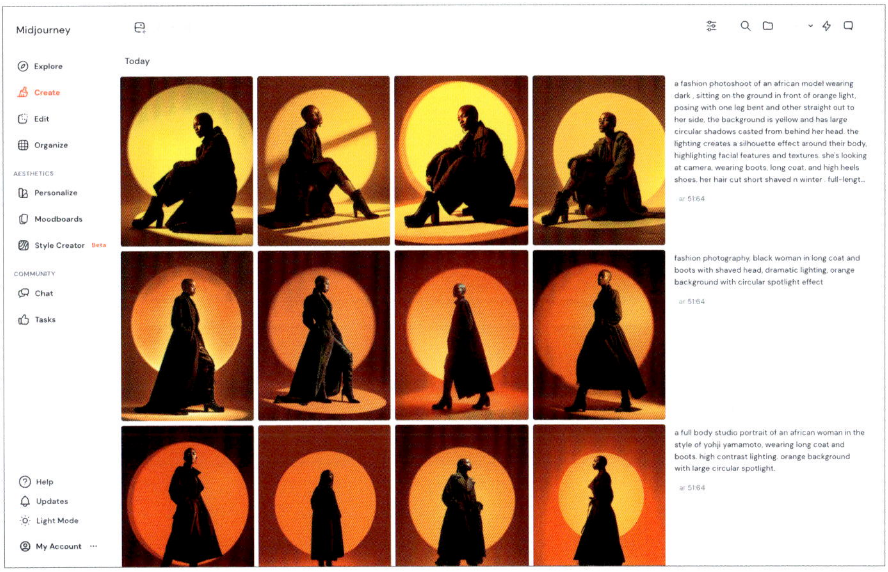

Ergebnisse der verschiedenen Beschreibungen

Alternativer Weg

Describe kann auch über ein bereits generiertes Bild ausgewählt werden. Wenn Sie auf ein Bild innerhalb der Create- oder Organize-Seite mit der rechten Maustaste klicken, erscheint die Option **Describe**, und Midjourney erstellt ebenfalls vier neue Promptvorschläge auf Basis des ausgewählten Bildes.

prompt many floating numbers "4", 3D render, made of soft fluffy pink fur with a realistic texture, detailed and tactile effect, soft photorealistic lighting, solid pink background, floating object --raw

KAPITEL 4

Bildverarbeitung in Midjourney

KAPITEL 4

Bildverarbeitung in Midjourney

Die Generierung eines Bildes ist in Midjourney oft nur der Anfang. In diesem Kapitel lernen Sie die leistungsstarken Werkzeuge kennen, mit denen Sie aus einem vielversprechenden Entwurf ein perfektes Endergebnis formen – von subtilen Variationen über präzise Detailkorrekturen bis hin zu animierten Zoom-Sequenzen. Meistern Sie den iterativen Workflow, der professionelle Midjourney-Nutzer von Gelegenheitsanwendern unterscheidet!

4.1 Der iterative Workflow: ein Überblick

Wenn Sie einen Prompt eingeben und auf die Generierung warten, beginnt eine Reise, die weit über das erste Vierer-Grid hinausgehen kann. Vielleicht trifft eines der vier Bilder bereits ins Schwarze – häufiger jedoch sehen Sie Potenzial, das noch nicht vollständig ausgeschöpft ist. Ein Gesicht stimmt nicht ganz, die Komposition ist zu eng, der Stil könnte noch prägnanter sein. Genau hier setzen die Werkzeuge an, die wir in diesem Kapitel erkunden werden.

Professionelle Midjourney-Nutzer*innen verstehen die Bildgenerierung als mehrstufigen Prozess. Statt auf den perfekten ersten Wurf zu hoffen, planen sie von Anfang an mehrere sogenannte Iterationsrunden ein. Dieser Ansatz mag zunächst zeitaufwendiger erscheinen, führt aber zu konsistent besseren Ergebnissen und gibt Ihnen die kreative Kontrolle zurück, die bei einem rein zufallsbasierten Prozess fehlen würde.

Der typische Workflow lässt sich in Phasen unterteilen, die jeweils eigene Werkzeuge erfordern:

- **Phase 1: Exploration und Richtungsfindung**: Nach der ersten Generierung stehen Sie vor der Frage: Geht eines dieser Bilder in die richtige Richtung? Hier kommen Varianten ins Spiel. Mit den V-Buttons können Sie vielversprechende Ergebnisse weiterentwickeln, ohne bei null zu beginnen. Strong Variations öffnen neue kreative

Wege, Subtle Variations verfeinern bereits gute Ansätze. Dieser Prozess kann mehrere Runden umfassen, bis Sie ein Bild haben, das Ihrer Vision nahekommt.

- **Phase 2: Transformation und Neuinterpretation**: Manchmal ist die Grundidee richtig, aber der Stil, die Stimmung oder die Umgebung soll sich ändern. Der Remix Mode ermöglicht genau das: Sie behalten die Essenz eines Bildes bei, während Sie den Prompt für die nächste Iteration anpassen. Ein fotorealistisches Porträt wird zum Ölgemälde, eine Sommerszene verwandelt sich in eine Winterlandschaft – alles auf Basis des bereits generierten Bildes.
- **Phase 3: Komposition und Format**: Das perfekte Motiv nützt wenig, wenn das Format nicht stimmt. Ein quadratisches Bild für Instagram muss vielleicht auch als breiter Header für eine Website funktionieren. Panning erweitert Ihr Bild in jede gewünschte Richtung und schafft Raum für neue Elemente, Textplatzierung oder alternative Kompositionen. Die Zoom-Funktion arbeitet ähnlich, erweitert aber in alle Richtungen gleichzeitig und ermöglicht faszinierende Perspektivwechsel – vom Detail zum großen Ganzen.
- **Phase 4: Finalisierung und Produktionsreife**: Am Ende des kreativen Prozesses steht die technische Finalisierung. Upscaling hebt Ihre Bilder auf die Auflösung, die Ihr Verwendungszweck erfordert. Für Webgrafiken mag das interne Midjourney-Upscaling ausreichen; für Druckprodukte oder großformatige Displays kommen spezialisierte Dienste wie Magnific AI ins Spiel, die Ihre Bilder auf beeindruckende Auflösungen hochskalieren, ohne die Qualität zu kompromittieren.

Werkzeugwahl zusammengefasst

- Das Gesamtkonzept stimmt nicht? → Neuer Prompt oder Strong Variations
- Die Richtung stimmt, aber Details nicht? → Subtle Variations
- Der Stil soll sich ändern? → Remix
- Das Format passt nicht? → Panning oder Zoom
- Die Auflösung reicht nicht? → Upscaling

4.2 Alternative Bilder generieren

Mit Variationen und dem Remix Mode entwickeln Sie vielversprechende Ansätze systematisch weiter. Variationen erzeugen neue Versionen eines ausgewählten Bildes, die dessen Grundcharakter beibehalten, aber in Details wie Komposition, Farbgebung oder Perspektive abweichen. Der Remix Mode geht einen Schritt weiter. Anstatt nur visuelle Varianten als Neuinterpration Ihrer Idee zu erzeugen, können Sie hier den Prompt selbst verändern, während bestimmte Eigenschaften des Ausgangsbildes erhalten bleiben.

4.2.1 Variation

Die Variations-Funktion erzeugt ein neues Set aus vier Bildern, die sich nur leicht voneinander unterscheiden, während Grundmotiv und Stil des ausgewählten Ausgangsbildes erhalten bleiben. Damit lassen sich unterschiedliche Ausprägungen eines Motivs testen, ohne einen neuen Prompt formulieren zu müssen oder den kreativen Prozess neu zu starten. Varianten dienen dazu, ein bestehendes Midjourney-Bild weiterzuentwickeln, entweder durch minimale Detailanpassungen oder durch deutlicher sichtbare Abweichungen, je nach gewählter Option. Um Varianten zu kreieren, erstellen Sie als Erstes ein Bild.

prompt high-angle shot, dreamy photograph of an astronaut in a field during sunrise, in the style of cinematic movie stills, shot on analog film --ar 7:3 --raw

Es gibt zwei Wege, Variations auszulösen:

1. Direkt über die Create-Seite: Bewegen Sie den Mauszeiger über ein generiertes Bild, erscheinen drei Buttons: **V Subtle**, **V Strong** und **Animate**.

Nach dem Mouseover erscheinen die möglichen Variationen.

2. Über die Bild-Detailansicht: Alternativ können Sie das Bild über die Create- oder Organize-Seite öffnen. In der Detailansicht auf der rechten Seite befinden sich die Buttons **Vary Subtle** und **Vary Strong** im Bereich **Creation Actions**.

Variationen in der Detailansicht

Optionen nicht sichtbar?

Falls die Vary-Optionen nicht sichtbar sind, klicken Sie auf **More Options** und setzen ein Häkchen bei **Vary**, um die Funktion einzublenden. Das gilt auch für alle anderen Optionen.

Vary Subtle erzeugt kleine, präzise Veränderungen. Komposition und Stil bleiben weitgehend unverändert, während Details, Texturen oder einzelne Elemente leicht angepasst werden. Es eignet sich für Motive, bei denen das Gesamtbild bereits gut funktioniert und lediglich feine Korrekturen vorgenommen werden sollen.

Vary Strong führt zu deutlicheren Veränderungen in Darstellung oder Anordnung, behält jedoch das Hauptmotiv und den inhaltlichen Kern des Bildes bei. Diese Option ist sinnvoll, wenn mehrere visuelle Interpretationen desselben Motivs benötigt werden oder wenn der Stil in eine andere Richtung entwickelt werden soll.

Alternativen unseres Beispielbildes: links mit Vary Subtle, rechts mit Vary Strong erzeugt

Schauen wir uns noch ein weiteres Beispiel an.

prompt cinematic portrait, a melancholic woman with dark curly hair, neon lighting, in the style of indie movies, Kodak Portra 160 film --ar 1:1 --raw

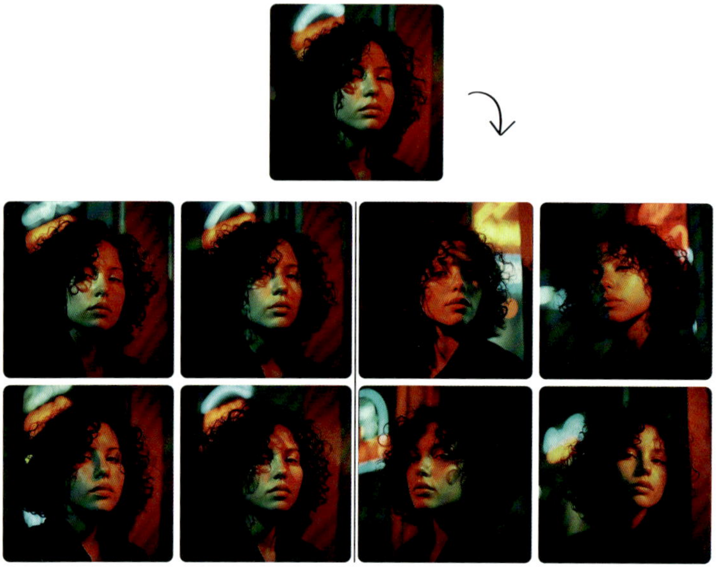

Links V Subtle mit behutsamen Anpassungen, rechts V Strong mit deutlich stärkeren stilistischen und kompositorischen Abweichungen

Varianten haben aber auch ihre Grenzen. Wenn das Ausgangsbild fundamentale Probleme aufweist – etwa eine unpassende Perspektive oder einen falschen Stil –, werden natürlich auch die Varianten diese Probleme erben. In solchen Fällen ist es effizienter, den Prompt anzupassen und neu zu generieren. Auch die Konsistenz von Gesichtern und Charakteren kann bei Varianten leiden. Selbst Subtle Variations können Gesichtszüge merklich verändern. Für Projekte, die absolute Charakterkonsistenz erfordern, sollten Sie die Omni-Reference-Funktion in Betracht ziehen, die in Kapitel 5, »Konsistenz von Styles, Charakteren und Objekten«, behandelt wird.

4.2.2 Remix

Die Remix-Funktion dient dazu, die grundlegende Komposition des generierten Bildes beizubehalten und darauf basierend eine neue Variante zu generieren. Der Unterschied zu Variations liegt darin, dass man hier sowohl den Prompttext als auch einen Teil der Parameter anpassen kann. Remix bietet also die Möglichkeit, ein Bild weiterzuentwickeln, ohne die Grundidee aufzugeben.

Um ein Bild zu remixen, öffnen Sie das generierte Bild über die Create- oder Organize-Seite. Mit aktiviertem Remix Mode erscheint bei jeder Varianten-Anfrage ein Eingabefeld, in dem Sie den Prompt modifizieren können.

prompt illustration of cows standing near a farm with a little farm house in the background --ar 4:5 --raw --sref 3016782392 --stylize 200 --v 7

Prompt eines illustrativen Beispiels

Im Bereich **Creation Actions** stehen die Remix-Optionen **Subtle** und **Strong** zur Verfügung, diese funktionieren genauso wie bei den Variations-Optionen. Sind die Remix-Optionen nicht sichtbar, können sie über **More Options** aktiviert werden. Nach Auswahl einer Option erscheinen der ursprüngliche Prompt und das zugehörige Bild automatisch in der Imagine-Leiste mit dem Hinweis »Remix«. Der Prompt kann dort jetzt beliebig angepasst und neu ausgeführt werden. Falls Sie mit den Änderungen nicht zufrieden sind oder zum ursprünglichen Prompt zurückgelangen wollen, stellt **Reset Prompt** rechts neben dem Prompt den Originalprompt wieder her.

Remix eines Bildes

Subtle Remix verändert die Grundstruktur vom Bild nur minimal. Die Darstellung bleibt so nah wie möglich am ursprünglichen Bild mit der jeweiligen Anpassung am Prompt.

prompt illustration of **pigs** standing near a farm with a little farm house in the background --ar 4:5 --raw --sref 3016782392 --stylize 200 --v 7

prompt illustration of cows standing near a farm with a little farm house in the background --ar 4:5 --raw **--sref 2837270698** --stylize 200 --v 7

Links: Ergebnis mit Subtle Remix; Rechts: Ergebnis mit Remix und neuem SREF-Code

Strong Remix hingegen erlaubt deutlichere Änderungen des Ausgangbildes. Die Darstellung oder Anordnung verändert sich deutlicher, behält jedoch das Hauptmotiv und den inhaltlichen Kern des Bildes bei. Im Beispiel sieht man deutlich, dass die Farbänderungen sich mehr nach dem neuen SREF-Code richten als bei der gleichen Anpassung bei Subtle Remix.

Praxistipp

Strong Remix eignet sich gut, wenn Sie ein Motiv in der Konzeptphase ausprobieren möchten. Testen Sie zum Beispiel denselben Prompt mit drei oder vier unterschiedlichen SREF-Codes im Strong Remix – so erhalten Sie in kürzester Zeit verschiedene Stilrichtungen, die alle auf derselben Grundkomposition basieren. Das liefert die ideale Entscheidungsgrundlage für Kundenpräsentationen oder Moodboards.

prompt illustration of pigs standing near a farm with a little farm house in the background --ar 4:5 --raw --sref 3016782392 --stylize 200 --v 7

prompt illustration of cows standing near a farm with a little farm house in the background --ar 4:5 --raw **--sref 2837270698** --stylize 200 --v 7

Links: Ergebnis mit Strong Remix; Rechts: Angepasster Prompt mit Remix des SREF-Codes

Eine der häufigsten Anwendungen von Remix ist die Übertragung eines Motivs in einen anderen Stil. Beispielsweise wird ein Porträt im fotorealistischen Stil generiert, und Sie möchten nun sehen, wie dasselbe Gesicht als Ölgemälde, Anime-Charakter oder Bleistiftzeichnung aussehen würde. Mit aktiviertem Remix wählen Sie die Varianten-Option, und im erscheinenden Promptfeld ersetzen oder ergänzen Sie die Stilangaben. Das ursprüngliche `portrait photography` wird zu `oil painting in the style of Rembrandt`. Das Ergebnis behält die wesentlichen Merkmale des Ausgangsbildes – Pose, Gesichtszüge, Komposition –, übersetzt diese aber in die neue Ästhetik.

Weitere Anwendungsfälle sind der Wechsel der Umgebung bei gleichbleibendem Subjekt oder eine Änderung der Farbpalette. Ein Porträt vor neutralem Hintergrund kann per Remix in eine Waldszene, ein futuristisches Labor oder einen historischen Ballsaal versetzt werden. Sie behalten die Beschreibung des Subjekts und ändern nur die Umgebungsbeschreibung im Prompt bzw. fügen spezifische Farbangaben hinzu.

Beim Remixen können Parameter ergänzt oder entfernt werden, sofern sie kompatibel bleiben. In den letzten Versionen von Midjourney gibt es nicht so große Unterschiede in Bezug auf die Kompatibilität. Ein Prompt aus `--v 3` mit `--stylize 2000` würde aber z. B. in `--v 6` zu einer Fehlermeldung führen, da die Version nur bis `--stylize 1000` unterstützt. Ebenfalls führt das Ändern des Seitenverhältnisses im Remix-Mode zu einer Verzerrung des Bildes, da Remix die Canvas nicht erweitert und keine fehlenden Inhalte hinzufügt. Für perspektivische Anpassungen oder zur Korrektur ungünstiger Zuschnitte eignen sich **Custom Zoom**, **Pan** und der Midjourney-Editor.

Tipps für das Remixen

- Nehmen Sie nicht zu viele Änderungen auf einmal vor. Wenn Sie Stil, Umgebung und Farbpalette gleichzeitig ändern, verlieren Sie die Kontrolle über das Ergebnis. Arbeiten Sie in Schritten.
- Identifizieren Sie die Elemente des Ausgangsbildes, die Sie unbedingt beibehalten möchten, und stellen Sie sicher, dass diese im Remix-Prompt präsent bleiben.

4.3 Anpassungen des Formats

Mit den Pan- und Zoom-Funktionen erweitern Sie Ihre Bilder nachträglich in jede Richtung und passen sie flexibel an verschiedene Ausgabemedien an, von Instagram-Quadraten bis zu ultrabreiten Website-Headern. So lösen Sie Kompositionsprobleme, schaffen Raum für Typografie und können aus einem einzigen Basisbild unterschiedliche Formatvarianten entwickeln.

4.3.1 Pan

Ein quadratisches Instagram-Bild soll auch als Facebook-Header (sehr breit) und Pinterest-Pin (sehr hoch) verwendet werden? Statt drei separate Bilder zu generieren, erstellen Sie ein quadratisches Basisbild und erweitern es per Panning in die benötigten Richtungen. Denn mit der Pan-Funktion lässt sich das Bild in eine bestimmte Richtung erweitern. Midjourney erweitert dabei die Arbeitsfläche und ergänzt den neuen Bereich mit Bildinhalten, die stilistisch und thematisch zum Ausgangsbild passen. Das Originalbild bleibt unverändert, während zusätzliche Umgebung oder Kontext entsteht. Diese Funktion löst ein häufiges Problem: Sie haben ein perfektes Bild generiert, aber das Seitenverhältnis passt nicht für Ihren Verwendungszweck. Oder das Hauptmotiv ist zu zentral platziert, und Sie benötigen mehr Raum für Text oder andere Designelemente.

Versionen

Beim Arbeiten in V7 wird intern weiterhin der Pan-Algorithmus aus V6.1 genutzt, die Qualität/Ästhetik kann sich also leicht verändern. Pan ist mit Midjourney-Versionen ab Version 5 kompatibel.

Um ein Bild zu erweitern, öffnen Sie das generierte Bild über die Create- oder Organize-Seite. Im Bereich **Creation Actions** finden Sie die Pan-Optionen. Über die Pfeiltasten kann das Bild ganz einfach in die gewünschte Richtung erweitert werden. Große Erweiterungen in einem Schritt können allerdings zu Inkonsistenzen führen. Effektiver ist daher oft ein schrittweises Vorgehen: Erweitern Sie zunächst moderat, prüfen Sie das Ergebnis, und erweitern Sie dann bei Bedarf weiter.

prompt street photography, a 20-year-old woman with long hair wearing yellow jacket standing in front of house and looking at the camera, film grain, moody lighting, shot on Kodak Portra medium format, low angle perspective shot from below --ar 16:9 --raw --v 7

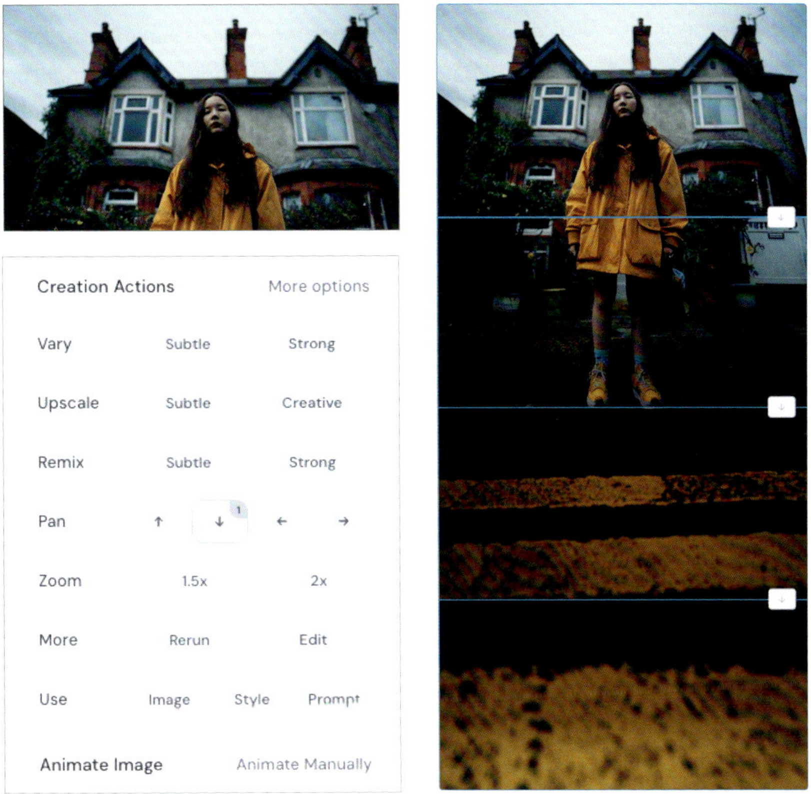

Links das Ausgangsbild, rechts dreimal **Pan Down** *am Originalbild angewendet*

Im Bereich **Creation Actions** findet man die Upscale-Optionen **Subtle** und **Creative**. **Subtle** verdoppelt die Bildgröße und verändert das Motiv nur minimal. Die Darstellung bleibt so nah wie möglich am ursprünglichen Bild. **Creative** verdoppelt ebenfalls die Auflösung, kann jedoch zusätzliche Details oder leichte Anpassungen vornehmen und dadurch das Endergebnis etwas variieren und kann kleinere Problemstellen im Bild etwas korrigieren (z. B. uneinheitliche Hände oder Gesichtsausdrücke).

Unser Beispielbild arbeitet mit folgendem Prompt.

> **prompt** cinematic photograph, a cyber-futurist portrait of a black woman adorned with layered silver chains, their eyes hidden behind a cascade of luminous crystals refracting light into shifting prism patterns, set against a smooth gradient background, expressing an otherworldly and dignified presence illuminated by refracted crystal glow, soft bloom, and subtle starburst flares, hyperreal futurist portrait, centered shallow-focus composition --ar 4:5 --raw --v 7

Links das Ausgangsbild, in der Mitte Upscale Subtle, rechts Upscale Creative

Upscaling früherer Versionen in Midjourney

Die Upscale-Funktionen in Version 6/6.1 sind identisch mit denen in Version 7. Bilder aus Version 5/5.1/5.2 werden mit 1024 × 1024 Pixeln erstellt, und die folgenden Upscaler stehen zur Verfügung: Upscale 2x: 2048 × 2048 Pixel und Upscale 4x: 4096 × 4096 Pixel. Wichtig: Die beiden Upscaler sind nicht mit dem Pan-Tool oder dem Tile-Parameter kompatibel.

Bilder aus Version 4 werden mit einer Auflösung von 512 × 512 Pixeln erstellt und mit dem Default Upscaler auf 1024 × 1024 Pixel hochskaliert, und es werden stärkere stilistische Veränderungen am Bild erzeugt.

Bilder aus Version 1 bis 3 werden mit einer Auflösung von 256 × 256 Pixeln erstellt und mit dem Default Upscaler auf 1024 × 1024 Pixel hochskaliert, ebenfalls mit stärkeren stilistischen Veränderungen am Bild.

Seien Sie beim Upscaling aber vorsichtig: **Upscale** kann den Stil eines Bildes subtil verändern. Illustrationen können fotografischer wirken, wenn zu viele realistische Details hinzugefügt werden. Passen Sie die Creativity-Einstellungen entsprechend an!

Links: kein Upscale, rechts: Upscaled

Links: kein Upscale, rechts: Upscaled

4.4.2 Upscaling mit Magnific

Mit der maximalen Auflösung von 2048 × 2048 Pixeln in Midjourney V7 lassen sich bereits viele Anwendungsfälle abdecken. Für Druckproduktionen, großformatige Layouts oder detaillierte Retuschen reicht dies jedoch oft immer noch nicht aus. In solchen Fällen lohnt sich der Einsatz externer Upscaling-Tools wie Magnific oder Topaz (z. B. Bloom/Gigapixel). Diese Programme erhöhen nicht nur die Auflösung, sondern können auch zusätzlich noch Details ergänzen oder die Bildqualität technisch optimieren.

Magnific ist ein webbasiertes, auf Upscaling spezialisiertes Tool für Anwender und Anwenderinnen aus Fotografie, Grafikdesign, Illustration und KI-Kunst. Es erzeugt hochauflösende Versionen eines Bildes und kann dabei zusätzliche Details generieren. Der Detailgrad lässt sich über verschiedene Regler und über einen Prompt steuern. Magnific wird als monatliches Abonnement angeboten.

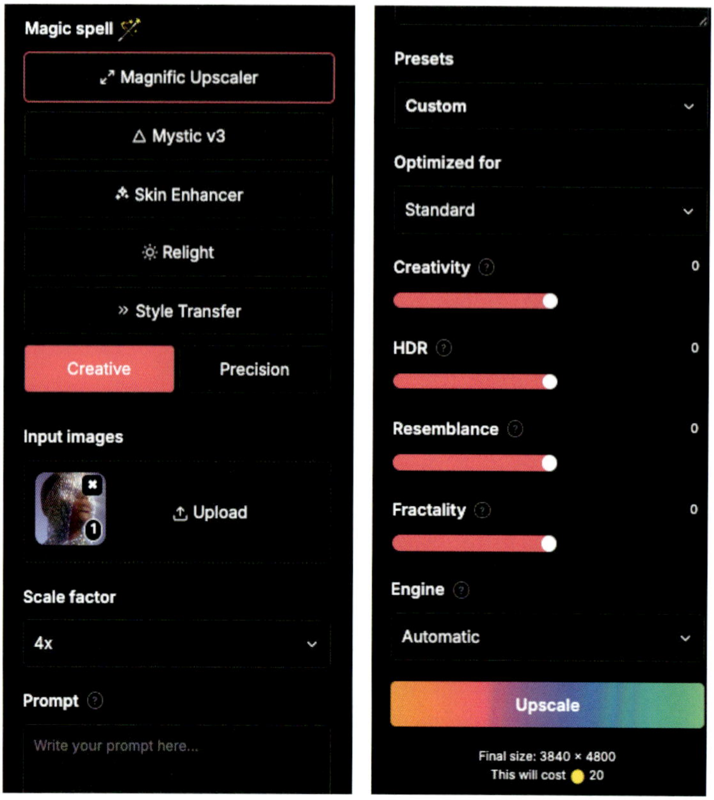

Die Optionen der Upscale-Funktion von Magnific

Magnific unterstützt Vergrößerungen von 2× bis 16× mit einer Auflösung bis zu 10.000 Pixeln. Diese stellen Sie unter **Scale Factor** ein. Natürlich benötigen höhere Faktoren auch mehr Rechenzeit und mehr Credits. Für KI-generierte Bilder kann der ursprüngliche Prompt direkt übernommen werden. Falls der Prompt unpräzise ist oder das Ergebnis nicht passt, kann Midjourneys Describe-Funktion genutzt werden, um eine passende Promptbeschreibung zu erzeugen:

Der Prompt ist in diesem Fall eine wichtige Information: Da Magnific, statt einfach Pixel zu interpolieren oder generische Details hinzuzufügen, den Bildinhalt kontextbezogen analysiert und passende Details generiert, können Sie der KI im Promptfeld Hinweise geben, was im Bild zu sehen ist. Auch können Sie mit Gewichtungen den Prompt präzisieren, z. B. `beautiful green eyes:1.3`, um bestimmte Merkmale stärker zu betonen oder Fehler (z. B. ungewolltes Altern der Figur) zu korrigieren.

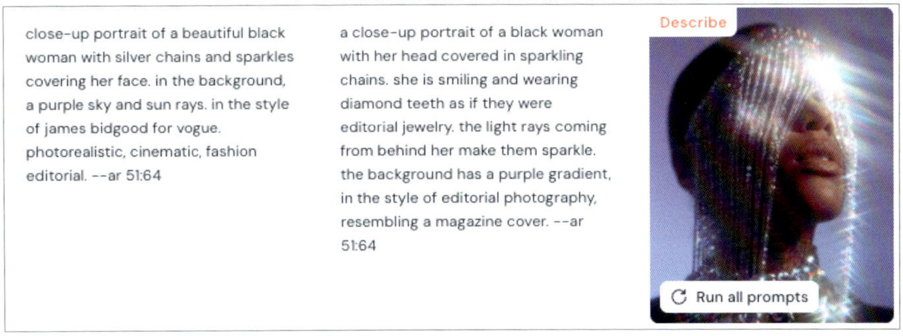

Promptbeschreibung aus Midjourney

Bei den Presets gibt es drei vorgefertigte Settings, die die Detailsteuerung der Parameter ermöglichen: **Subtle**, **Vivid** und **Wild**. Zusätzlich können eigene Einstellungen über **Custom** gespeichert werden.

Die Bildkategorie **Optimized for** verbessert die Interpretation des Ausgangsbildes, man kann auswählen zwischen Standard, Portraits (Soft), Portraits (Hard), Art & Illustrations, Videogame Assets, Nature & Landscapes, Films & Photography, 3D Renders und Science Fiction & Horror. Die Bildtypen sind selbsterklärend, für die meisten Motive ist die Einstellung **Standard** ausreichend. Magnific bietet des Weiteren mehrere Parameter, die den Charakter des Upscales beeinflussen:

- **Creativity** fügt zusätzliche Details hinzu, indem es steuert, wie viel kreative Freiheit die KI bei der Detailgenerierung hat. Hohe Werte können zu stark erfundenen oder unerwarteten Ergebnissen führen.
- **HDR** verstärkt Schärfe und Detailgrad. Zu hohe Werte erzeugen leicht künstliche Kontraste.
- **Resemblance** steuert, wie nah das Ergebnis am Original bleibt. Hohe Werte ergeben eine ähnliche Darstellung, aber teils unsaubere Artefakte. Niedrige Werte erlauben mehr kreative Freiheit.
- **Fractality** bestimmt Detailmenge und Prompteinfluss. Niedrige Werte reduzieren Glitches und vertikale Linien; hohe Werte erzeugen kleinteilige, ausgearbeitete Strukturen.

Magnific stellt außerdem verschiedene Detail-Engines bereit. Illusio eignet sich für Illustrationen, Landschaften und natürliche Motive. Es liefert glatte Ergebnisse, entfernt KI-Artefakte und ist ideal für frühe Upscale-Stufen. Sharpy eignet sich für realistische Bilder und Fotomaterial. Es erhöht die Schärfe im Bild deutlich, entfernt jedoch keine Artefakte. Sparkle ist ein Kompromiss zwischen Illusio und Sharpy und ist geeignet für realistische Bilder mit gleichzeitiger Artefaktentfernung. Schauen wir uns das Upscaling-Verhalten von Magnific im Vergleich zu Midjourney an einem fotografischen Beispiel an.

prompt cinematic photograph, a cyber-futurist portrait of a black woman adorned with layered silver chains, their eyes hidden behind a cascade of luminous crystals refracting light into shifting prism patterns, set against a smooth gradient background, expressing an otherworldly and dignified presence illuminated by refracted crystal glow, soft bloom, and subtle starburst flares, hyperreal futurist portrait, centered shallow-focus composition --ar 4:5 --raw

Oben links: Original-Midjourney-Bild, oben rechts: Magnific Upscale mit den Einstellungen Magnific Upscaler: Creative, 4×, Creativity: –3, HDR: 0, Resemblance: 3, Fractality: 0, Automatic. Unten zur Verdeutlichung eingezoomt.

Und noch ein zweites Beispiel wollen wir uns ansehen, von einem 3D-Renderbild.

prompt a friendly 3D creature dancing, cinematic lighting, studio portrait shot, light blue background, highly detailed --ar 1:1 --raw

Oben links: Original-Midjourney-Bild, oben rechts: Magnific Upscale mit den Einstellungen Magnific Upscaler: Creative, 4×, Optimized for: 3D Renders, Creativity: –1, HDR: 2, Resemblance: 0, Fractality: 0, Automatic. Unten zur Verdeutlichung eingezoomt.

Schauen wir uns noch einmal an, was die Eingabe eines Prompts beim Upscaling bedeuten kann. Der Prompt für das folgende Beispiel lautete wie folgt:

prompt ad photography, happy mood, a smiling beautiful grandma sitting at a table in a retro kitchen enjoying a cup of coffee, summer golden hour, shot on Canon EOS R5, depth of field --ar 4:5 --raw

Oben links: Original-Midjourney-Bild, oben rechts: Magnific Upscale mit den Einstellungen Magnific Upscaler Creative, 4×, Films & Photography, Creativity: –3, HDR: 1, Resemblance: 3, Fractality: 0, Sharpy. Unten zur Verdeutlichung eingezoomt.

Interessant ist auch noch die Funktion **Skin Enhancer**. Mit dem Skin Enhancer positioniert sich Magnific zusätzlich als Werkzeug für Porträtfotografie und High-End-Retusche. Während klassische Upscaler Haut entweder überglätten und einen wachsartigen Beauty-Filter-Effekt erzeugen oder durch starkes Nachschärfen künstliche Körnigkeit produzieren, arbeitet der Skin Enhancer generativ.

Statt Pixel nur zu verstärken, analysiert Magnific Licht, Schatten und vorhandene Gesichtsstrukturen und ersetzt flache Flächen durch eine realistische Porenstruktur. Feine Härchen, kleine Fältchen und subtile Unregelmäßigkeiten werden neu generiert und verleihen dem Bild jene Mikrotexturen, die unser Auge als authentisch wahrnimmt. Die Intensität der Eingriffe lässt sich über drei Modi unter **Version** steuern: **Faithful**, **Creative** und **Flexible**.

Faithful eignet sich für präzise Upgrades, bei denen die Identität nahezu unverändert bleiben soll. Die KI erhöht Details und Klarheit, fügt jedoch kaum neue Elemente hinzu. **Creative** erlaubt der KI, zusätzliche Details zu »halluzinieren«. Poren, Wimpern oder Stoffstrukturen können ergänzt werden, selbst wenn sie im Original nur angedeutet waren. Der Effekt ist oft eindrucksvoll, verlangt jedoch ein sensibles Justieren der Regler. **Flexible** bietet die größte Kontrolle und fungiert als ein vielseitiges Werkzeug mit gezielten Optimierungsprofilen.

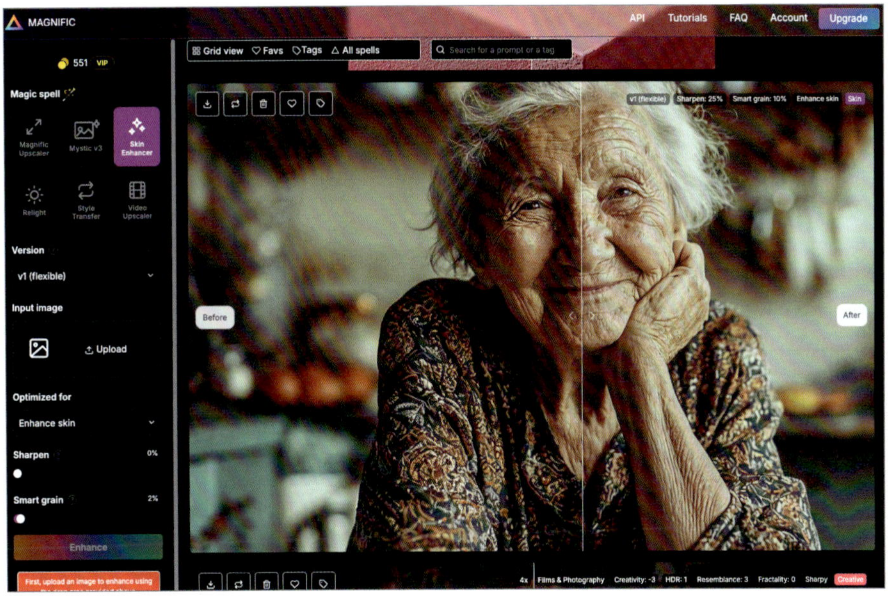

Der Skin Enhancer

Unter **Optimized for** stehen spezialisierte Funktionen zur Verfügung:

- **Enhance Skin** injiziert realistische Porenstrukturen und feine Mikrotexturen in die Haut und reduziert den typischen KI-Plastik-Look. Darüber hinaus wirkt sich diese Funktion häufig auch auf die Mimik aus: Leicht verzerrte Muskelspannungen oder »festgefrorene« Lächeln werden durch eine generative Neuausrichtung von Haut- und Muskelpartien subtil entspannt. Das Ergebnis wirkt neutraler, glaubwürdiger und deutlich menschlicher.

- **Enhance Everything** hebt Texturen im gesamten Bild an – Haut, Kleidung, Haare und Hintergrund werden gleichermaßen detaillierter ausgearbeitet.
- **Improve Light** agiert wie ein digitaler Beleuchter. Die KI analysiert die Lichtquellen, verstärkt Reflexionen und modelliert Schatten plastischer, wodurch das Motiv mehr Tiefe erhalten kann.
- **Transform to real**: Aus Illustrationen, 3D-Renderings oder stark stilisierten KI-Bildern werden fotorealistische Motive erstellt.
- **No make up** versucht digital aufgetragenes Make-up oder starke Beauty-Filter zurückzurechnen und generiert eine natürlichere, ungeschminkte Hautstruktur.

Links: Magnific Upscaled Output, rechts: Skin Enhancer

4.4.3 Upscaling mit Topaz Bloom

Eine weitere Alternative für das Upscaling ist Topaz Bloom – ein cloudbasiertes Upscaling- und Enhancement-Tool, das speziell für KI- und CGI-Bilder entwickelt wurde. Es kann neue Details ergänzen, Texturen hinzufügen und das Bild interpretativ weiterentwickeln, anstatt es nur größer zu skalieren. Topaz Bloom eignet sich besonders für KI-generierte Bilder aus Midjourney, Firefly und anderen Modellen sowie für Illustrationen und CGI. Es ist wie Magnific auch eine webbasierte Anwendung mit monatlichem Abonnement.

Auch Topaz bietet einige Einstellungsmöglichkeiten. Über **Scale** unterstützt es Vergrößerungen von 2× bis 8× mit einer Auflösung bis zu 10.000 Pixeln. Über **Outputs** kann man auswählen, ob man die hochskalierte Version des Bildes einfach, zweifach oder vierfach ausgeführt haben will. Dies ermöglicht unterschiedliche Interpretationen desselben Upgrades in einem einzigen Arbeitsschritt. Für KI-generierte Bilder kann der ursprüngliche Prompt direkt übernommen werden. Falls der Prompt unpräzise ist oder das Ergebnis nicht passt, kann Midjourneys Describe-Funktion genutzt werden, um eine passende Promptbeschreibung zu erzeugen. Promptgewichtungen sind nicht Teil des Bloom-Prozesses (wie bei Magnific), aber Bloom reagiert sensibel auf präzise Formulierungen, z. B. `soft freckles` oder `natural looking skin texture`, um bestimmte Eigenschaften zu verstärken oder Fehler zu korrigieren.

Topaz Bloom bietet außerdem fünf unterschiedliche Kreativ-Level für die Outputs an: Subtle Creativity, Low Creativity, Medium Creativity, High Creativity und Max Creatitvity. Je höher der Kreativgrad, desto stärker verändert Bloom das Bild gegenüber dem Original.

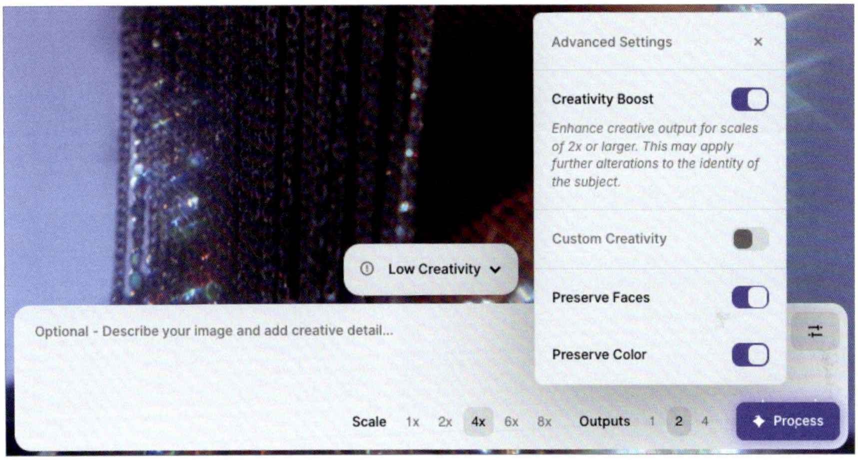

Funktionen von Topaz

Advanced Settings

- **Creativity Boost**: Verstärkt kreative Details bei Vergrößerungen ab 2×, und es kann die Grundidee des Motivs deutlicher verändern.
- **Custom Creativity**: Ein Regler von 1 bis 9, um den kreativen Einfluss granular zu steuern.
- **Preserve Faces**: Legt ein besonderes Augenmerk auf die Beibehaltung von Gesichtern.
- **Preserve Color**: Achtet besonders auf die Beibehaltung von Farben.

Schauen wir uns auch hier unser fotografisches Beispiel und das Rendering an, jeweils die unteren Abbildungen wurden zur Verdeutlichung hereingezoomt.

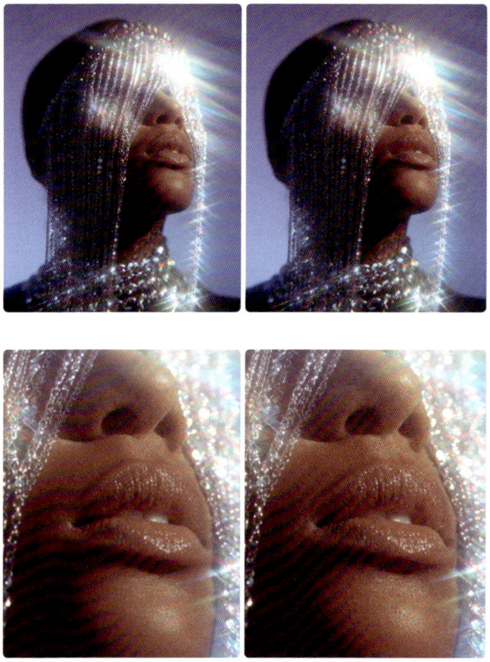

Links: Original-Midjourney-Bild, rechts: Topaz Bloom Upscale mit den Einstellungen 4× Upscale, Subtle Creativity, Preserve Faces: an, Preserve Color: an

Links: Original-Midjourney-Bild, rechts: Topaz Bloom Upscale mit den Einstellungen 4× Upscale, Medium Creativity, Preserve Faces: an, Preserve Color: an

4.4.4 Fazit: Midjourney vs. Magnific vs. Topaz Bloom

Der integrierte Upscaler von Midjourney liefert eine solide Bildqualität und ist für viele Anwendungen ausreichend. Sobald jedoch Auflösungen über 2048 × 2048 Pixel hinaus benötigt werden, führt der Weg zu externen Tools.

Topaz Bloom ist eine geeignete Wahl, wenn ein unkomplizierter Workflow, gut vorhersagbare Ergebnisse und ein vergleichsweise günstiges Preismodell im Vordergrund stehen. Das Tool interpretiert KI-Bilder zuverlässig, ergänzt Details und eignet sich besonders für Nutzer*innen, die ohne große Einstellungstiefe arbeiten möchten. Magnific bietet im Vergleich die umfangreichste Kontrolle und ist stärker auf erfahrene KI-Anwender*innen ausgerichtet. Mit zahlreichen Reglern, Promptintegration und verschiedenen Engines ermöglicht es eine präzise Steuerung der Detailgenerierung und produziert stilisierte, texturreiche Ergebnisse. Zusätzliche Funktionen wie Haut- oder Strukturverbesserungen machen es zu einem vielseitigeren Werkzeug für komplexe kreative Workflows.

Midjourney-Upscaling empfiehlt sich dadurch für schnelle Iterationen während des Kreativprozesses und Bilder für digitale Nutzung sowie moderate Druckgrößen (bis etwa A3) – also insgesamt für Situationen, in denen Geschwindigkeit wichtiger ist als maximale Qualität. Magnific AI empfiehlt sich hingegen für großformatige Druckprodukte (Poster, Banner, Plakatwände), Produktionsgrafiken für Film und Werbung und eine Archivierung in höchster Qualität.

Ein effizienter Workflow kombiniert beide Dienste: Erstellen Sie das Ausgangsbild in Midjourney, und iterieren Sie mit Varianten, bis Sie zufrieden sind. Nutzen Sie das integrierte Upscaling in Midjourney für eine erste Vergrößerung und Qualitätsprüfung. Für produktionsreife Ergebnisse laden Sie das Midjourney-Bild in Magnific und skalieren auf die Zielauflösung. Als Letztes ist möglicherweise noch eine finale Bearbeitung in Photoshop vonnöten.

4.5 Der Editor

Der Editor von Midjourney bietet eine übersichtliche, webbasierte Oberfläche zum Bearbeiten und Anpassen von in Midjourney generierten Bildern sowie für eigene Uploads. Funktionen wie Remix, Pan oder Zoom Out, die in diesem Kapitel bereits als Einzelwerkzeuge vorgestellt wurden, lassen sich hier kombinieren oder unabhängig voneinander einsetzen. Midjourney stellt zwei Versionen des Editors bereit:

1. eine Light-Version mit reduzierten Werkzeugen, die direkt in den Arbeitsfluss integriert ist und schnelle Anpassungen direkt im Bereich der Create- und Organize-Seite ermöglicht, also ohne den Feed zu verlassen,

2. eine Advanced-Version für umfangreichere Bearbeitungen und das Hochladen externer Bilder in einem neuen Tab namens **Edit**.

prompt close-up editorial portrait photography, a young man with freckles in the style of Y2K aesthetic: edgy creative pose --raw --profile rxd69hl

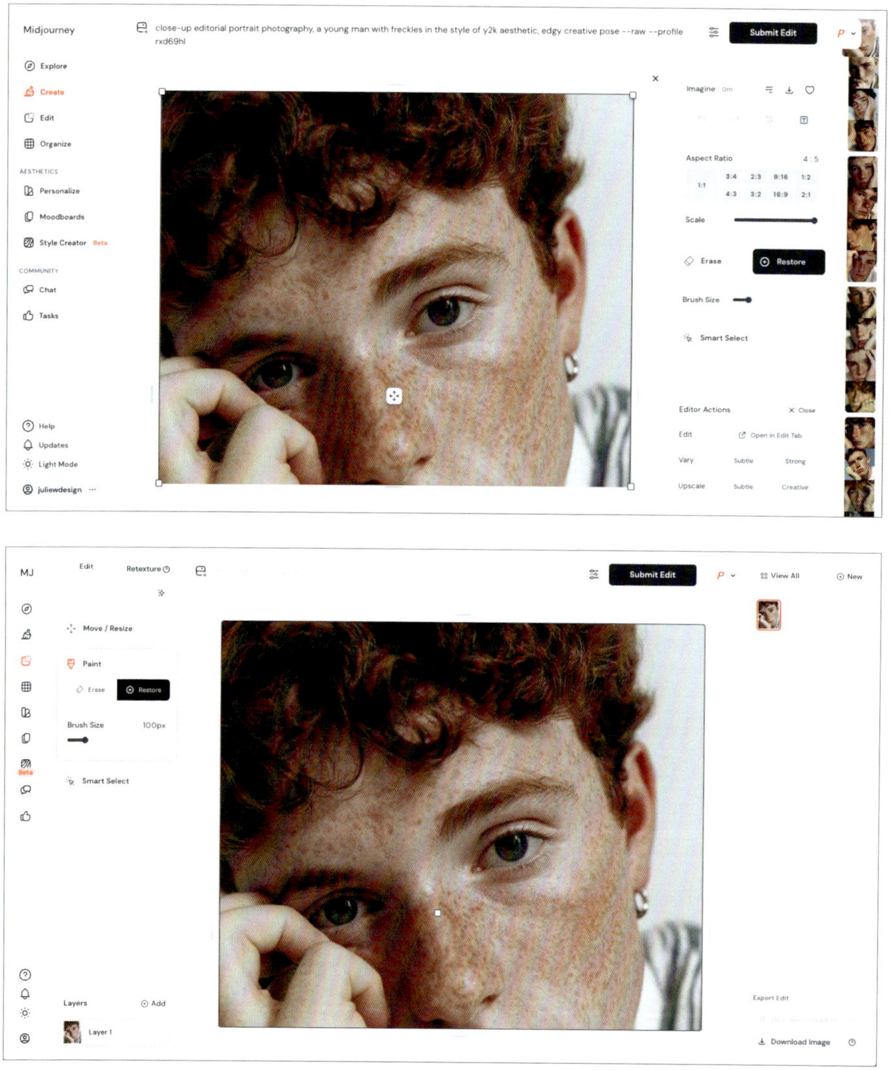

Light-Editor und Edit-Tab (Advanced Editor)

PRAXIS

Der Editor im Einsatz

Um ein Bild aus der Midjourney-Galerie im Light-Editor zu bearbeiten, öffnen Sie das Bild über die Create- oder Organize-Seite und klicken anschließend im Bereich **Creation Actions** unter **More** auf **Edit**. Soll das Bild im Advanced Editor bearbeitet werden, können Sie anschließend den Button **Open in Edit Tab** auswählen, so wie in der Abbildung links zu sehen.

Um ein externes Bild zu bearbeiten, öffnen Sie den Edit-Tab im linken Bereich der Website. Dort stehen zwei Möglichkeiten zur Verfügung: ein Bild direkt vom Gerät hochladen (**Edit Uploaded Image**) und eine Bild-URL einfügen (**Edit from URL**). Das Bild des Frosches finden Sie auf der Website zum Buch zum Download.

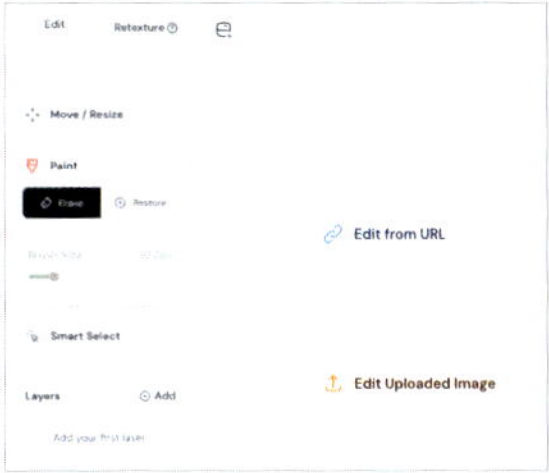

Einstellungen unter **Edit**

Größe anpassen

In diesem Beispiel passen Sie mit dem Move/Resize-Panel bzw. **Scale** den Bildausschnitt erstmal an, bis der Frosch den gewünschten Fokus erhält.

Bild bearbeiten

Anschließend verwenden Sie das Erase-Werkzeug, um den Bereich über dem Kopf freizulegen, an dem dann eine Krone erscheinen soll. Stellen Sie den Pinsel mit **Brush Size** nach Belieben ein. In der Imagine-Leiste fügen Sie einen kurzen Prompt ein, der die gewünschte Ergänzung beschreibt (`add a crown to this head`). Die Änderungen werden dann über **Submit Edit** übernommen.

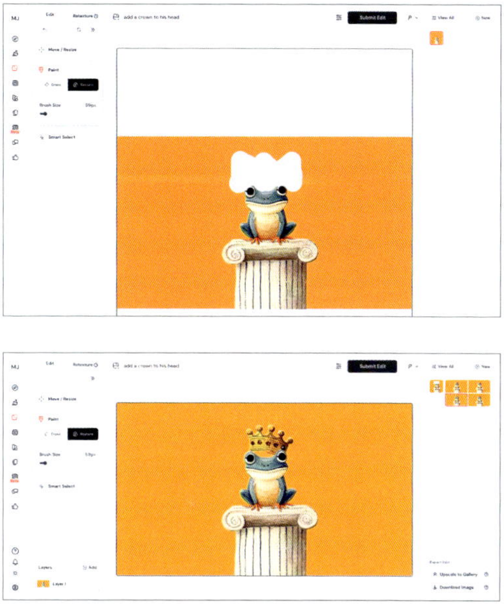

Bearbeitung des Bildes

Ergebnis

Nach dem Absenden des Prompts generiert Midjourney vier neue Bilder im Results-Panel auf der rechten Seite der Web-Oberfläche. Jede weitere Anpassung am Bild führt zu einem neuen Eintrag in dieser Ergebnisliste, sodass alle Schritte chronologisch nachvollziehbar sind. Sie können das Bild jetzt weiterbearbeiten, oder es stehen die Export-Optionen am unteren rechten Rand zur Verfügung, um das Ergebnis hochzuskalieren (in die Midjourney Organize Gallery) oder herunterzuladen.

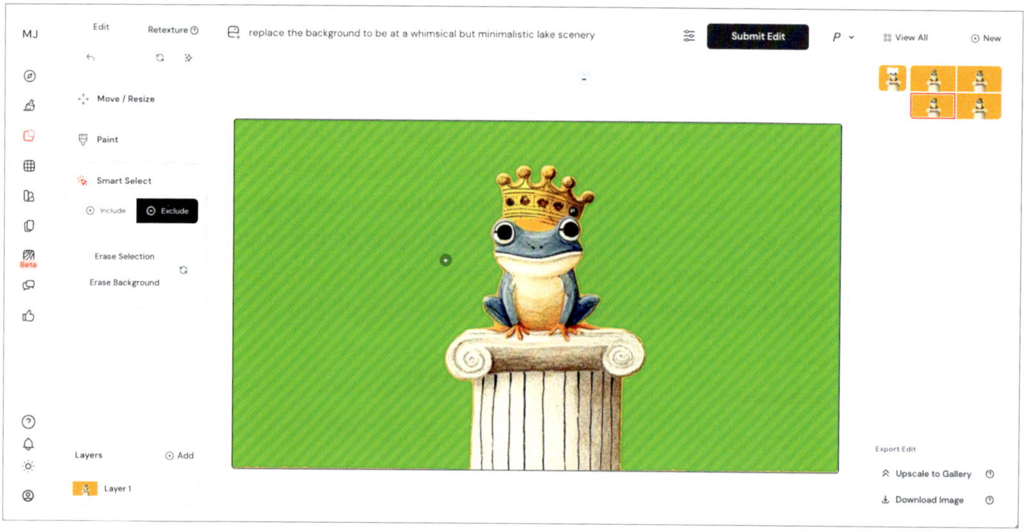

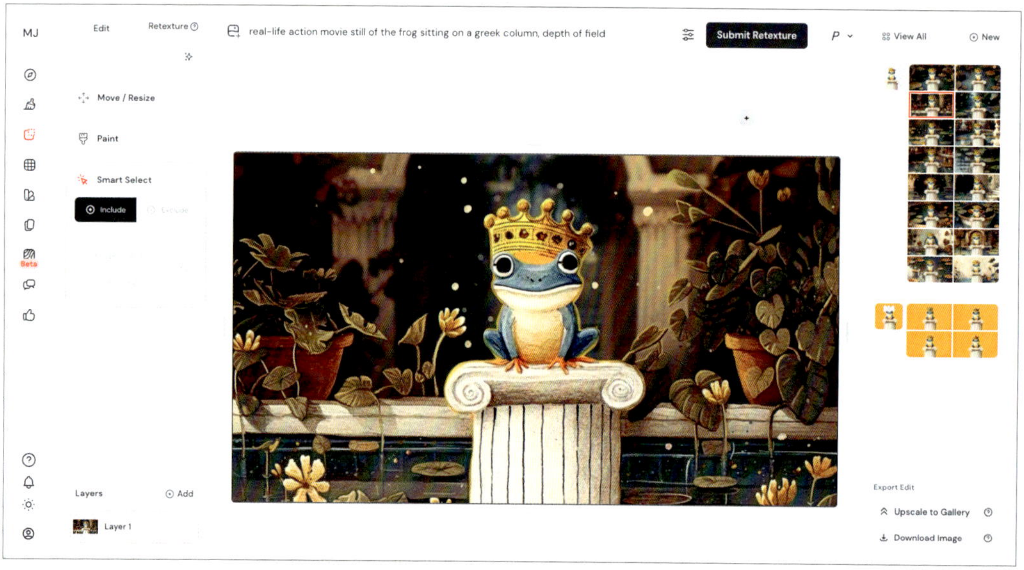

Der Hintergrund wurde gelöscht und ersetzt.

Wichtig

Solange die markierten Bereiche weiterhin grün hervorgehoben sind, ist die Auswahl noch nicht übernommen.

Retexture

Wenn Sie das Bild nun in eine realistischere Darstellung umwandeln wollen, wechseln Sie in den Retexture-Tab, geben einen passenden Prompt in die Imagine-Leiste ein und lösen die Funktion mit **Submit Retexture** aus. Das Retexture-Werkzeug ermöglicht es, ein Bild mit einem neuen Stil oder zusätzlichen Details zu überlagern, während die grundlegende Struktur und Komposition des Originals erhalten bleibt. Das Bild dient dabei gewissermaßen als Vorlage, die in einer neuen ästhetischen Richtung interpretiert wird (ähnlich zu Remix).

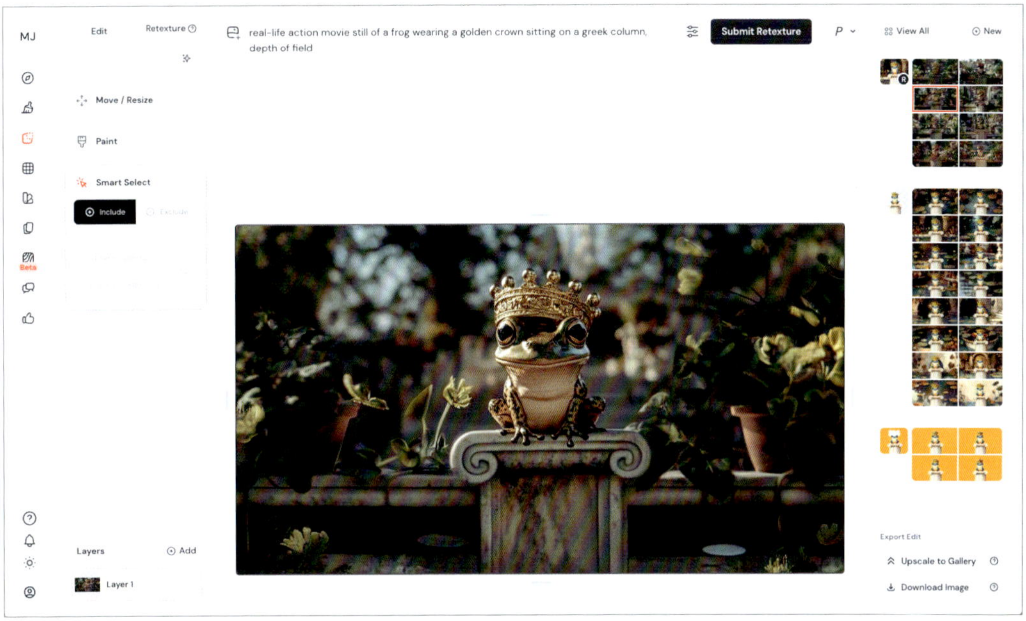

Retexture

Layers

Sie können ein weiteres Bild als neue Ebene über das Layers-Panel hinzufügen und komplexere Kompositionen damit erstellen. Um eine neue Ebene hinzuzufügen, klicken Sie auf **Add** und wählen ein Bild aus. Die Ebenen können per Drag-and-drop neu angeordnet werden. Falls Sie eine Ebene löschen müssen, bewegen Sie den Mauszeiger darüber und klicken das Papierkorb-Symbol an. Nach dem Hinzufügen einer Ebene stehen alle Editor-Werkzeuge wie gewohnt zur Verfügung: Bereiche markieren, löschen, verschieben oder skalieren. Die Ebene, die aktuell bearbeitet wird, ist mit einem Häkchen als aktive Ebene gekennzeichnet. Alle Werkzeuge wirken ausschließlich auf diese aktive Ebene.

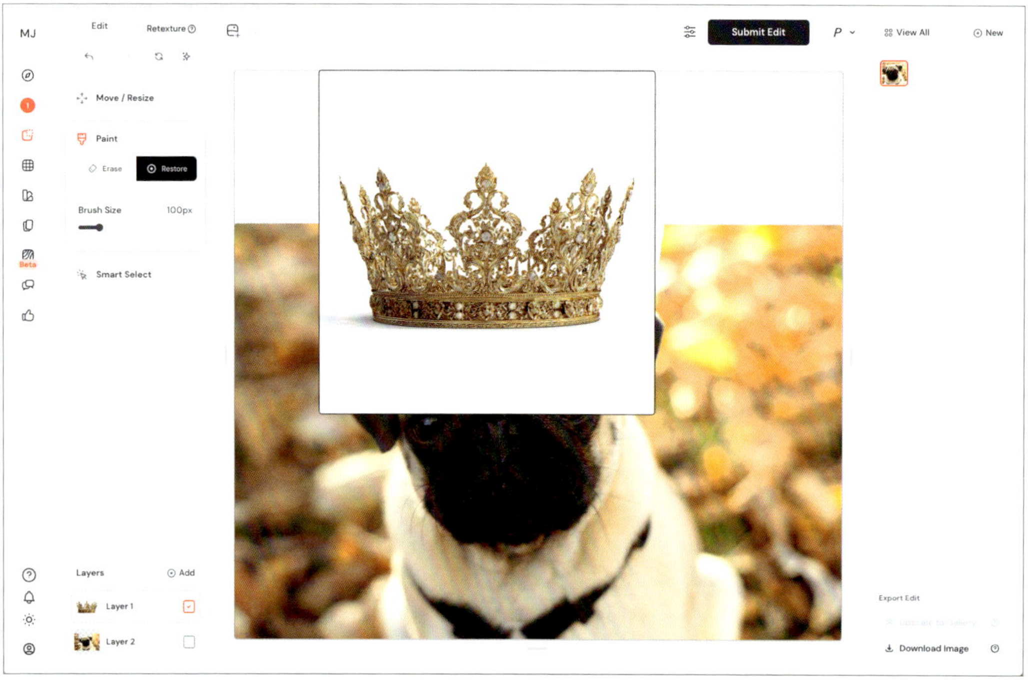

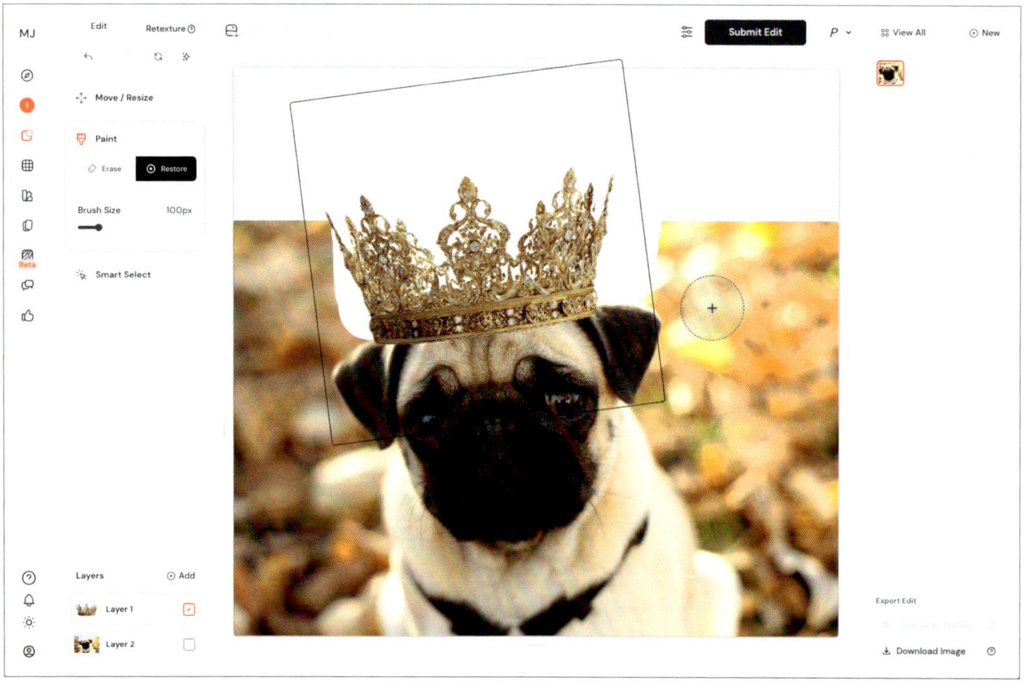

Eine Ebene wird hinzugefügt und bearbeitet.

Sind die Ebenen wie gewünscht positioniert und bearbeitet, können sie durch Absenden der Bearbeitung zu einer einzigen Ebene zusammengeführt werden. Soll das gesamte Bild in einem einheitlichen Stil neu interpretiert werden, empfiehlt sich wieder die Verwendung von **Retexture**.

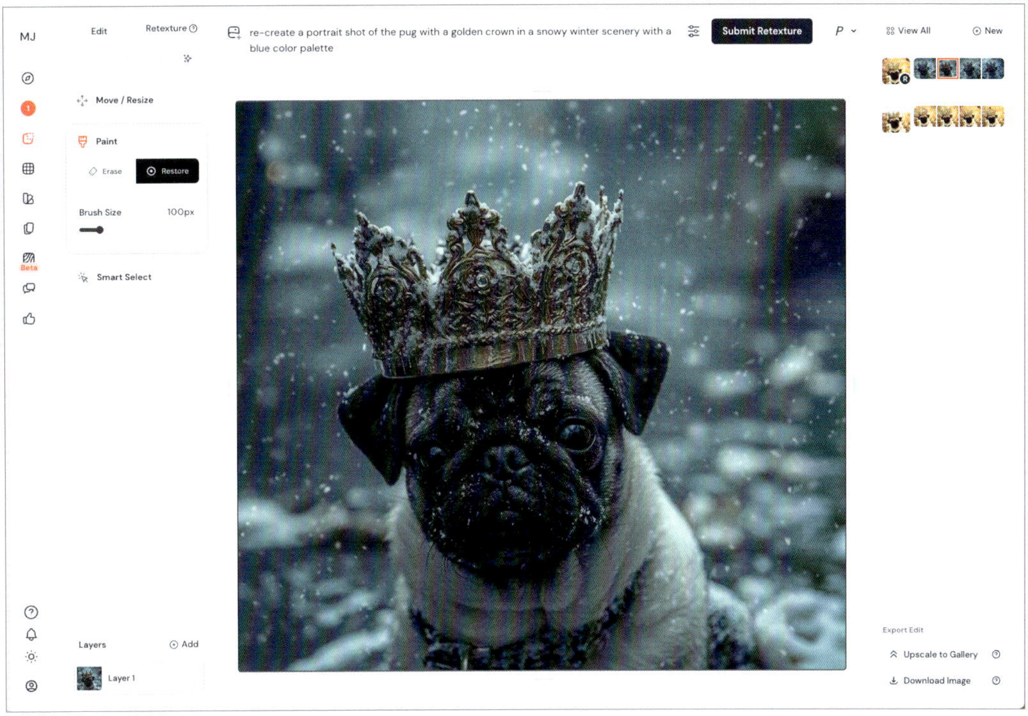

Neuer Stil über **Retexture**

Wichtig

Bilder, die im Editor erstellt oder bearbeitet werden, erscheinen nicht automatisch auf der Create- oder Organize-Seite. Sie werden jedoch im Editor gespeichert und können jederzeit weiterbearbeitet, hochskaliert oder heruntergeladen werden, indem man den Edit-Tab erneut aufruft.

Bei extern hochgeladenen Bildern oder Arbeiten mit mehreren Ebenen bleiben sowohl die Uploads als auch die daraus resultierenden Bearbeitungen ausschließlich für den eigenen Account sichtbar. Diese Inhalte werden nicht öffentlich auf *midjourney.com* angezeigt und können auch nicht mit dem */show*-Befehl in Discord abgerufen werden.

prompt the number "5", macro photography, made of clear gel, white background, studio lighting, transparent and clean composition, gel droplets surrounding the number --raw

KAPITEL 5

Konsistenz von Styles, Charakteren und Objekten

KAPITEL 5

Konsistenz von Styles, Charakteren und Objekten

Visuelle Konsistenz entscheidet darüber, ob eine Bildserie professionell wirkt. Egal ob Kinderbuch, Illustrationsreihe, Markenauftritt, Fotostrecke oder filmisches Moodboard, die Wiedererkennbarkeit von Stil, Charakteren und Objekten ist der Mittelpunkt jedes Projekts.

Midjourney bietet zwar eine außergewöhnliche kreative Spannbreite, doch genau diese Offenheit führt ohne Referenzen schnell zu Instabilität: Farben kippen, Texturen verändern sich, Lichtstimmungen brechen auseinander, und Figuren verlieren ihre Identität. Bis Version 6 musste man diese Probleme mit sehr präzisen Prompts oder zeitintensiver Nachbearbeitung in Tools wie Photoshop ausgleichen. Mit Style References, SREF-Codes und insbesondere der Omni Reference stehen in Midjourney V7 Werkzeuge zur Verfügung, die echte Kontrolle über Stil und Wiedererkennbarkeit ermöglichen. Man reduziert Zufälligkeit, stabilisiert visuelle Merkmale und macht Serienproduktion planbar. Dieses Kapitel zeigt, wie diese Werkzeuge in der Praxis eingesetzt werden können, um Bildserien kontrolliert, konsistent und professionell aufzubauen.

5.1 Style References: Eigene Stile auf neu generierte Bilder anwenden

Kreative wissen: Ein konsistenter Stil entsteht selten durch Zufall. In der Praxis bedeutet das, dass man sich früh für eine visuelle Richtung entscheiden und diese über mehrere Bilder hinweg stabil halten muss. Style References sind für die Erhaltung eines konsistenten Stils eines der möglichen Werkzeuge in Midjourney. Das Ziel hier ist, dass ein Bild automatisch ein Teil derselben Welt wird, ohne dass Sie jedes Mal neu erklären müssen, »welcher Stil« verwendet werden soll. Dafür nehmen wir diese Aufgabe aus dem Textprompt heraus und können uns so auf den Inhalt der Output-Bilder konzentrieren.

Bei der bildbasierten Style Reference lässt sich die visuelle Stimmung eines bestehenden Bildes gezielt auf neue Midjourney-Generierungen übertragen. Das bedeutet: Sie können eigene Illustrationen, Fotografien, Renderings, gemalte Arbeiten oder bereits in Midjourney generierte Bilder nutzen, oder auch Bildmaterial von Drittanbietern. Dabei übernimmt das Modell nicht den Inhalt des Referenzbildes, sondern dessen ästhetische Eigenschaften wie Farbpalette, Lichtstimmung, Kontraste, Texturen und den allgemeinen künstlerischen Charakter. Um ein Bild als Style Reference zu verwenden, ziehen Sie es per Drag-and-drop in den Style-Reference-Bereich der Imagine-Leiste und ergänzen den Prompt. Alternativ können Sie auch nach einem Klick auf **Style References** ein Bild hochladen.

Das Beispielbild wurde hier mit den Prompts »a mouse, a fox« und »Paris« ergänzt.

Sie werden sehen, wie unterschiedlich bildbasierte Style References ausfallen können – von digitalen Illustrationen bis hin zu analogen Fotografien. Midjourney erkennt jeweils die charakteristische Ästhetik des Referenzbildes und überträgt sie konsistent auf neue Motive. Darüber hinaus lassen sich auch mehrere Style References kombinieren. Midjourney mischt dann die visuellen Eigenschaften aller verwendeten Bilder und erzeugt eine völlig neue, gemeinsame Stilwelt. Allerdings gilt: Je mehr Bilder man miteinander kombiniert, desto stärker verschmelzen deren Stile. Das macht es für Midjourney schwieriger, eine klare, konsistente Stilrichtung beizubehalten. Die Ergebnisse können dadurch spannender, aber auch unberechenbarer werden.

Hier wurde mit zwei Referenzen gearbeitet.

Die bildbasierten Style References zeigen, wie flexibel sich eine bestehende Ästhetik auf neue Motive anwenden lässt. Sie können damit ganze Bildwelten definieren, ohne jedes Detail im Prompt festhalten zu müssen.

Rechte

Wenn Sie in Midjourney eigene oder externe Bilder hochladen, müssen Sie einige zusätzliche Regeln beachten. Grundsätzlich tragen Sie die volle Verantwortung für die Inhalte, die Sie eingeben, erstellen und teilen. Das bedeutet auch, dass Sie die entsprechenden Rechte an allen verwendeten Bildern besitzen müssen. Besonders streng ist Midjourney beim Umgang mit Bildern realer Personen. Manipulationen, die beleidigend, respektlos, anstößig oder herabwürdigend sind, werden nicht toleriert – sexualisierte Deepfakes sind ausdrücklich verboten. Wer gegen diese Regeln verstößt, riskiert die sofortige Sperrung seines Accounts ohne Anspruch auf Rückerstattung. Midjourney behält sich zudem vor, Inhalte jederzeit zu entfernen oder den Zugang einzuschränken. Die Plattform ermutigt zwar ausdrücklich zur kreativen Nutzung der Werkzeuge, erwartet dabei aber einen verantwortungsvollen und respektvollen Umgang – insbesondere, wenn Bilder anderer Menschen im Spiel sind. Midjourney übernimmt aus der bildbasierten Referenz den visuellen Anker des Bildes, also Farben, Texturen, Medium und Lichtstimmungen.

5.2 Style Reference Codes: Style-Presets aus der Midjourney-Bibliothek

Als Alternative zu bildbasierten Style References lassen sich auch sogenannte Style Reference Codes, auch *SREF-Codes* genannt, verwenden. Dabei handelt es sich um vorkonfigurierte Stil-Presets aus der internen Midjourney-Bibliothek, die in einem numerischen Code gespeichert sind. Ein SREF-Code sieht beispielsweise so aus: `--sref 2788996045`

5.2.1 SREF-Codes im Einsatz

Seit dem 5. September 2025 bietet Midjourney mit dem Style Explorer auf der Explore-Seite erstmals eine visuelle Möglichkeit, diese SREF-Codes zu entdecken. Dazu klicken Sie rechts oben auf **Styles**. Anschließend können Sie die Filteroptionen oben links nutzen, um zwischen zufälligen und beliebten SREFs, also von der Midjourney-Community favorisierten Stilen, zu wechseln. Wenn Sie etwas Bestimmtes suchen, hilft die Suchleiste, die Auswahl zu verfeinern, z. B. »photographic« oder »anime«.

Entdecken Sie Stile im Explore-Bereich.

Wie entstehen diese Codes?

Die SREF-Codes sind keine kuratierten Stile, die Midjourney bewusst angelegt hat. Vielmehr handelt es sich um Punkte in einem hochdimensionalen Stilraum, den das Modell während des Trainings gelernt hat. Jede Zahl navigiert zu einem anderen Punkt in diesem Raum und aktiviert damit eine bestimmte Kombination aus Farben, Texturen, Kontrasten und ästhetischen Merkmalen.

Es gibt keine logische Reihenfolge für uns Menschen. Nur weil die Codes 100 und 101 nebeneinanderliegen, müssen sie sich optisch nicht ähneln – ein kleiner Zahlendreher kann Sie in eine völlig andere ästhetische Galaxie katapultieren. Deshalb ist die Entdeckung »schöner« Codes auch kein Programmieren, sondern eher eine Art digitales Goldgraben durch die Community. Man kuratiert eine Welt, die die Maschine zwar gebaut, aber selbst noch nie gesehen hat.

Fahren Sie nun mit der Maus über ein Bild, wird unten rechts der Code angezeigt, den Sie auch direkt kopieren können. Über das Herz-Icon können Sie SREFs als Favorit speichern und später jederzeit unter dem Reiter **Likes** oben links auf der Explore-Seite wieder aufrufen. Um einen Stil direkt auszuprobieren, geben Sie den Prompt in der Imagine-Leiste ein und klicken im Explorer auf **Try Style**. Die Ergebnisse finden Sie anschließend im Create-Tab.

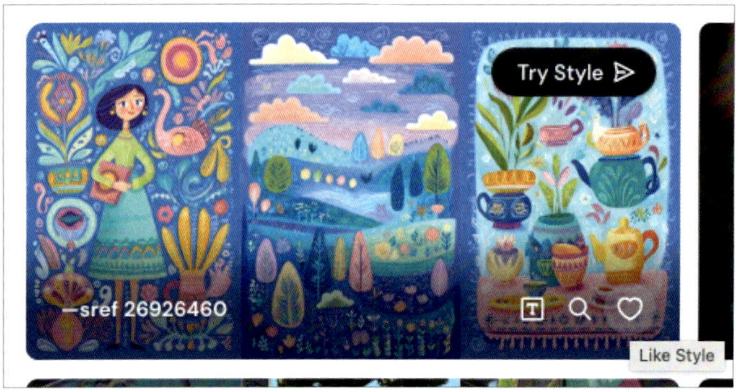

Beim Mouseover wird der Stilcode angezeigt.

Der größte Vorteil liegt in der absoluten Reproduzierbarkeit. Während ein hochgeladenes Referenzbild je nach Interpretation leicht unterschiedliche Ergebnisse liefern kann, erzeugt ein SREF-Code immer exakt denselben Stileinfluss. Das macht sie ideal für Projekte, bei denen visuelle Konsistenz über viele Bilder hinweg entscheidend ist. Ein weiterer Vorteil ist die einfache Weitergabe. Anstatt Bilddateien zu teilen, genügt eine simple Zahl. Teams können so problemlos mit identischen Stilvorlagen arbeiten, und in Online-Communitys lassen sich interessante Stile unkompliziert austauschen. Der offensichtlichste Nachteil ist die fehlende Vorhersehbarkeit. Ein SREF-Code verrät nichts über den Stil, den er erzeugt. Ohne Dokumentation oder vorheriges Testen wissen Sie nicht, was Sie erwartet. Das macht die Suche nach einem bestimmten Look zu einem Trial-and-Error-Prozess.

Schauen wir uns nun an, wie sich ein SREF-Code auf einen Prompt auswirkt.

prompt a golden retriever sitting in a field of flowers --sref --v7

No sref

--sref 263320902

--sref 1533737497

--sref 447961387

--sref 3950453186

--sref 206787015

--sref 4143871569

--sref 1131891445

--sref 4217932410

Ohne SREF entsteht eine neutrale, vom Modell standardmäßig interpretierte Darstellung: ein natürlich wirkender Golden Retriever in einem Blumenfeld, meist fotorealistisch, mit ausgewogener Farbgebung und typischer Tiefenschärfe. Während die Version ohne SREF eher generisch wirkt, können die Codes beispielsweise die Farbpalette stark verändern, die Lichtstimmung dramatisieren oder weicher gestalten oder den Grad an Illustration vs. Fotorealismus verschieben. Der Hund und das Blumenfeld bleiben also inhaltlich erhalten, aber die visuelle Interpretation variiert deutlich.

SREF-Codes kombinieren

Wie bei bildbasierten Referenzen lassen sich auch SREF-Codes miteinander kombinieren. Durch das Mischen mehrerer Codes entstehen neue, eigenständige Stilrichtungen, die Sie jederzeit wiederverwenden können. Durch das Kombinieren zweier (oder mehrerer) SREF-Codes entsteht ein neuer, eigener Stil, den Sie flexibel weiterverwenden können. Wie stark dieser Stil das Ergebnis prägen soll oder wie viel kreativen Spielraum Midjourney behalten darf, hängt ganz vom Projekt und der gewünschten Ästhetik ab.

prompt a golden retriever sitting in a field of flowers --sref 3016782392 1533737497

Ergebnisse nach Kombination zweier SREF-Codes

Wenn Sie nicht dauerhaft mit mehreren Codes weiterarbeiten möchten, können Sie auch ein generiertes Bild wieder als bildbasierte Style Reference in der Imagine-Bar verwenden und so den neu entstandenen Look als feste visuelle Grundlage für Ihre weitere Bildreihe etablieren. Im folgenden Beispiel sieht man: Wenn man mit SREF-Codes weiterarbeitet, bleibt der kreative Spielraum größer, und Midjourney variiert den Stil etwas freier. Reduziert man den Prozess dagegen auf eine einzelne bildbasierte Style Reference, wird der ästhetische Rahmen enger, und die Ergebnisse fallen konsistenter, aber auch weniger flexibel aus.

prompt a mouse

Oben: mit 2 SREF-Codes, unten: mit bildbasierter Style Reference

Auswirkung auf die Konsistenz

Wie stark die Verwendung eines SREF-Codes für Konsistenz sorgt, sehen wir hier bei der Verwendung des folgenden Prompts. Ausgetauscht wurde jeweils die Tiere und die Instrumente.

prompt a [frog, mouse, hedgehog, fish] playing the [guitar, piano, trumpet, flute] sitting on a stone by the lake --ar 3:4 --sref 3016782392

Beeindruckende Konsistenz durch Einsatz eines SREF-Codes

Tipps für die Arbeit mit SREF-Codes

- Führen Sie eine persönliche Sammlung. Wenn Sie einen Code finden, der Ihnen gefällt, notieren Sie ihn zusammen mit einer kurzen Beschreibung oder einem Beispielbild. So bauen Sie sich über die Zeit eine eigene Bibliothek an bewährten Stilen auf.

- Testen Sie Codes mit neutralen Prompts. Um den reinen Stil eines Codes zu verstehen, probieren Sie ihn zunächst mit einem simplen, neutralen Motiv wie `a woman standing in a room` oder `a landscape`. So sehen Sie den Stileinfluss ohne Ablenkung durch komplexe Inhalte.
- Variieren Sie die Stilgewichtung. Manche Codes wirken bei voller Stärke überwältigend, entfalten aber bei reduzierter Gewichtung einen subtilen, eleganten Einfluss. Andere brauchen hohe Werte, um überhaupt sichtbar zu werden.

5.2.2 Wie testet man am besten das Potenzial eines SREF-Codes?

Da man meist schon eine klare Vorstellung davon hat, was man generieren möchte, neigt man dazu, den gewünschten Stil direkt im Prompt umzusetzen. Möchten Sie jedoch herausfinden, wo die eigentlichen Stärken und Eigenheiten eines SREF-Codes liegen, hilft ein einfacher Trick, nämlich das Einfügen des Zeichens » . « (Leerzeichen – Punkt – Leerzeichen) vor dem Code:

prompt . --sref (oder bei Zufallscodes: . --sref random)

Durch das Minimieren des Inhaltsprompts mit nur einem Punkt hat Midjourney keinen thematischen Anker mehr, und der SREF-Code kann dadurch seine charakteristischen Eigenschaften ungefiltert zeigen. So erkennt man schnell, welche Farben, Texturen, Formen oder Stilmerkmale der Code besonders stark betont.

Eigenschaften von »--sref 1131891445«

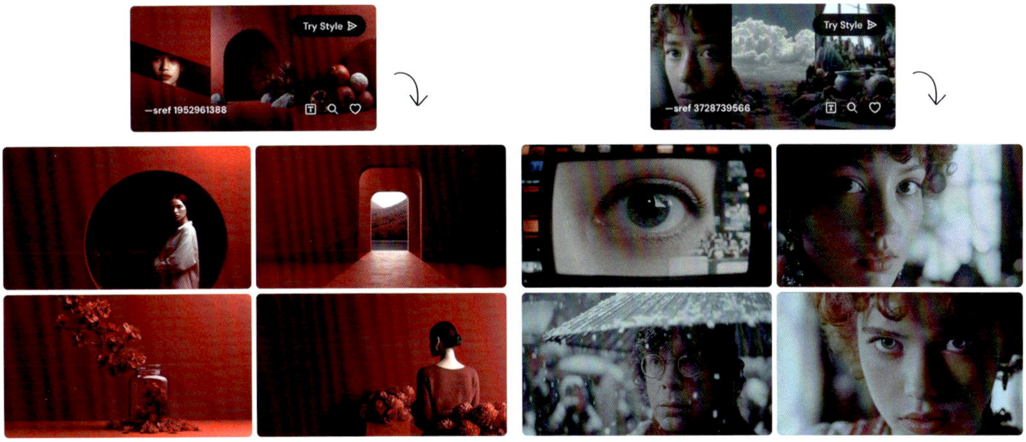

Links: Eigenschaften von »--sref 1952961388« Rechts: Eigenschaften von »--sref 3728739566«

Gleichzeitig ist dieser Trick auch eine hilfreiche Methode, um zu prüfen, ob man überhaupt den richtigen SREF-Code für eine bestimmte Idee verwendet. Zwei einfache Beispiele: Ein Code kann stark vom Look der 60er-Jahre-Cartoons geprägt sein, während ein anderer deutlich fotografischer arbeitet. Wenn Sie nun versuchen, dem jeweiligen Code einen völlig entgegengesetzten Stil aufzuzwingen, führt das fast immer zu unbefriedigenden oder ganz anderen Ergebnissen als erwartet. Der Test mit einem neutralen Prompt zeigt daher früh, ob der Code grundsätzlich zu Ihrer Stilabsicht passt oder ob Sie besser einen anderen auswählen sollten.

prompt photography portrait of a woman --sref 2675178729

Hier zeigt sich, ob der Code tatsächlich fotografisch arbeitet oder ob er dem Bild eine andere, vielleicht stilisierte oder illustrative Ästhetik aufzwingt. Weicht das Ergebnis stark vom erwarteten Fotolook ab, passt der Code vermutlich nicht zur gewünschten Stilrichtung.

prompt 60s cartoon illustration --sref 1431757000

Hier wird bewusst ein klar definierter Stil eingefordert. Entscheidend ist nun die Frage: Setzt sich der Cartoon-Look tatsächlich durch – oder dominiert weiterhin die im Code hinterlegte Ästhetik?

Weiterführendes

Es existieren auch Tools und Skripte, die systematisch Tausende von Codes durchprobieren und die Ergebnisse katalogisieren. Wenn Sie tiefer einsteigen möchten, finden Sie in spezialisierten Communitys Zugang zu solchen Ressourcen und den daraus resultierenden umfangreichen Code-Bibliotheken, z. B. unter

- *https://midlibrary.io/sref-codes*
- *https://promptsref.com/*
- *https://srefhunt.com/*
- *https://contra.com/gizemakdag/products*

5.2.3 SREF-Codes selbst erstellen mit dem Style Creator (Beta)

Der Style Creator ist ein Werkzeug, mit dem Sie eigene Style Reference Codes (`--sref`) erstellen können. Durch die Auswahl von Bildern aus einem angezeigten Raster wird ein individueller Stil kodiert, der anschließend beliebig oft in Prompts wiederverwendet werden kann. Der Style Creator analysiert dabei nicht nur die ausgewählten Bilder, sondern auch die bewusst nicht gewählten Bilder. Auf diese Weise entsteht ein SREF-Code, der die bevorzugten ästhetischen Eigenschaften zusammenfasst.

Starten können Sie mit dem Style Creator auf zwei Weisen: Über **Style Creator** links in der Navigation der Website können Sie die Style-Creator-Seite öffnen und einen Prompt eingeben. Alternativ gehen Sie über bestehende Prompts: In der Create-Ansicht bewegen Sie den Mauszeiger über den Promptbereich. Unten rechts erscheint dann der Style-Creator-Button.

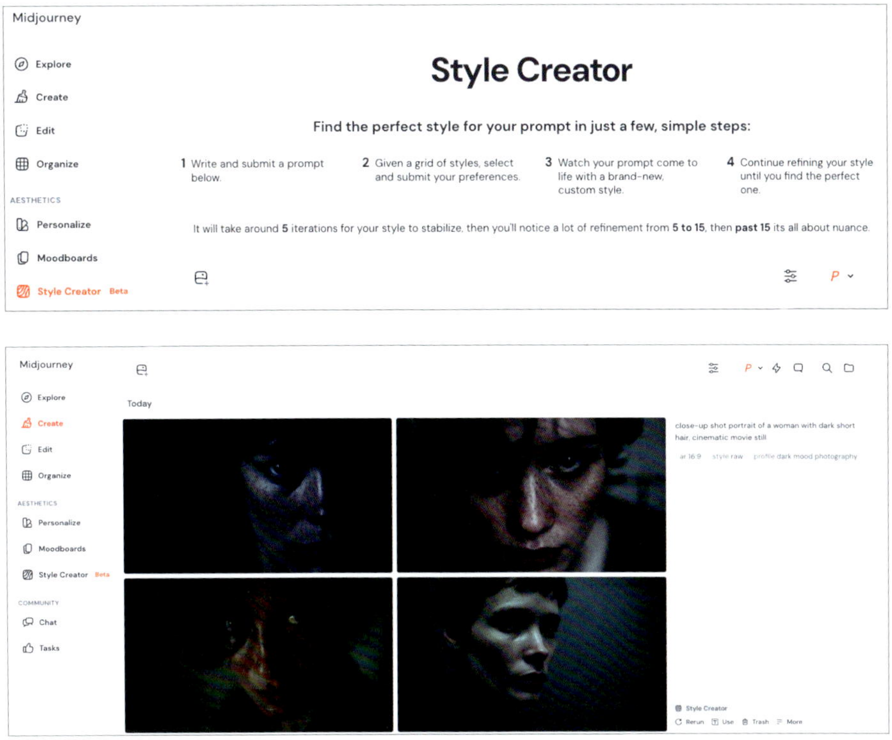

Die Oberfläche des Style Creators und der Style-Creator-Button

Der Prompt dient ausschließlich dazu, die Vorschaubilder zwischen den Auswahlrunden zu generieren. Er steuert nicht die Funktionsweise des Style Creators selbst, wodurch die Inhalte der angezeigten Vorschauen von den ausgewählten Stilbildern abweichen können. Die Empfehlung von Midjourney ist es, einen einfachen Prompt zu verwenden, wenn Sie den Kernstil des SREF-Codes erkennen wollen. Nutzen Sie hingegen einen komplexeren Prompt, wenn Sie experimentieren möchten – allerdings können sich dann die Details mit dem entstehenden SREF-Code vermischen.

Vorsicht!

Da der Style Creator mit Midjourney V7 arbeitet, können ältere Parameter aus früheren Prompts zu Fehlermeldungen führen und müssen gegebenenfalls entfernt werden.

PRAXIS

Ein SREF-Code mit dem Style Creator erstellen und anwenden

Style Creator öffnen

Öffnen Sie den Style Creator auf der Midjourney-Website im linken Navigationsbereich, und starten Sie mit einem Prompt. Ich habe hier den Prompt `close-up shot portrait of a woman with dark short hair` verwendet.

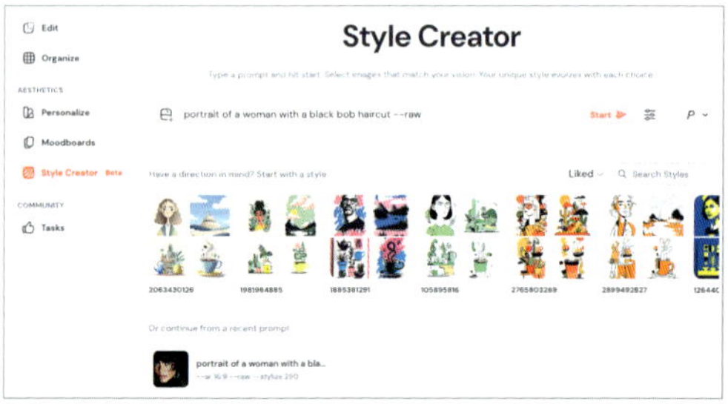

Den Style Creator aufrufen

Wenn Sie den Prompt erneut nutzen wollen, können Sie auf der Create-Seite über den Promptbereich hovern und den Style-Creator-Button auswählen.

Beispielbilder bewerten

Der Style Creator zeigt nun Beispielstile an, aus denen Sie die Bilder aussuchen, deren Stil der gewünschten Ästhetik am nächsten kommt. Der Bildinhalt links spielt erstmal keine Rolle, da er nicht an den Prompt angelehnt sein muss. Rechts erzeugt Midjourney bei jeder Refinement-Runde neue Vorschaubilder auf Basis eines vorläufigen SREF-Codes.

Während Sie weiter scrollen und auswählen, passen sich die angezeigten Stile zunehmend Ihrem gewünschten Look an. Der Style Creator wandelt Ihren Prompt dabei in regelmäßigen Abständen in neue Vorschaubilder um und nutzt dafür einen individuellen Style-Code (`--sref`).

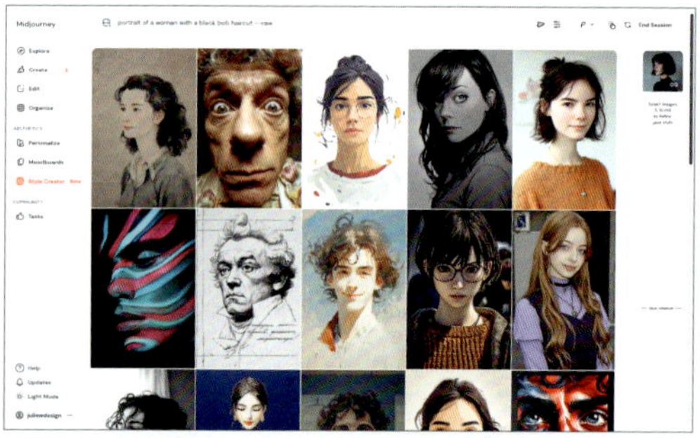

Die Beispielbilder müssen kuratiert werden.

Jedes neue Set an Vorschaubildern entspricht einer weiteren Verfeinerungsrunde. Bewegen Sie den Mauszeiger rechts über ein Thumbnail, um drei der Bilder in einer größeren Ansicht zu sehen. Klicken Sie auf das Thumbnail, um die größere Ansicht in der Seitenleiste zu fixieren mit **Pin Preview**.

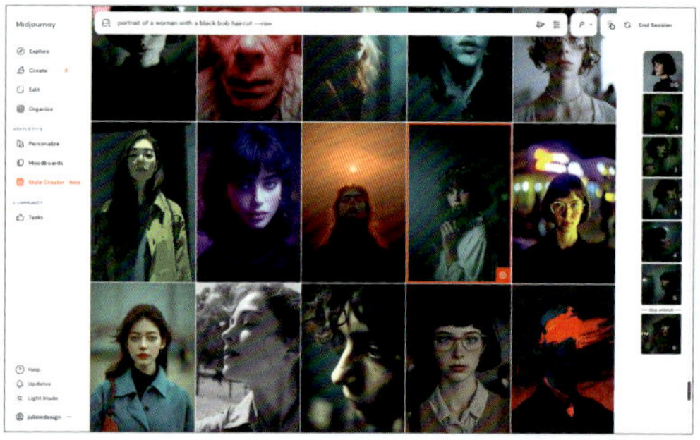

Die Bilder werden beim Durchscrollen ausgewählt.

Zu Beginn wirken die Beispielstile teilweise etwas zufällig, was aber normal ist. Es erfordert etwas Zeit und Geduld, der Algorithmus tastet sich schrittweise an den gewünschten Stil heran.

Erfahrungsgemäß gilt: Die Runden 1 bis 5 zeigen große Schwankungen, in Runde 5 bis 10 stabilisiert sich der Stil, in Runde 10 bis 15 werden die Feindetails präziser, und ab Runde 15 sind die Änderungen nur noch minimal.

Style-Sitzung beenden

Über die Pfeile oder die Vorschauminiaturen oben rechts können Sie frühere Runden erneut aufrufen und Anpassungen vornehmen. Wenn Sie mit dem Stil der Vorschaubilder zufrieden sind, beenden Sie die Sitzung über **X** oder **End Session** oben rechts neben der Imagine-Leiste.

Beenden Sie die Auswahlrunde.

Wichtig: Die Sitzungen können nicht wieder geöffnet und weiterbearbeitet werden. Jedoch werden alle während der Sitzung erzeugten Vorschaubilder und SREF-Codes auf der Create-Seite gespeichert.

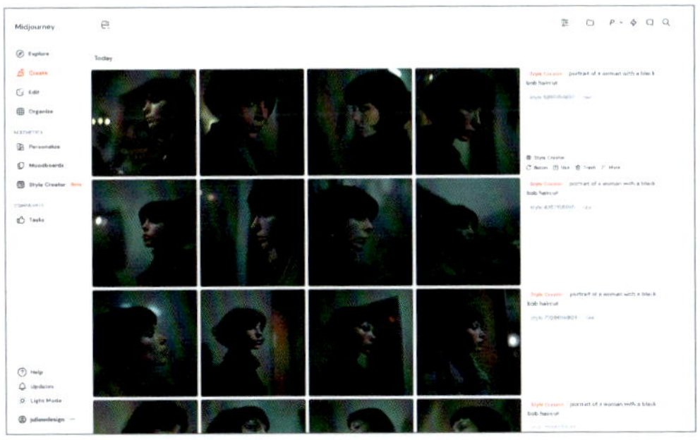

Vorschaubilder auf der Create-Seite

Ergebnisse auf der Create-Seite verwenden

Auf der Create-Seite erscheint jede Vorschaugruppe mit ihrem eigenen SREF-Code, und um den neu erstellten Stil als SREF-Code jetzt anzuwenden, gehen Sie genauso vor wie mit den SREF-Codes der Midjourney-Explore-Seite: Mit einem Klick auf den SREF-Code fügen Sie ihn direkt der Imagine-Leiste hinzu. Über das Herzsymbol können Sie die Vorschaubilder als Favorit markieren und später in der Organize-Seite filtern und den SREF-Code damit abspeichern.

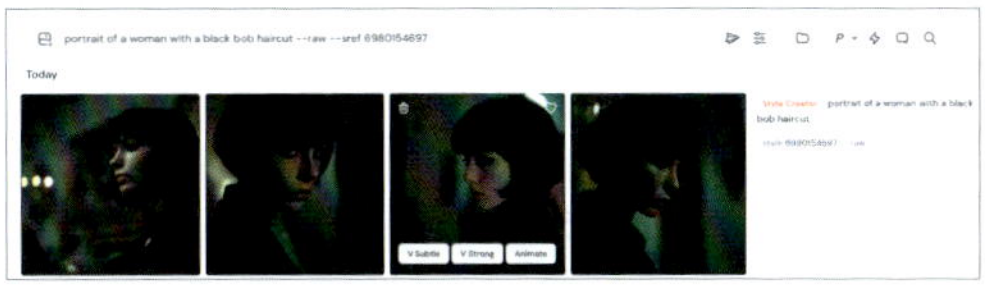

Anwendung des SREF-Codes

Folgende Beispielbilder wurden mit unserem neu erstellten SREF-Code generiert:

prompt cinematic movie still --ar 3:4 --raw --sref 6980154697

Die Beispielbilder mit dem neu erstellten SREF-Code 6980154697 und gleichem Prompt zeigen die cineastische Bildsprache mit klarer Lichtführung, filmischer Farbpalette und dramatischer Tiefenwirkung. Auffallend ist die Konsistenz und stilistische Reproduzierbarkeit.

Tipps

- Mit dem Grid-Icon können Sie zwischen einer großen Ansicht von 24 Bilder und einer kleineren Ansicht von 10 Bilder wechseln.
- Sie können Hotkeys aktivieren und ein schnelleres Auswählen der Bilder ermöglichen.
- Wenn Sie über die Bilder im Raster hovern, können Sie Beispielstile speichern oder gleich ausprobieren, analog zur Explore-Seite.
- Durch das Hinzufügen von `--draft` im Prompt werden die Vorschaubilder schneller erstellt, und es wird weniger GPU-Zeit berechnet (es ist somit günstiger).

5.3 Omni Reference: Konsistenz von Charakteren, Objekten und Szenenelementen

Nachdem wir nun gesehen haben, wie sich Stile mithilfe eigener Bildreferenzen oder SREF-Codes konsistent steuern lassen, folgt in der praktischen Arbeit ein weiterer entscheidender Schritt: die Wiedererkennbarkeit von Charakteren, Personen, Figuren oder Objekten. Für viele kreative Disziplinen – von Kinderbüchern und Illustrationsserien über Storyboards bis hin zu Markenmaskottchen oder fotografischen Projekten – ist eine stabile Charakterdarstellung genauso wichtig wie der Stil selbst.

5.3.1 Einen Charakter entwickeln

Was vor Version 6 noch über sehr präzise Textprompts erreicht werden musste, wurde mit der Character Reference deutlich erleichtert: Midjourney konnte erstmals Gesichter, Frisuren oder Kleidungsmerkmale stabil erkennen und über mehrere Bilder hinweg wiederholen. Mit Version 7 geht dieses Konzept einen entscheidenden Schritt weiter. Die Omni Reference löst die Character Reference vollständig ab und erweitert das System: Neben Personen können nun auch Objekte und nichtmenschliche Charaktere zuverlässig übertragen werden, zudem mit deutlich höherer Flexibilität.

5.3.2 Reale Personen als Charaktere in Midjourney

Midjourney kann nicht nur generierte Personen konsistent darstellen, sondern auch reale Personen. Die in diesem Kapitel beschriebenen Methoden zur Omni Reference für Charakterkonsistenz lassen sich daher genauso auch auf reale Personen übertragen. Bevor Sie reale Personen allerdings mit KI-Tools darstellen, sollten Sie Folgendes beachten:

- **Recht am eigenen Bild**: In den meisten Ländern dürfen Fotos einer realen Person nur mit deren Einwilligung verwendet werden, besonders dann, wenn sie in einen neuen Kontext (z. B. Film, Werbung, Illustration) übertragen werden.

PRAXIS

Einen Charakter entwickeln und für neue Bilder nutzen

In diesem Praxisbeispiel entwickeln wir Schritt für Schritt einen eigenen Charakter in Midjourney und lernen, ihn mithilfe der Omni Reference konsistent in neuen Szenen einzusetzen. Ziel ist es, eine klar definierte visuelle Identität zu erstellen und diese zuverlässig über unterschiedliche Perspektiven, Lichtstimmungen und Umgebungen hinweg beizubehalten.

Den Charakter mit Midjourney generieren und definieren

Bevor Sie mit Omni References arbeiten, lohnt es sich, den gewünschten Charakter zunächst klar zu formulieren. Je präziser die Beschreibung, desto sauberer die spätere Wiedererkennbarkeit. Hier unser Beispiel:

> **prompt** a man in his 40s with curly hair and a beard, blue eyes, rounded golden glasses, studio lighting portrait shot, neutral beige background --ar 3:4 --raw

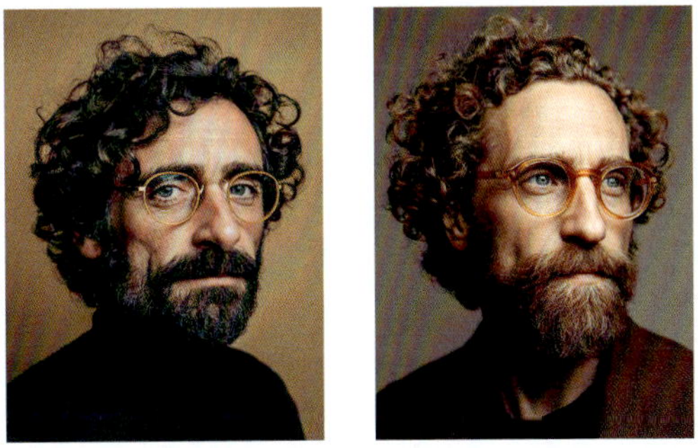

Der Charakter ist sehr gut ausgearbeitet.

In dieser Phase können Sie so viele Details einfließen lassen, wie der Charakter benötigt: Haarfarbe, Haarstruktur, Augenfarbe, Sommersprossen, Muttermale, Hauttextur, Bartform, Accessoires, Brille, Kleidung und Farben sowie die generelle Stimmung oder Lichtsituation.

Omni Reference erstellen

Sobald ein oder mehrere Referenzbilder zufriedenstellend sind, kann eines davon als Omni Reference genutzt werden. Dazu ziehen Sie das generierte Bild einfach in die Imagine-Leiste.

Den Charakter in neue Szenen setzen

Mit aktiver Omni Reference lässt sich der Charakter nun in völlig neuen Szenen, Perspektiven oder Stimmungen platzieren. Dabei übernimmt Midjourney Gesichtszüge, Haarstruktur, Proportionen und andere charakteristische Merkmale zuverlässig aus dem Referenzbild. Auch Umgebungen und Outfits lassen sich anpassen. Ob Indoor- oder Outdoor-Szenen, wechselnde Kleidung, andere Tageszeiten oder neue Posen: Die Omni Reference erlaubt es, denselben Charakter glaubwürdig in Bewegung, in erzählerischen Situationen oder in filmisch inszenierten Sequenzen darzustellen.

> **prompt** photograph of the 40-year-old man sitting in a coffee shop in Berlin, soft afternoon light, cinematic style, off-centered composition, shot on Kodak Portra 400 --ar 16:9 --raw

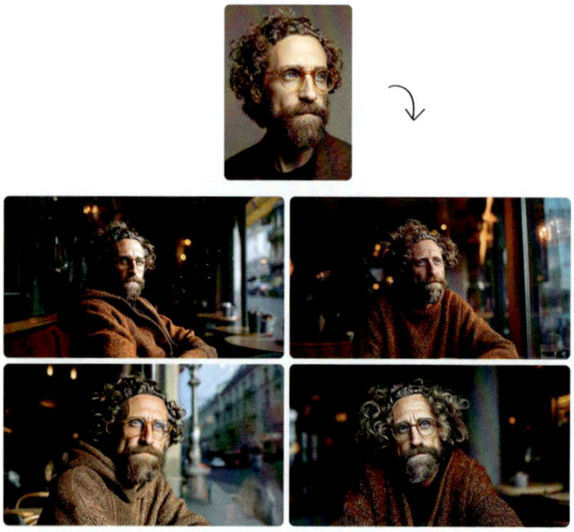

Unsere Person, dargestellt in einem Café

Für maximale Konsistenz empfiehlt es sich, zentrale Merkmale zusätzlich im Prompt zu wiederholen, etwa `curly hair`, `round golden glasses` und `40-year-old man`. Diese Wiederholung hilft Midjourney, die wichtigsten Attribute auch bei komplexeren Szenen beizubehalten.

> **Wichtig**
>
> Je höher das Omni Weight (`--ow`), desto stärker klammert sich Midjourney an die Referenz. Je niedriger, desto freier interpretiert es.

Ein Blick auf die Konkurrenz: Midjourney vs. Nano Banana Pro vs. Seedream 4 4K

Mit demselben Prompt habe ich auch Nano Banana Pro und Seedream 4 4K getestet.

> B **prompt** photograph of the 40-year-old man sitting in a coffee shop in berlin, soft afternoon light, cinematic style, off-centered composition, shot on Kodak Portra 400

Nano Banana Pro überzeugt vor allem durch seine außergewöhnliche Identitätstreue. Das Modell übernimmt Umgebungselemente aus dem Prompt äußerst präzise, etwa die gelben Berliner U-Bahnen, und hält gleichzeitig selbst feinste Gesichtszüge stabil. Details wie Nasenform, Haarlinie oder Bartstruktur bleiben auch bei starken Perspektivwechseln klar erkennbar. Die Ergebnisse wirken filmisch, dokumentarisch und frei von Halluzinationen oder stilistischen Abweichungen.

Ergebnisse in Nano Banana Pro

Seedream 4 4K zeigt eine ähnlich beeindruckende Präzision, allerdings mit einem leicht anderen Schwerpunkt. Das Modell kreiert extrem klare Texturen und reproduzierbare Details, besonders in realistischen Szenen wie hier bei der Street Photography und im Café. Der Charakter bleibt auch bei wechselndem Licht konsistent und zeigt kaum Abweichungen in den Gesichtszügen. Stilistisch arbeitet Seedream etwas neutraler als Nano Banana Pro, also weniger künstlerisch interpretierend, sondern stärker dokumentarisch und eignet sich damit gut für Projekte, die maximale Realitätsnähe und saubere Wiedererkennbarkeit verlangen.

Ergebnisse in Seedream 4 4K

Die Unterschiede zwischen den Modellen sind sofort sichtbar und bestätigen die zuvor beschriebene Einschätzung: Midjourney erreicht in der Regel eine Wiedererkennbarkeit von 80–90 %, während Nano Banana Pro und Seedream 4 4K in vielen Tests 95–99 % erreichen. Besonders in komplexen Szenen wie z. B. bei wechselnden Lichtbedingungen, Außenaufnahmen oder starken Perspektivwechseln wird dieser Abstand deutlich. Während Midjourney einen guten Mittelweg zwischen Kreativität, Stiltreue und Flexibilität bietet, sind Nano Banana Pro und Seedream eindeutig darauf ausgelegt, die Identität einer Figur maximal stabil zu halten. Beide Modelle interpretieren Referenzen deutlich weniger frei, sie »klammern sich« an die Identität, sogar dann, wenn sich Szene, Umgebung oder Bildstil stark verändern. Ein wesentlicher technischer Unterschied: Seedream und Nano Banana besitzen kein Omni Weight, die Wiedererkennbarkeit ist also immer auf dem Maximum. Midjourney bietet durch das Omni Weight dagegen eine fein einstellbare Balance zwischen Referenztreue und stilistischer Freiheit. Je nachdem, in welchem Stadium des Prozesses man sich befindet, ist vielleicht eher Freiheit oder sehr strenge Wiedererkennbarkeit erwünscht. Midjourney funktioniert dadurch stärker als »Visual Creativity Engine«, während die Konkurrenzmodelle eher als »Identity Engines« agieren.

Auch wenn die Hersteller keine vollständigen Trainingsdetails veröffentlichen, lässt das beobachtbare Modellverhalten klar darauf schließen, dass Seedream 4 4K und Nano Banana Pro stärker auf Realismus, visuelle Klarheit und konsistente Charakterwiedergabe optimiert wurden. Midjourney hingegen verfolgt eine breitere, kreativer ausgerichtete Strategie, die mehr Variation ermöglicht.

Ein ehrlicher Blick auf den aktuellen Stand (März 2026)

Omni Reference macht konsistente Charaktere in Midjourney möglich, aber es ist wichtig, die Erwartungen realistisch zu halten. Im direkten Vergleich zu anderen KI-Modellen liegt Midjourney bei der Wiedererkennbarkeit aktuell im guten Bereich, jedoch nicht an der absoluten Spitze. Modelle wie Nano Banana Pro von Google oder Seedream 4.0 von ByteDance erreichen in vielen Tests eine extrem hohe Identitätstreue von rund 95–99 %. Sie reproduzieren Gesichter, Objekte und Charaktere mit außergewöhnlicher Genauigkeit, selbst bei komplexen Blickwinkeln oder wechselnden Szenen. Midjourney liegt je nach Motiv typischerweise bei etwa 80–90 % Konsistenz, was für die meisten kreativen Workflows völlig ausreichend ist – besonders, wenn man mit Moodboards, Stilreferenzen oder narrativen Projekten arbeitet. Für Projekte, bei denen absolute Wiedererkennbarkeit entscheidend ist (z. B. Gesicht einer realen Person, Serienproduktion von Maskottchen oder produktionsreife Charakterbibliotheken), kann es sinnvoll sein, Midjourney mit einem der spezialisierten Modelle zu kombinieren oder diese punktuell zu verwenden.

Charakter in mehreren Kamerawinkeln mit Freepik Spaces

Sobald ich einen Charakter in Midjourney definiert habe, möchte ich häufig weitere Ansichten desselben Charakters erzeugen, um ihn schneller in Szenen einsetzen zu können, etwa Profil, Dreiviertelprofil, Seitenansicht oder auch Overhead- und Low-Angle-Perspektiven. Man kann diese Winkel natürlich einzeln in Midjourney prompten, doch das ist oft zeitaufwendig und führt nicht immer zu konsistenten Ergebnissen. Eine deutlich effizientere Lösung ist es, dafür Freepik Spaces zu nutzen.

Unter den Templates finden Sie den Space **Get alternate angles**, den Sie dann mit **Use template** bearbeiten können. Hier laden Sie das zuvor generierte Charakterbild hoch, und die KI generiert den Charakter zuverlässig in unterschiedlichen Perspektiven. Über die verfügbaren Regler wie **Rotate**, **Vertical** und **Closeup** sowie den drehbaren Ansichtskubus lassen sich die Kamerawinkel frei anpassen, bis alle benötigten Ansichten des Charakters vorliegen.

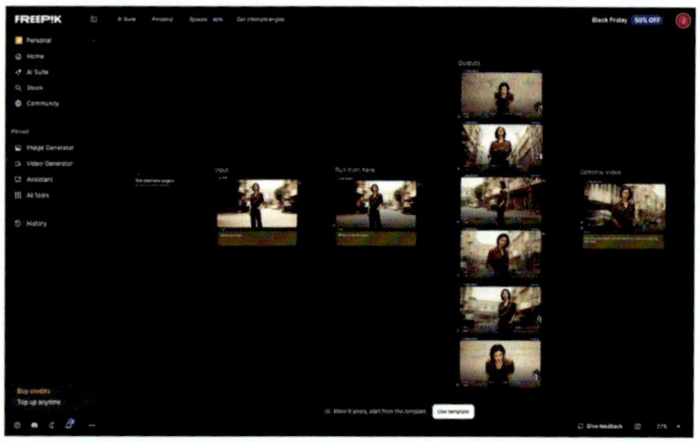

Use template *auf der Oberfläche von Freepik Spaces*

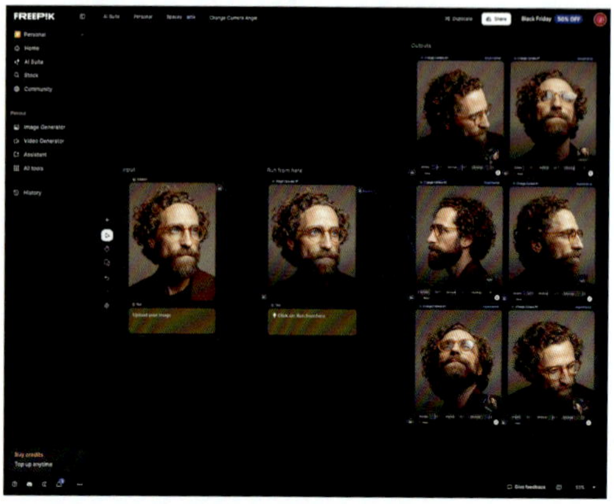

Die Ergebnisse: unser Charakter in unterschiedlichen Kamerawinkeln

Das hat mehrere Vorteile:

- saubere Identitätstreue, da Freepik die Form und Proportionen stabil überträgt
- weniger Prompting-Aufwand, kein Ratespiel mit Winkeln, Posen oder Perspektiven
- konsistente Lichtsetzung, da alle Ansichten im Template denselben Studioaufbau verwenden

Gerade für Projekte, in denen man eine Figur in vielen Situationen einsetzen möchte, spart dieser Workflow enorm viel Zeit. Die Ergebnisse können anschließend wieder als Referenzen für Midjourney, Seedream oder Nano Banana Pro genutzt werden, um Szenen noch konsistenter und kohärenter auszuarbeiten.

- **Urheberrecht an Fotografien**: Auch wenn eine Person einverstanden ist, gehören die Fotorechte oft dem Fotografen. Sie brauchen also das Einverständnis der Person und die Lizenz oder Freigabe der Fotos.
- **Vorsicht auch bei verstorbenen Personen**: Personen, die seit über 70 Jahren tot sind (z. B. historische Persönlichkeiten), können oft frei verwendet werden, aber auch hier können Fotos selbst urheberrechtlich geschützt sein, oder stilistische oder markenrechtliche Elemente (z. B. ikonische Outfits) können zusätzliche Beschränkungen haben.

Aus diesen Gründen verwende ich in diesem Buch ausschließlich synthetisch erzeugte Charaktere als Beispiele. Die beschriebenen Techniken funktionieren jedoch identisch.

Mehrere Charaktere in einer Szene

Auch wenn pro Prompt nur ein einzelnes Bild als Omni Reference verwendet werden kann, erkennt Midjourney durchaus, wenn auf diesem Referenzbild mehrere Personen oder Figuren zu sehen sind. Das Modell ist in der Lage, mehrere Charaktere gleichzeitig aus einem einzigen Referenzbild zu übernehmen, allerdings immer nur aus dieser einen Quelle. Wenn Sie also zwei oder mehr Charaktere nicht bereits in einem gemeinsamen Foto oder Render haben, können Sie die Einzelbilder problemlos in Tools wie Photoshop, Figma oder Canva zu einer einzigen Bilddatei zusammenfügen. Wichtig ist lediglich, dass die Figuren klar erkennbar sind und genügend Raum für eine saubere Zuordnung bleibt.

prompt a friendly 3D furry curious, cinematic lighting, studio portrait shot, light blue background, highly detailed --ar 9:16 --raw

Beide Charaktere zu einem Bild zusammengefügt in Photoshop

Sind mehrere Charaktere im Referenzbild, kann Midjourney sie zwar übernehmen, unterscheidet sie aber nicht zuverlässig, wenn ihre Merkmale im Prompt nicht klar benannt werden. Deshalb bleibt eine präzise Beschreibung entscheidend, z. B.:

- the friendly blue creature without ears and the orange fox
- the tall man in the black coat and the woman with red hair

So kann Midjourney eindeutig interpretieren, wer wer ist, und beide Figuren korrekt in der Szene platzieren. Schauen wir uns die Ergebnisse einmal mit detaillierter Beschreibung und einmal ohne an:

> **prompt** a friendly furry blue creature without ears and an orange fox in 3D styles hugging each other, cinematic lighting, studio portrait shot, light blue background, highly detailed --ar 4:3 --raw

Ergebnis mit detaillierter Beschreibung der Personen: Man sieht eine saubere Trennung und eine gute Platzierung beider Charaktere.

prompt they are hugging each other, cinematic lighting, studio portrait shot, light blue background, highly detailed --ar 4:3 --raw

Hier ohne Details: Midjourney beginnt zu verschmelzen, zu vermischen oder Merkmale falsch zuzuordnen.

Die zusätzlichen Textdetails helfen Midjourney, die Figuren besser auseinanderzuhalten und ihre visuellen Eigenschaften korrekt zu übernehmen. Die Omni Reference stabilisiert den Look der Charaktere, während der Prompt ihre Rollen und Unterschiede definiert.

Mehr als zwei Charaktere: möglich, aber nicht ideal

Mehr als zwei Charaktere in einer Omni-Reference-Szene sind grundsätzlich machbar, aber die Fehleranfälligkeit steigt deutlich an. Bei komplexen Interaktionen, Überlappungen oder ähnlichen Silhouetten tendiert Midjourney dann stärker dazu, Merkmale zu vermischen, KI-Artefakte schleichen sich ein, oder Charaktere duplizieren sich teilweise.

prompt a friendly 3D furry [curious/orange fox/pink bee], cinematic lighting, studio portrait shot, light blue background, highly detailed --ar 9:16 --raw

Drei Charaktere

Diese drei Bilder habe ich anschließend wieder in Photoshop (auch Canva oder Figma ist möglich) zu einem einzigen Referenzbild zusammengesetzt und als Omni Reference in Midjourney genutzt. So sahen die Ergebnisse mit detaillierter Beschreibung aus:

prompt a friendly furry blue creature without ears, an orange fox and a pink bee in 3D styles posing with each other, cinematic lighting, studio portrait shot, light blue background, highly detailed --ar 4:3 --raw

Midjourney versucht, alle drei Figuren gleichzeitig zu interpretieren – beginnt aber häufig, Merkmale zu verschmelzen oder falschen Charakteren zuzuordnen. Besonders im Close-up entstehen deutlich sichtbare KI-Artefakte, etwa unklare Felltexturen, verschobene Augen oder doppelte Silhouetten.

Ein Tipp noch: Offiziell haben Klammern in Midjourney keine Funktion und werden nicht als Gewichtung oder Trennung ausgewertet. Trotzdem habe ich in der Praxis den Eindruck, dass Klammern bei komplexen Multi-Character-Szenen manchmal helfen, die Figuren etwas klarer voneinander abzugrenzen.

prompt [a friendly furry blue creature without ears], [an orange fox] and [a small pink bee] in 3D styles posing with each other, cinematic lighting, studio portrait shot, light blue background, highly detailed --ar 4:3 --raw

Mit detaillierter Beschreibung und Klammern

Das ist keine dokumentierte oder garantierte Funktion, sondern eine persönliche Beobachtung: In einigen Fällen wirken die Ergebnisse leicht stabiler, die Grenzen zwischen den Charakteren etwas sauberer, und es kommt weniger häufig zu Verschmelzungen von Merkmalen. Die Resultate sind dadurch zwar besser, aber weiterhin nicht wirklich zuverlässig.

Ein Blick auf die Konkurrenz: Midjourney vs. Nano Banana Pro vs. Seedream 4 4K
In dieser Disziplin liegt Nano Banana Pro klar vorne. Das Modell versteht komplexe Gruppenszenen deutlich zuverlässiger, setzt mehrere Charaktere stabil um und benötigt weit weniger Details im Prompt. Seedream liefert ebenfalls sehr gute Ergebnisse, aber Nano Banana Pro ist beim Erhalten der individuellen Eigenschaften einzelner Figuren in Gruppen erkennbar überlegen.

Der erste große Unterschied: Seedream 4 4K und Nano Banana Pro erlauben Batch-Uploads mehrerer Referenzbilder gleichzeitig. Dadurch entfällt das manuelle Zusammenstellen im Bildbearbeitungsprogramm. Der zweite große Unterschied: Der Prompt muss deutlich weniger auf charakterliche Merkmale eingehen. Während man in Midjourney jedes Detail explizit ausformulieren muss, können Seedream und Nano Banana deutlich besser abstrahieren und übernehmen die Identität der Figuren fast automatisch. Ich nutze hierfür Freepik, um Seedream 4 4K und Nano Banana Pro als Modelle einzusetzen.

prompt the 3D characters are posing with each other for a studio portrait shot, light blue background

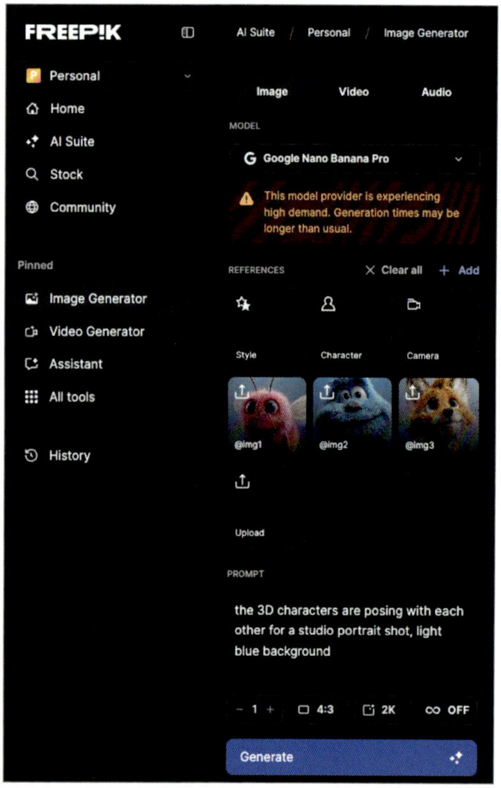

Links: Einstellung in Freepik; Rechts oben: Seedream 4 4K: saubere Wiedererkennbarkeit, wenig Artefakte, aber leicht stilneutral. Sehr stabil, aber manchmal weniger ausdrucksstark. Rechts unten: Nano Banana Pro: extrem akkurat. Das Modell übernimmt die Identität der Figuren nahezu perfekt, auch wenn Perspektiven, Mimik oder Interaktionen vom Referenzmaterial abweichen.

Die Konsistenz der Charaktere bleibt bei Nano Banana Pro selbst dann beeindruckend stabil, wenn komplexere Ausdrücke oder Aktivitäten gefordert sind, die in den ursprünglichen Referenzbildern nicht vorkommen.

B **prompt** the 3D characters are posing with each other for a studio portrait shot doing funny faces like kids usually do, light blue background

Sehr überzeugende Ergebnisse mit Nano Banana Pro

5.3.3 Omni Reference in Kombination mit SREF-Codes

Sobald der Charakter über eine Omni Reference definiert ist, lässt sich seine Wiedererkennbarkeit zusätzlich mit einem SREF-Code stilistisch stabilisieren. Während die Omni Reference dafür sorgt, dass Proportionen, Gesichtszüge und charakteristische Merkmale erhalten bleiben, legt der SREF-Code eine konsistente visuelle Ästhetik für Farbwelt, Textur, Medium oder Licht fest. Diese Kombination ist besonders hilfreich, wenn ein Charakter in einer festen Stilwelt auftreten soll, zum Beispiel in einer Kinderbuchserie, einem Storyboard, einer Illustrationswelt oder einem filmischen Moodboard. Die Omni Reference bildet das Fundament des Charakters, während der SREF-Code dafür sorgt, dass jedes Bild klar derselben visuellen Reihe angehört.

Gleichzeitig eröffnet der SREF-Code die Möglichkeit, einen realistisch generierten Charakter stilistisch komplett zu transformieren. Ein und dieselbe Figur kann dadurch problemlos in verschiedene ästhetische Welten übertragen werden – von einer realistisch fotografierten Person zu einer gezeichneten, malerischen oder stark stilisierten Version. Je nach gewähltem Stilcode kann der Charakter plötzlich wie in einem Pastellkinderbuch erscheinen, als 90er-Jahre-Cartoon wirken oder in einem hyperstilisierten Illustrationsstil auftauchen, ohne dass seine grundlegende Wiedererkennbarkeit verloren geht. So entsteht maximale stilistische Flexibilität, während die Omni Reference weiterhin sicherstellt, dass es sich eindeutig um denselben Charakter handelt.

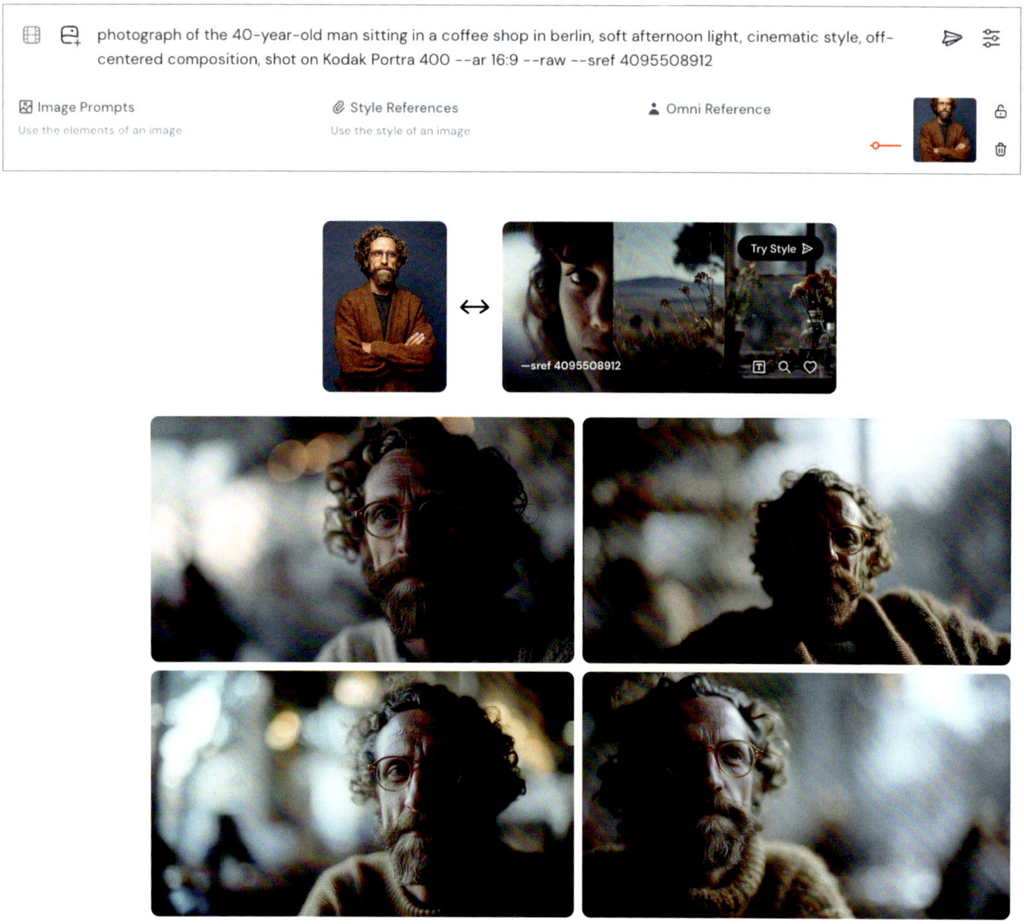

Omni Reference und SREF-Code bei unserem Charakterbeispiel

prompt illustration of a 40-year-old man with golden glasses and curly hair --ar 16:9 --sref 3629152874 --sw 850

Unser Charakter mit goldenem Brillengestell und Lockenhaar, illustrative Umsetzung mit klarer Linienführung und eigenständiger Designästhetik bei hoher Stilgewichtung.

Tipp

Wenn der Stil eines SREF-Codes im Bild besonders deutlich sichtbar sein soll, lohnt es sich, den Stil mit einem höheren `--sw` (Style Weight) zu verstärken. Gleichzeitig sollte die Omni Reference auf ihrem Standardwert (`--ow 100`) bleiben. Dadurch bleibt die Wiedererkennbarkeit des Charakters stabil, während der Stilcode genügend Gewicht erhält, um die visuelle Ästhetik klar zu prägen.

5.3.4 Omni Reference mit Objekten

Omni References eignen sich nicht nur für Personen oder Charaktere, auch Objekte lassen sich damit zuverlässig in neue Szenen übertragen. Wir schauen uns das hier am Beispiel von Fahrzeugen an.

Sobald Sie ein Auto als Referenz definiert haben, kann Midjourney das Auto-Design, die Proportionen und die wichtigsten visuellen Merkmale erkennen und in völlig neue

Umgebungen setzen. Das funktioniert sowohl mit real existierenden Automodellen als auch mit frei erfundenen, fiktiven Fahrzeugen, die Sie zuvor z. B. in Midjourney entworfen haben. Die Omni Reference übernimmt dabei Form, Oberflächen, Farben und reflektierende Eigenschaften, während der Prompt die saisonale Stimmung, Umgebung oder fotografische Inszenierung bestimmt. Für saisonale Kampagnen und Moodboards kann das besonders hilfreich sein: Sie können das gleiche Auto konsistent durch verschiedene Themenwelten führen, sei es ein Sommer am Strand, Herbstwald, Halloween-Nacht, Winter in den Bergen, Valentinstag, Stadt bei Regen, Mid-Century-Retro und vieles mehr.

Man muss hier allerdings berücksichtigen, dass Midjourney reale Automodelle vermutlich bereits aus seinem Trainingskorpus kennt. Dadurch kann das Modell auch aus einer einzelnen Profilansicht stimmige Front-, Rück- oder Dreiviertelperspektiven ableiten. Das erleichtert die Generierung deutlich und sorgt dafür, dass das Fahrzeug trotz eines einzigen Referenzbildes in neuen Szenen meistens korrekt wiedergegeben werden kann. Weitere Promptbeispiele finden Sie auf der Website zum Buch.

prompt high-end automotive commercial photography, photograph of the grey VW Käfer driving through a snowy alpine road, crisp cold atmosphere, blue-toned natural light, sparkling snow particles, dynamic profile-tracking shot --ar 16:9 --raw

Das Ausgangsreferenzbild (© Foto von Julia Volk über pexels.com) und die Bildgenerierung zum Thema »Winter«

Außer für real existierende Fahrzeuge lässt sich Omni Reference auch für frei erfundene Automodelle einsetzen. Das ist besonders nützlich, wenn man ein völlig neues Design, ein Konzeptfahrzeug oder ein stilisiertes Modell entwickeln möchte, das es in der Realität (noch) nicht gibt.

Der Workflow bleibt derselbe: Das fiktive (generierte) Auto wird als Omni Reference festgelegt, in dem Textprompt werden die wichtigsten Attribute erläutert, und dann können Sie das imaginäre Fahrzeug genauso konsistent durch unterschiedliche Umgebungen, Stile und Bildwelten führen wie ein reales Automodell. Weitere Promptbeispiele finden Sie auf der Website zum Buch.

prompt high-end automotive commercial photography, photograph of a futuristic beige car driving through a snowy alpine road, crisp cold atmosphere, blue-toned natural light, sparkling snow particles, dynamic tracking shot --ar 16:9 --raw --ow 225

Unser Modell im Winter

Besonders reizvoll finde ich hier auch die Erstellung eines technischen Referenzblatts. Es visualisiert das fiktive Fahrzeug in einer klassischen Industrial-Design-Darstellung.

prompt full level layout reference sheet with pencil and marker pen coloring sketching of a futuristic beige car, white background, multiple angles, industrial design with text annotations, structural lines, detailed sketch --ar 16:9 --ow 225

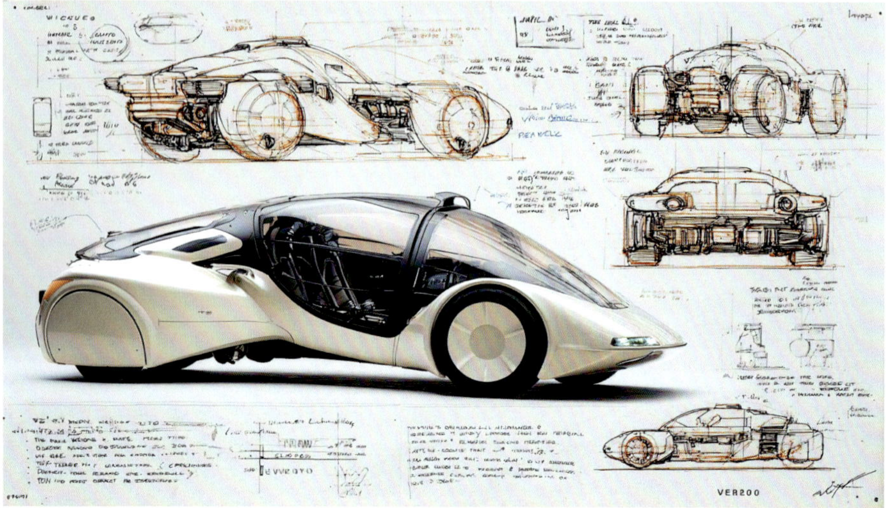

Technisches Referenzblatt des futuristischen Fahrzeugs

5.4 Personalization: Midjourney an Ihren Stil anpassen

Personalization in Midjourney lässt sich als eine Art Style-Assistent verstehen, der anhand Ihrer Entscheidungen ein individuelles Stilprofil erstellt. Der Prozess basiert auf einem einfachen Rankingsystem: Sie erhalten jeweils zwei Bilder gegenübergestellt, von denen Sie das visuell ansprechendere auswählen sollen oder beide überspringen können, wenn keines Ihrem Geschmack entspricht. Aus mindestens 200 ausgewählten Bildern leitet Midjourney algorithmisch die ästhetischen Präferenzen ab und erzeugt daraus einen personalisierten Style-Code. Die Erstellung eines Personalization-Profils ist mit rund 20–30 Minuten etwas zeitintensiver, führt aber zu einer deutlich individuelleren Style-Steuerung.

5.4.1 Ein Personalization-Profil erstellen

Auf der linken Seite der Midjourney-Website finden Sie den Bereich **Personalize**. Unter V7 Profiles starten Sie mit **Add Rankings** mit dem Global V7 Profile oder legen mit **New Profile** ein eigenes Profil an. Midjourney zeigt jeweils zwei Bilder an, von denen Sie das visuell ansprechendere auswählen. Für eine schnellere Bedienung können die Bewertungen auch über die Tastatur erfolgen:

- 1 = das linke Bild auswählen
- 2 = das rechte Bild auswählen
- 3 = Bildpaar überspringen

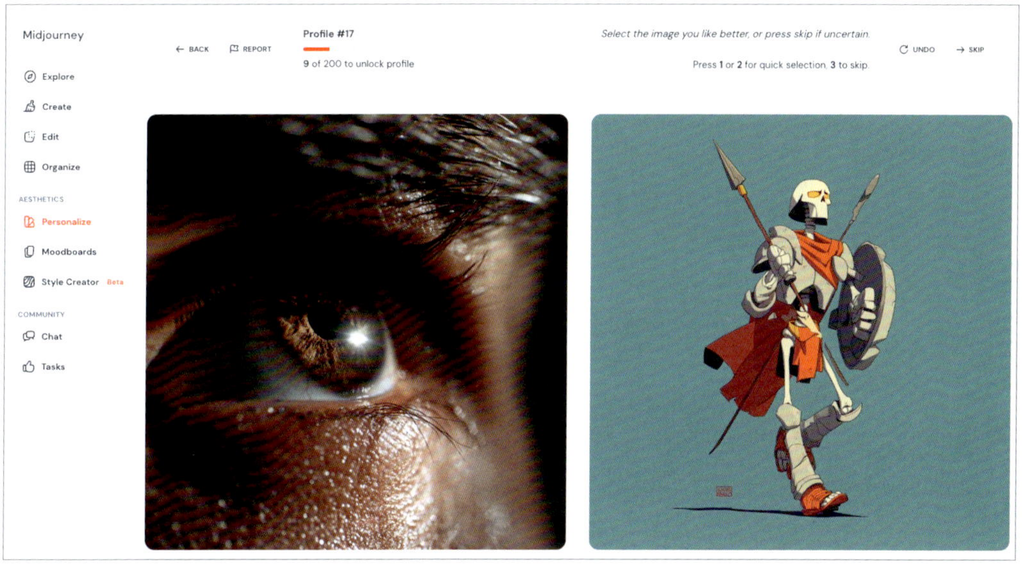

Auswahl des eigenen Stils

Über die Ranking-Leiste im oberen Bereich der Seite wird Ihnen der Fortschritt angezeigt. Mindestens 200 Bewertungen sind dabei notwendig, um ein Profil freizuschalten. Je mehr Bewertungen erfolgen, desto präziser wird das Stilprofil. Nach mindestens 200 Bewertungen wird ein Profilcode generiert, der jetzt direkt im Prompt eingesetzt werden kann.

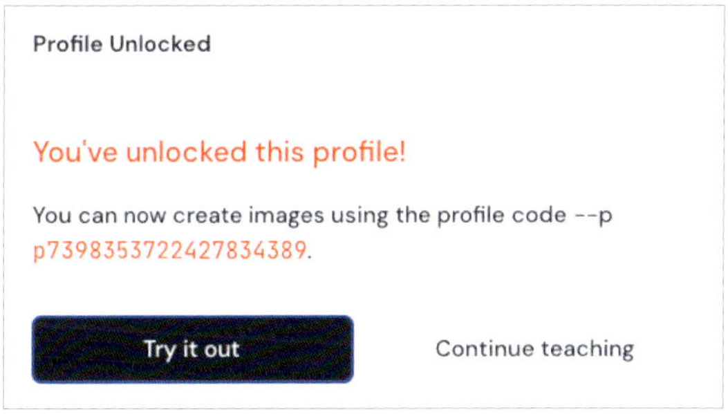

Der eigene Stilcode wurde erstellt.

Tipp

Sie können jederzeit weitere Bildpaare bewerten und das Profil weiter verfeinern. Der Profilcode bleibt dabei immer der gleiche; frühere Zwischenstände lassen sich nicht wiederherstellen.

Der Profilcode kann direkt in die Imagine-Leiste kopiert werden. Um die Ästhetik zu testen, gehe ich gleich vor wie bei den SREF-Codes, nämlich mit dem »Punkt-Prompt«.

prompt . --p pID

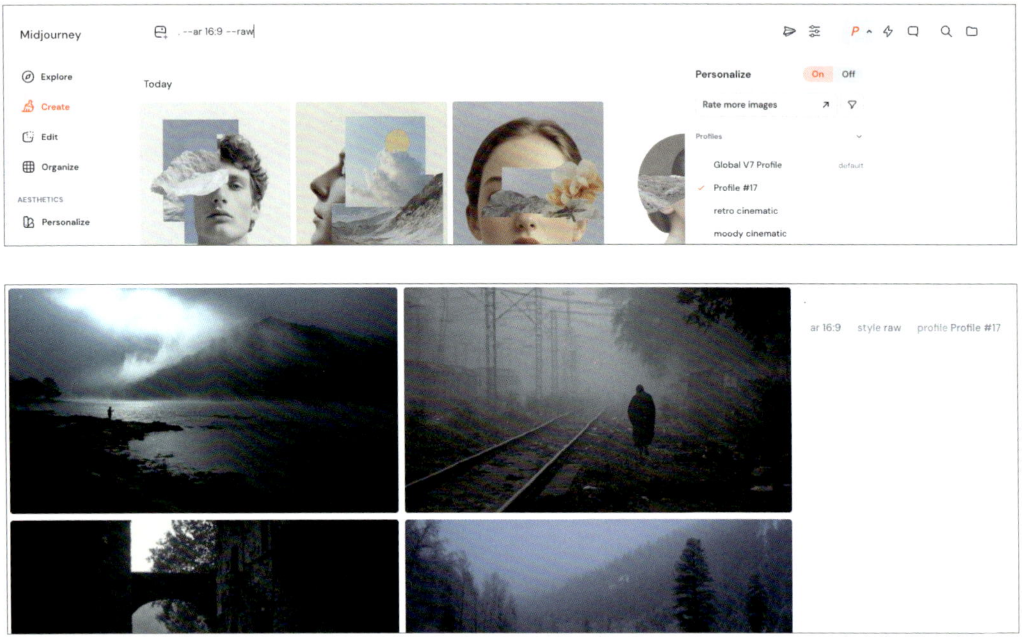

Testen Sie Ihren Stilcode.

Auf der Personalize-Seite können Sie das neu erstellte Profil umbenennen, das Profil löschen oder die mit dem Profilcode generierten Bilder ansehen. Bei der Benennung der Profile orientiere ich mich gerne am generellen Look-and-Feel, damit ich die Profile später leichter zuordnen kann.

5.4.2 Best Practice bei der Erstellung eines Profils

Das Midjourney-Team empfiehlt, bei der Auswahl einfach das Bild zu wählen, das man spontan bevorzugt, nicht zu viel darüber nachzudenken und dem Algorithmus zu vertrauen. Wenn beide Bilder aus dem Bildpaar einen überhaupt nicht ansprechen, dann solle man das Paar überspringen. Aus persönlicher Erfahrung stimme ich dieser letzten Empfehlung nicht zu 100 % zu. Ich gehe bei der Erstellung eines Profils meist etwas gezielter vor – das ist allerdings eine Frage der eigenen Arbeitsweise und Präferenz und kein Muss. Sie können beispielsweise bewusst auf bestimmte Aspekte achten, etwa auf das Medium der angezeigten Bilder (fotografisch, illustrativ, malerisch) oder auf eine bestimmte Farbpalette (Blautöne, warme Töne, Sepia usw.). Auf diese Weise lässt sich das resultierende Profil in eine bestimmte stilistische Richtung lenken, was besonders nützlich ist, wenn man ein klares ästhetisches Ziel verfolgt.

Als Beispiel erstelle ich ein Profil mit dem Ziel, eine dunkle, kühl-bläuliche und fotografische Sci-Fi-Ästhetik abzubilden. Mein Fokus bei der Auswahl liegt auf Motiven mit dunklen bis bläulichen Farbwelten, fotografischer Lichtführung und futuristischer oder atmosphärischer Stimmung. Bewusst überspringen werde ich alle Bildmotive, die den Stil verwässern würden: illustrative und malerische Bilder, zu helle Fotografien und Bilder im typischen Stock-Image-Look.

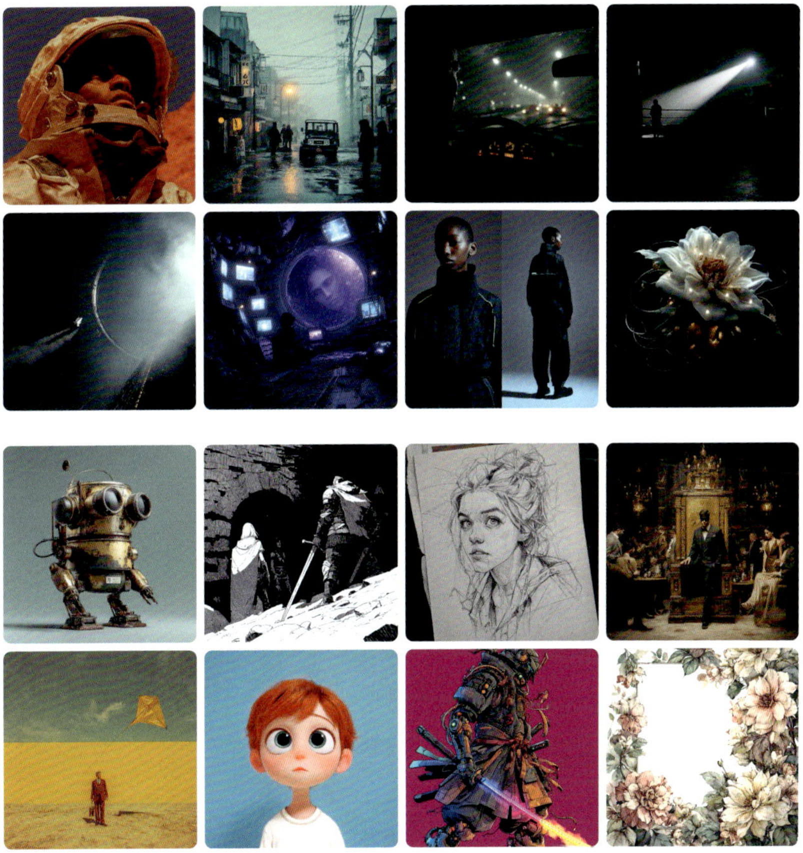

Die Bilder oben habe ich ausgewählt, die acht unten übersprungen.

Nach dem Ranking von 200 Bildern kam folgender Profilcode dabei heraus: `--p p7398353722427834389`. Diesen Code habe ich auf die folgenden Prompts angewendet:

prompt futuristic eerie sci-fi, overview shot --ar 16:9 --raw --profile l5vum7v --stylize 500

prompt futuristic eerie sci-fi, close-up shot --ar 16:9 --raw --profile l5vum7v --stylize 1000

prompt futuristic sci-fi, outerworldly character --ar 16:9 --raw --profile l5vum7v --stylize 500

prompt futuristic sci-fi, medium shot of a crowd of people --ar 16:9 --raw --profile l5vum7v --stylize 500

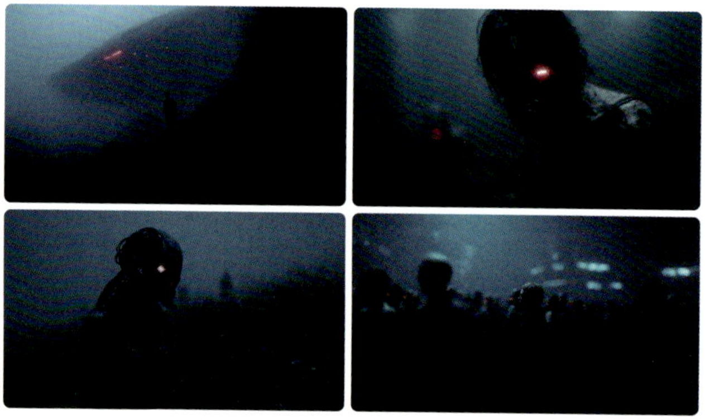

Ergebnis der Prompts mit Personalization-Profil

Ergebnis der Prompts ohne Personalization-Profil

Als Gegenbeispiel erstelle ich ebenfalls nochmals ein Profil, indem ich offener an den Prozess herangehe und alle Bildpaare komplett ohne Überspringen bewerten werde. Das wird dazu führen, dass der Algorithmus den persönlichen Geschmack zwar erkennt, aber keine klare stilistische Richtung im Sinne eines konsistenten Looks entstehen wird, zumindest nicht schon nach 200 Bewertungen. Es sind Motive unterschiedlicher Farbwelten, Medien und Stilrichtungen gemeinsam im Profil gelandet:

Das Ergebnis meiner Rankings

Nach dem Ranking von 200 Bildern kam folgender Profilcode dabei heraus: `--p p7399449554833113104`.

Wie man sieht, entsteht in meinem »no skipping profile« zwar ein ästhetisches Bild, jedoch ohne eine eindeutig definierte Farb- oder Lichtwelt.

Im Vergleich dazu zeigen gezielt aufgebaute Profile wie etwa »dark mood photography« oder »retro cinematic« wesentlich klarere Ergebnisse, weil sie bewusst auf wiederkehrende Merkmale im Rankingprozess abgestimmt wurden.

Im Profil »dark mood photography« wurden ausschließlich dunkle/mysteriöse Bilder im Rankingprozess mit einem leichten Blauton ausgewählt. Dieser überträgt sich jetzt auf die weiteren Motive.

5.5 Moodboards erstellen und anwenden

Moodboards sind ein zusätzlicher Weg, eine eigenständige visuelle Sprache in Midjourney aufzubauen, unabhängig von Style References oder SREF-Codes. Besonders hilfreich sind sie immer dann, wenn man bereits mit vorhandenen Referenzbildern arbeitet, ein Moodboard aus einem Kundenprojekt erhält oder die Arbeit mit einzelnen Style-Reference-Bildern zu umständlich wird. Mit Moodboards lassen sich ganze ästhetische Welten definieren: Farben, Formen, Texturen, Lichtstimmungen, fotografische oder illustrative Looks, Themen, Epochen und visuelle Rhythmen. Statt sich auf ein einzelnes Referenzbild zu verlassen, kombiniert man mehrere Beispiele zu einem konsistenten Stilprofil. Das Ergebnis funktioniert wie ein eigener persönlicher Style-Code, der sich in jedem Prompt aktivieren lässt.

5.5.1 Ein Moodboard in Midjourney erstellen

Öffnen Sie den Moodboard-Bereich auf der Midjourney-Website. Klicken Sie auf **My First Moodboard** (oder legen Sie ein neues an). Es gibt drei Varianten, Bilder hinzuzufügen: vom Desktop/Handy hochladen, per URL-Link einfügen oder direkt aus der eigenen Midjourney-Galerie auswählen. Moodboards können klein und fokussiert (3–10 Bilder) oder sehr explorativ sein (50–300 Bilder). Je weniger Bilder, desto stabiler der Look, und je größer die Auswahl, desto kreativer und unberechenbarer der Output. Ich habe in meinem Beispiel zwölf Bilder aus meiner Midjourney-Galerie ausgewählt und zu einem Moodboard kombiniert. Moodboards lassen sich jederzeit erweitern oder reduzieren, ohne ein neues erstellen zu müssen.

5.5.2 Moodboards im Prompt verwenden

Um ein Moodboard in einem Prompt zu aktivieren, klicken Sie auf **Use in Prompt** unter der Headline. Midjourney fügt daraufhin automatisch die Moodboard-ID in die Imagine-Leiste ein. Alternativ kann ein Moodboard auch über **Set as Default** als Standard für alle Prompts, die man generiert, gesetzt werden. Der Personalisierungs-Button **P** neben der Imagine-Leiste zeigt, ob ein Moodboard ein- oder ausgeschaltet ist. Ist die Funktion aktiviert, wird das Moodboard automatisch zu jedem Prompt hinzugefügt.

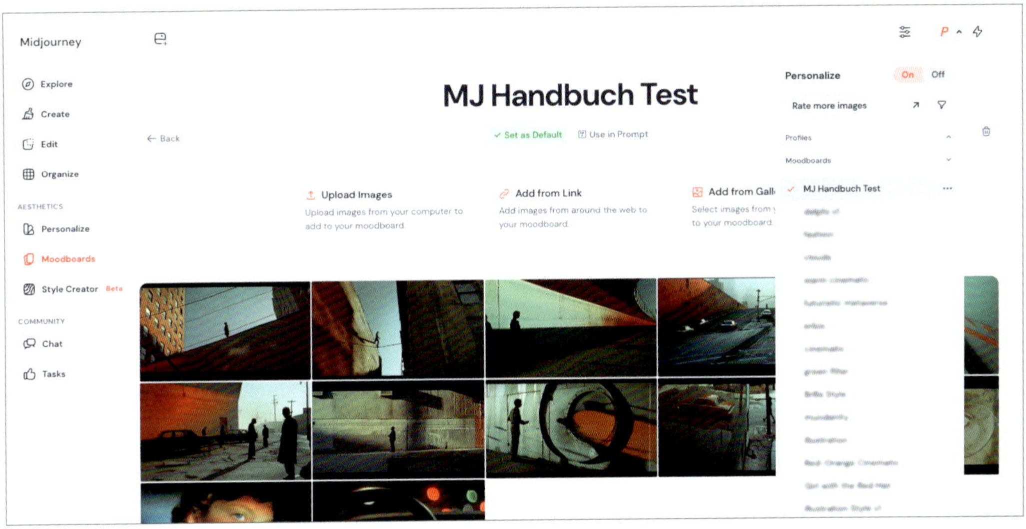

Verwendung des Moodboards

Jedes Moodboard, das man erstellt, erhält anschließend eine eigene ID. Damit kann man also ab sofort eine neue, konsistente Bildserie starten. Meine Moodboard-ID ist `--p m7394701017712951299`.

Notiz

Wenn ein Moodboard über die Moodboard-ID genutzt wird, wandelt Midjourney den Code nach dem Absenden des Prompts automatisch von der langen Form *--p mID* in die verkürzte Form *--p code* um. Midjourney erzeugt zunächst eine vollständige Moodboard-ID wie etwa in unserem Beispiel die `--p m7394701017712951299`. Sobald man den Prompt abschickt, wird dieser lange Code jedoch automatisch in die verkürzte Profil-ID `--p tt8wbko` umgewandelt. Beide Codes verweisen auf dasselbe Moodboard, Midjourney verwendet die gekürzte Version lediglich für eine übersichtlichere Darstellung und interne Verwaltung.

Diese automatische Umwandlung ist völlig normal und hat keinen Einfluss auf die Bildgenerierung. Ein Moodboard bleibt in demselben Stil, unabhängig davon, ob der lange oder kurze Code angezeigt wird.

Schauen wir sie uns einmal in der Anwendung an:

prompt cinematic movie still for a sci-fi movie, a mysterious elder man is standing on top of a parking lot building in New York City, low angle shot upwards --ar 16:9 --raw stylize 500 --p m7394701017712951299

Die dramatische Untersicht und die hohe Stilisierung erzeugen eine atmosphärisch dichte, filmische Wirkung.

prompt cinematic movie still for a sci-fi movie, close up shot portrait of a young woman with blonde hair --ar 16:9 --raw stylize 500 --p m7394701017712951299

Auch hier funktioniert die ID gut: Die filmische Ausleuchtung, weiche Hintergrundunschärfe und stilisierte Sci-Fi-Ästhetik verleihen der Szene eine spannungsgeladene, futuristische Atmosphäre.

PRAXIS

Ein Moodboard für Claymation-Stilwelten

Moodboards eignen sich hervorragend, um stilisierte oder handgemachte Looks zu definieren, die sich allein mit Textprompts nur schwer stabilisieren lassen. Als Beispiel nehme ich dafür ein Claymation-Moodboard (auch Knetanimation), das auf handgefertigte Materialien im Stop-Motion-Look abzielt. Ich habe dafür mehrere Bilder im Claymation-Stil (generiert mit Nano Banana Pro) gesammelt und als Moodboard gebündelt.

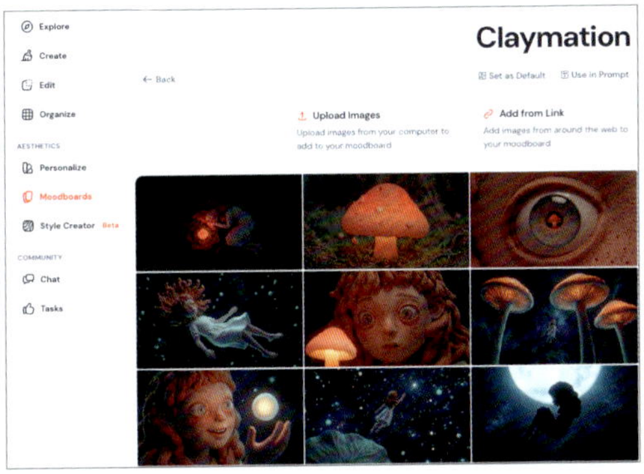

Mein Input für die Knetanimation

Dieses Moodboard kann nun als eigener Stilcode dienen, der auf jede Szene angewendet werden kann, egal ob es sich um Tiere, Figuren, Landschaften oder Objekte handelt. Weitere Promptbeispiele finden Sie online.

prompt claymation stop-motion scene of a golden retriever exploring a mysterious forest, moody atmosphere, dramatic shadows, stop-motion style with visible fingerprints and sculpted textures, whimsical children's animation style --ar 3:4 --p m7395414406437273615

Beispiel mit und ohne Moodboard-ID

prompt cinematic photography, the number "6", typography sculpture carved from ice, snow environment, minimalistic

KAPITEL 6

Fotorealistische Bildgestaltung

KAPITEL 6

Fotorealistische Bildgestaltung

»A camera for ideas«, so nannte es Steph Ango im Juli 2022, und mit dem Begriff »Synthography« prägte er eine Bezeichnung für synthetisch erzeugte Bilder mit fotografischem Erscheinungsbild. Spätestens Anfang 2023 wurde sichtbar, wie grundlegend sich die Bildproduktion verändert. Mit Midjourney V5 erreichte die fotorealistische Generierung ein neues Niveau und machte deutlich: Fotografische Ästhetik lässt sich nicht mehr nur aufnehmen, sondern auch erzeugen.

Kaum ein Bereich wird durch generative KI derzeit so stark infrage gestellt wie die Fotografie. Wenn Bilder entstehen, ohne dass je ein Verschluss klickt, verschiebt sich unser Verständnis von Realität. Mit dem fotorealistischen Durchbruch von Midjourney Version 5 Anfang 2023 wurde klar, dass eine neue Schwelle überschritten ist. Hauttexturen, natürliche Tiefenschärfe, physikalisch plausibles Licht und selbst lange problematische Details wie Hände wirkten plötzlich überzeugend. Die Ästhetik entfernte sich vom »typischen KI-Look« und näherte sich einer fotografischen Glaubwürdigkeit an, die kaum noch eindeutig identifizierbar war.

Parallel dazu etablierte sich der Begriff Synthography. Geprägt wurde er von Steph Ango, CEO von Obsidian, der damit Bilder beschreibt, die zwar wie Fotografien aussehen, aber vollständig synthetisch erzeugt wurden. Der Begriff macht deutlich, dass es sich nicht mehr nur um »KI-Bilder« handelt, sondern um eine eigenständige Bildkategorie: visuell fotografisch, technisch jedoch generativ.

Zitat Steph Ango

A revolutionary new kind of camera was recently invented. Instead of turning light into pictures, it turns ideas into pictures. The traditional camera replicates what your eyes do. It works by receiving millions of photons onto a light-sensitive material, processed into a kind of picture we call a photograph (from Greek roots meaning a »light drawing«). This new kind of camera replicates what your imagination does. It receives words and then synthesizes a picture from its experience seeing millions of other pictures. The output doesn't have a name yet, but I'll call it a synthograph (meaning

> synthetic drawing). (...) Photography can capture moments that happened, but synthography is not bound by the limitations of reality. Synthography can capture moments that did not happen and moments that could never happen. (...)
>
> *Quelle: Artikel »A camera for ideas«, 23. Juli 2022, von Steph Ango, https://stephango.com/synthography*

Mit dieser technischen Entwicklung entsteht zugleich ein neues mediales Bewusstsein. Misch Strotz, CEO von LetzAI und Neon Internet, beschreibt es als das »A priori Fake«: einen Zustand, in dem wir grundsätzlich davon ausgehen müssen, dass jedes Bild potenziell synthetisch ist, solange es nicht als real verifiziert wurde. Übertragen auf Fotografie und Synthografie bedeutet das: Das fotografisch wirkende Bild verliert seinen automatischen Wahrheitsanspruch. Nicht, weil es zwangsläufig täuscht, sondern weil seine Entstehung nicht mehr unmittelbar nachvollziehbar ist. In einer Welt, in der realistisch wirkende Medien massenhaft generiert werden können, braucht es neue mentale Modelle – weniger aus Angst, sondern für einen bewussteren Umgang mit Bildern.

In diesem Kapitel geht es mir jedoch weniger um eine medientheoretische Bewertung. Für mich sind fotorealistische Modelle vor allem ein Werkzeug. Sie ermöglichen es, Lichtstimmungen, Locations, Kameraperspektiven oder sogar komplette Produktionen vorab zu simulieren. Für Moodboards, Kampagnenvisualisierungen oder konzeptionelle Tests ist das ein enormer Beschleuniger. Entscheidend ist dabei nicht, ob ein Bild »echt« ist, sondern wie bewusst wir mit seiner Wirkung umgehen. Fotorealismus ist heute technisch nahezu fehlerfrei erreichbar. Die kreative Aufgabe verschiebt sich deshalb vom reinen Aufnehmen hin zum Inszenieren, Kuratieren und Steuern. Die Kamera mag virtuell sein, doch der Blick und die Intention bleiben menschlich.

Zusatzmaterial auf der Website zum Buch

Weitere Prompts und Promptbeispiele finden Sie auf der Website zum Buch unter *www.rheinwerk-verlag.de/6146* unter »Materialien« oder über den QR-Code.

6.1 Die visuellen Fundamente der Fotografie

Fotografie ist eine bewusste Gestaltung von Wahrnehmung, quasi ein Zusammenspiel aus visuellen Entscheidungen, die festlegen, welche Geschichte ein Bild erzählt und welche Emotionen es beim Betrachter auslöst. Besonders in der Arbeit mit Midjourney zeigt sich: Präzision in der Sprache führt zu Präzision im Bild. Je klarer man die visuellen Parameter definiert, desto gezielter lässt sich die Bildwirkung steuern. Um diese Kontrolle zu meistern, nutze ich wie immer meine bewährte Grundstruktur für den Promptaufbau:

[Medium], [Motiv/Szene], [Ort/Umgebung], [Stimmung/Emotion], [Licht/Farbe], [Stil/Genre], [Komposition/Perspektive], [Inspiration/Technik]

Bevor ich aber tief in die Praxis einsteige, widme ich mich nochmals konkreter den visuellen Fundamenten. Diese Elemente bilden das gestalterische Rückgrat – egal, ob man ein Bild durch ein physisches Objektiv einfängt oder synthetisch erstellt. Dabei ist es wichtig zu verstehen, dass diese Fundamente keine starre Einbahnstraße sind. Sie eröffnen vielmehr verschiedene Routen und bleiben das wichtigste Werkzeug, wenn wir später in spezifische Themenbereiche wie Porträt-, Architektur- oder Produktfotografie einsteigen. Ich konzentriere mich also im ersten Schritt auf die universellen Stellschrauben:

- Genre
- Licht
- Komposition und Perspektive
- Inspiration
- Techniken wie Fokus- und Tiefenschärfe

6.1.1 Genres in der Fotografie

Innerhalb des Mediums Fotografie haben sich über Jahrzehnte hinweg unterschiedliche Genres entwickelt. Jedes dieser Genres folgt eigenen ästhetischen Regeln, Bildsprachen und Wirkungsmechanismen. Für mich ist dabei entscheidend: Das gilt heute nicht mehr nur für die klassische Fotografie, sondern eins zu eins auch für meine Arbeit mit Midjourney.

In der Promptgestaltung nutze ich solche Genre-Begriffe als essenzielle visuelle Orientierung. Man definiert damit weniger das Motiv selbst, sondern vielmehr die Art der gesamten Inszenierung: von der Lichtführung und Perspektive über die Komposition bis hin zur Farbstimmung und der erzählerischen Haltung. Ob man sich für einen dokumentarischen, editorialen, sportlichen oder filmischen Look entscheidet, jedes Genre transportiert implizite Erwartungen und visuelle Codes. Wenn man diese Begriffe bewusst einsetzt, steuert man nicht nur die reine Optik eines Bildes, sondern legt auch dessen Kontext und die finale Wirkung fest.

Promptbegriffe	Beschreibung	Wirkung	Einsatz
`documentary photography`	Dokumentarfotografie, uninszenierte, realitätsnahe Fotografie mit Fokus auf authentische Situationen	Glaubwürdigkeit, Nähe, Ernsthaftigkeit, Beobachtung statt Inszenierung	Reportagen, gesellschaftliche Themen, soziale Projekte, realistische Kampagnen
`editorial photography`	Editorialfotos, Bildsprache mit narrativem oder konzeptuellem Anspruch, oft für Magazine produziert	erzählerisch, stilbewusst, ästhetisch kontrolliert	Magazinstrecken, Mode-Editorials, visuelles Storytelling
`fashion photography`	Modefotografie, inszenierte Fotografie mit Fokus auf Kleidung und Styling	Glamour, Eleganz, Trendbewusstsein, visuelle Inszenierung	Kampagnen, Lookbooks, Magazincover, Branding
`street photography`	Spontane, oft unbeobachtete Momentaufnahmen im öffentlichen Raum	Unmittelbarkeit, Authentizität, Alltagsrealität	urbanes Storytelling, Lifestyle-Motive, dokumentarische Arbeiten
`portrait photography`	Porträtfotografie, Fokus auf eine Person, ein Tier oder eine Figur, meist mit Betonung von Ausdruck und Persönlichkeit	Intimität, Charaktertiefe, emotionale Verbindung	Porträts, Charakterstudien
`landscape photography`	Landschaftsfotografie, Darstellung von Natur- oder Weitlandschaften, häufig mit betonter Lichtstimmung	Weite, Ruhe, Erhabenheit, Atmosphäre	Reiseprojekte, Naturdokumentation, Mood-Visuals
`architectural photography`	Architekturfotografie, Fotografie von Gebäuden mit Fokus auf Linien, Struktur und Perspektive	Klarheit, Geometrie, Struktur, formale Ästhetik	Immobilien, Designprojekte
`product photography`	Produktfotografie, präzise Inszenierung eines Produkts mit Fokus auf Material, Licht und Detail	Klarheit, Wertigkeit, Professionalität	E-Commerce, Werbekampagnen, Branding
`food photography`	Food-Fotografie, Inszenierung von Essen und Speisen mit Fokus auf Textur, Licht und Frische	Sinnlichkeit, Appetit, Nähe, Haptik	Restaurantkampagnen, Kochbücher, Social Content

Promptbegriffe	Beschreibung	Wirkung	Einsatz
`sports photography`	Sportfotografie, dynamische Fotografie von Bewegung und Aktion	Energie, Geschwindigkeit, Intensität	Sportkampagnen, Action-Motive, Eventdokumentation
`cinematic movie still`	Filmisches Standbild, Bildkomposition, die wie ein Frame aus einem Film wirkt, mit kontrolliertem Licht und Narrativ	Dramaturgie, Spannung, filmische Tiefe, Story-Andeutung	Konzeptvisualisierung, Posterdesign, AI-Filmstills, Moodboards

Promptbegriffe für Fotogenres

Schauen wir uns einige Bildgenerierungen an, die mithilfe von Genre-Prompts entstanden sind. Weitere Beispiele hierzu finden Sie auf der Website zum Buch.

prompt portrait photography, a woman embodying natural beauty with textured imperfect skin, hazel eyes with long natural lashes, soft minimal freckles, soft personality, one hand on her face with pointed natural nails, minimal color palette, shot on 85mm f/1.4 on a DSLR camera --ar 7:3 --raw

Porträtfotografie

prompt landscape photography, big red apple tree standing in the foreground, lush green panorama of a forest in the background in depth of field, warm afternoon sunlight, cinematic shot --ar 7:3 --raw

Landschaftsfotografie

6.1.2 Mit Licht gestalten

Licht ist für mich eines der stärksten Gestaltungselemente in der visuellen Arbeit mit Midjourney. Die Lichtgestaltung definiert Form, Raum, Stimmung und die gesamte Atmosphäre eines Bildes. Egal ob in der klassischen Fotografie oder im Film: Man entscheidet durch das Licht darüber, ob ein Bild nüchtern und sachlich wirkt oder poetisch, hart oder weich, kühl oder warm. Wenn man Licht gezielt in seine Prompts einsetzt, modelliert man damit nicht nur das Motiv, sondern lenkt auch die emotionale Reaktion des Betrachters. Es ist das Werkzeug, mit dem man aus einer flachen Generierung eine lebendige Szene erschafft.

Licht	Promptbegriffe	Beschreibung	Wirkung	Einsatz
Natürliches Licht	`natural lighting`	natürlich vorhandenes Tageslicht ohne künstliche Lichtquellen	authentisch, realistisch, ungezwungen, glaubwürdig	dokumentarische Szenen, Porträts, Street-Fotografie, Alltagsmomente
	`golden hour`	warmes, weiches Licht kurz nach Sonnenaufgang oder vor Sonnenuntergang	romantisch, nostalgisch, weich, emotional aufgeladen	Porträts, Landschaften, cineastische Szenen, Mood-Visuals
	`blue hour`	kühles, diffuses Licht kurz vor Sonnenaufgang oder nach Sonnenuntergang	ruhig, melancholisch, filmisch, atmosphärisch	Stadtaufnahmen, Nachtszenen, ruhige emotionale Momente

Licht	Promptbegriffe	Beschreibung	Wirkung	Einsatz
Natürliches Licht (Forts.)	`sunrise/sunset`	direktes Licht bei Sonnenauf- oder -untergang mit starken Farbverläufen	dramatisch, symbolisch, Übergangsstimmung	Landschaft, Silhouetten, epische Inszenierungen
	`dusk`	beginnende Dunkelheit mit Restlicht am Himmel	mystisch, ruhig, leicht geheimnisvoll	narrative Szenen, atmosphärische Übergänge, Filmstills
	`cloudy/foggy`	diffuses Licht durch Wolken oder Nebel, geringe harte Schatten	weich, gleichmäßig, reduziert, melancholisch	Porträts, Landschaften, minimalistische Szenen
	`window lighting`	seitliches oder frontales Licht durch ein Fenster, meist weich und gerichtet	intim, ruhig, künstlerisch, malerisch	Porträts, Editorial, Innenraumszenen
	`candle light`	warmes, flackerndes Licht einer Kerze, geringe Lichtintensität	intim, nostalgisch, romantisch, dramatisch	historische Szenen, emotionale Close-ups, cineastische Momente
Künstliches Licht	`neon lighting`	farbintensive, meist punktuelle oder lineare Lichtquellen, oft in Pink-, Blau- oder Violetttönen	urban, futuristisch, kontrastreich, leicht künstlich oder surreal	Cyberpunk-Szenen, Nachtaufnahmen, Musik-Visuals, moderne Porträts
	`studio lighting`	kontrolliertes, professionelles Licht-Setup mit klar definierter Haupt- und Nebenlichtquelle	präzise, hochwertig, klar modelliert, professionell	Produktfotografie, Fashion, Porträts, Werbekampagnen
	`softbox lighting`	diffuses, weiches Studiolicht mit sanften Schatten und gleichmäßiger Ausleuchtung	schmeichelnd, ruhig, natürlich wirkend trotz Kontrolle	Beauty-Porträts, Editorial, Produktaufnahmen mit sanfter Lichtführung

Licht	Promptbegriffe	Beschreibung	Wirkung	Einsatz
Lichtwirkung und Lichtrichtung	`backlit`	Lichtquelle befindet sich hinter dem Motiv, das Licht fällt von hinten in Richtung Kamera	dramatisch, atmosphärisch, erzeugt Tiefe und Lichtkanten	Porträts mit Sonnenlicht, cineastische Szenen, Outdoor-Aufnahmen bei Sonnenuntergang
	`rim lighting`	schmale Lichtkante entlang der Kontur eines Motivs, meist von hinten oder seitlich gesetzt	hebt die Silhouette vom Hintergrund ab, betont Form und Struktur	Charakterinszenierung, Produktfotografie, dramatische Filmstills
	`side lighting`	Lichtquelle kommt deutlich von einer Seite und erzeugt klare Licht- und Schattenzonen	plastisch, kontrastreich, strukturbetonend, oft intensiv	Porträts mit Charaktertiefe, Architektur, Texturstudien
	`silhouette`	Motiv erscheint als dunkle Form vor hellem Hintergrund, kaum Detail im Inneren sichtbar	grafisch, symbolisch, reduziert, stark in der Wirkung	Sonnenuntergänge, emotionale Szenen, ikonische Bildmomente
	`soft lighting`	diffuses, gleichmäßiges Licht mit weichen Schatten	ruhig, schmeichelnd, natürlich, wenig dramatisch	Beauty, Porträts, Food, Lifestyle-Motive
	`strong lighting/ shadowing`	stark gerichtetes Licht mit ausgeprägten Schatten und hohem Kontrast	dramatisch, intensiv, spannungsgeladen, filmisch	Filmstills, Noir-Ästhetik, Action-Szenen, expressive Porträts
Atmosphäre und Farbe	`moody lighting`	gedämpftes, kontrastreiches Licht mit betonter Schattenbildung	emotional, dramatisch, intim, leicht melancholisch	Porträts, Filmstills, narrative Szenen
	`dark ambience lighting`	insgesamt dunkle Grundstimmung mit reduziertem Umgebungslicht	geheimnisvoll, intensiv, atmosphärisch dicht	Thriller-Ästhetik, Nachtaufnahmen, cineastische Settings
	`warm tones`	Farbpalette mit Gelb-, Orange- oder Rottönen	Nähe, Geborgenheit, Nostalgie, Emotionalität	Golden Hour, Porträts, Lifestyle, Storytelling

Licht	Promptbegriffe	Beschreibung	Wirkung	Einsatz
Atmo-sphäre und Farbe (Forts.)	`cool tones`	Farbpalette mit Blau-, Cyan- oder Grautönen	Distanz, Ruhe, Sachlichkeit, Melancholie	Blue Hour, urbane Szenen, minimalistische Visuals
	`atmospheric haze`	leichter Dunst oder Nebel im Raum, der Licht streut	Tiefe, Räumlichkeit, cineastische Weichheit	Landschaft, Filmstills, epische Szenen
Lichteffekte	`bokeh`	unscharfe Lichtpunkte im Hintergrund durch geringe Tiefenschärfe	poetisch, weich, ästhetisch hochwertig	Porträts, Nachtaufnahmen, romantische Szenen
	`light blur`	leichte Lichtunschärfe oder diffuse Lichtverläufe	traumhaft, weich, emotional aufgeladen	Editorial, Fashion, atmosphärische Sequenzen
	`light leaks`	simulierte Lichteinstrahlungen am Bildrand, oft farbig	Vintage, analoger Look, spontane Ästhetik	Retro-Visuals, Lifestyle
	`anamorphic flares`	horizontale Lichtstreifen durch anamorphe Objektive simuliert	filmisch, episch, High-End-Cinema-Look	Sci-Fi, Action, große Kinobilder, Musikvideos
	`glowing highlights`	stark leuchtende, leicht überstrahlte Lichtbereiche	Weichheit, Emotionalität, traumartige Wirkung	Golden Hour, romantische Szenen, Beauty
	`chromatic aberrations`	Farbverschiebungen an Kontrastkanten durch Linsenfehler simuliert	technisch, experimentell, leicht retro oder digital	Sci-Fi, Glitch-Ästhetik, experimentelle Visuals

Promptbegriffe für die Lichtgestaltung

Lichtvergleiche und ihre Wirkung

Midjourney ermöglicht es, Licht gezielt als isolierte gestalterische Variable zu untersuchen. Auf diese Weise wird unmittelbar sichtbar, welchen enormen Einfluss das Licht allein auf die Bildwirkung hat. Man erkennt schnell: Eine Szene unter natürlichem Licht vermittelt eine völlig andere Atmosphäre als unter Studiolicht. Ich nutze diese Vergleiche, um zu zeigen, wie warme Töne die emotionale Wahrnehmung vollkommen anders prägen als kalte Töne – selbst wenn das Motiv und die Komposition absolut identisch bleiben.

Durch diese kontrollierte Reduktion auf eine einzige veränderte Variable schaffe ich einen klaren Vergleich. Licht wird so nicht mehr als zufälliger Nebeneffekt behandelt, sondern als das, was es ist: ein bewusst eingesetztes Gestaltungsmittel, mit dem man die Aussagekraft eines Bildes maßgeblich steuert. Weitere Beispiele finden Sie auf der Website zum Buch.

prompt a woman standing in an empty street, warm tones, golden light, soft shadows, cinematic atmosphere --ar 3:2 --raw

Warme Töne

prompt a woman standing in an empty street, cool tones, blue color grading, muted contrast, cinematic atmosphere --ar 3:2 --raw

Kalte Töne

Tageszeiten und Stimmung

Die Tageszeit beeinflusst nicht nur die Helligkeit eines Bildes, sondern seine gesamte emotionale Wahrnehmung. Lichtstand, Farbtemperatur und Schattenlänge verändern die Atmosphäre grundlegend, selbst wenn Motiv und Komposition identisch bleiben. Ein Motiv am frühen Morgen wirkt anders als am Mittag. Dieselbe Szene bei Sonnenuntergang erzählt eine andere Geschichte als in der blauen Stunde. Tageslicht ist damit kein technisches Detail, sondern ein erzählerisches Werkzeug. Weitere Beispiele finden Sie auf der Website zum Buch.

prompt nature photography, **morning sunrise**, a single tree on top of a green hill, peaceful and serene atmosphere, cinematic mood, shot on DSLR --ar 7:3 --raw

Sonnenaufgang

prompt nature photography, **rainy weather**, a single tree on top of a green hill, peaceful and serene atmosphere, cinematic mood, shot on DSLR --ar 7:3 --raw

Licht bei Regen

6.1.3 Komposition und Perspektive

In der Fotografie wie auch im Film nutzt man Perspektive und Bildaufbau nicht nur zur reinen Darstellung, sondern vor allem als Mittel der Erzählung. Ein Close-up rückt Gefühle und Reaktionen unmittelbar in den Vordergrund, während man mit einem Wide Shot Raum, Kontext und Atmosphäre schafft. In der Arbeit mit Midjourney sind diese Begriffe weit mehr als nur ästhetische Hinweise, denn sie dienen als präzise Kommunikationsmittel. Wer versteht, wie unterschiedliche Perspektiven und Kompositionen wirken, kann der KI deutlich besser vermitteln, welche Wirkung das Bild erzeugen soll. Ich setze diese Parameter daher gezielt ein, um den Blick des Betrachters zu lenken und die Bildsprache von Grund auf zu definieren.

Die Wahl der Perspektive als Regieanweisung

Man sollte diese Kameraperspektiven nicht nur als technische Koordinaten verstehen, sondern als erste »Regieanweisung« an die KI. Während ein Eye Level Shot eine neutrale, dokumentarische Nähe schafft, lässt man Motive durch einen Low Angle Shot sofort heroischer oder mächtiger wirken. Umgekehrt erzeugt ein High Angle Shot oft eine gefühlte Distanz oder Verletzlichkeit.

Ich nutze diese Begriffe gezielt, um die psychologische Wirkung eines Bildes von Beginn an festzulegen. Wer diese Perspektiven meistert, steuert nicht nur, was die KI zeigt, sondern vor allem, wie der Betrachter das Gezeigte wahrnimmt.

Promptbegriffe	Beschreibung	Wirkung	Einsatz
`top down shot`	Draufsicht, Vogelperspektive, vertikaler Blick von oben nach unten, senkrecht über dem Motiv positioniert	grafisch, kontrolliert, strukturiert	narrative Szenen, Flat-Lays, Food, Produktinszenierung
`high angle shot`	Aufsicht, Kamera oberhalb des Motivs positioniert, mit leichtem Blick nach unten	Unterordnung, Verletzlichkeit, Distanz	narrative Porträts, emotionale Szenen
`aerial shot`	Luftaufnahme, Aufnahme aus deutlicher Höhe, häufig aus der Vogelperspektive	Weite, Überblick, epische Wirkung	Landschaft, Architektur, Establishing Shots
`low angle shot`	Froschperspektive, Kamera unterhalb des Motivs mit Blick nach oben	verstärkt Präsenz, Dominanz und monumentale Wirkung	Porträts, Architektur, Action

Promptbegriffe	Beschreibung	Wirkung	Einsatz
`eye level shot`	Kamera auf Augenhöhe des Motivs	neutral, authentisch und ausgewogen in der Wahrnehmung	dokumentarische Szenen, Interviews, natürliche Porträts
`shoulder level shot`	Kamera ungefähr auf Schulterhöhe, leicht unter Augenhöhe	Nähe, Dialogwirkung, subtile Dynamik	Lifestyle, Gesprächssituationen, Storytelling
`knee level shot`	Kamera etwa auf Kniehöhe ausgerichtet	Bewegung, Dynamik, Körperbetonung	Street, Mode, Actionszenen
`ground level shot`	Bodenperspektive, Kamera direkt am Boden oder bodennah positioniert	dramatische Perspektive, starke Tiefenwirkung	Natur, Tiere, Kinderperspektive, cineastische Szenen
`dutch angle/ tilted shot`	Schrägstellung, Kamera ist seitlich gekippt	Unruhe, Spannung, psychologische Instabilität	Thriller-Ästhetik, Konfliktszenen, experimentelle Fotografie

Promptbegriffe für die Perspektive

Die folgenden Bildbeispiele zeigen, wie unterschiedliche Perspektivbegriffe die Generierung beeinflussen. Weitere Beispiele auf der Website zum Buch.

prompt nature photography, a vintage convertible car seen from above, in the middle of a field in spring, dreamy and peaceful mood, daylight, top down shot, shot on analog film --ar 7:3 --raw

Vogelperspektive

prompt cinematic movie still, an african man in a business suit in a train station, in the year 1995, high angle shot, analog greenish filter, shot on Kodak 35mm film --ar 7:3 --raw

High Angle Shot

Bildabstände als Werkzeug der Fokussierung

Durch die Wahl des Bildabstands steuert man maßgeblich das Verhältnis zwischen Motiv und Raum. Während ein Close-up oder Macro Shot die Aufmerksamkeit radikal auf Details und Emotionen lenkt, nutzt man einen Wide Shot oder Extreme Wide Shot, um die Umgebung zum eigentlichen Hauptdarsteller zu machen.

In der Praxis mit Midjourney habe ich die Erfahrung gemacht, dass Begriffe wie Full Body Shot oder Wide Shot besonders hilfreich sind, um die KI dazu zu zwingen, das Motiv nicht anzuschneiden. Wenn man beispielsweise Details an Schuhen oder die Architektur hinter einer Person zeigen möchte, ist die Wahl der richtigen Einstellungsgröße oft entscheidender als die Beschreibung des Motivs selbst. Man nutzt diese Begriffe also nicht nur für die Ästhetik, sondern auch als technisches Werkzeug, um den Bildausschnitt stabil zu halten.

Promptbegriffe	Beschreibung	Wirkung	Einsatz
`close-up shot`	Nahaufnahme eines Gesichts oder Details	Intimität, emotionale Nähe, Intensität	Porträts, Beauty, emotionale Szenen
`macro shot`	extreme Detailaufnahme	Hyperrealismus, Sinnlichkeit, Fokus auf Struktur	Natur, Pflanzen, Insekten, Produktdetails

Promptbegriffe	Beschreibung	Wirkung	Einsatz
`medium shot`	mittlere Distanz zum Motiv, weder Nahaufnahme noch Totale	Natürlichkeit, Dialogwirkung, Balance	Interviews, Lifestyle, narrative Szenen
`full body shot`	Totale, Ganzkörper im Bild	Körpersprache, Präsenz, Modewirkung	Fashion, Charakterdarstellung, Editorial
`wide shot`	größerer Bildausschnitt mit sichtbarer Umgebung	Atmosphäre, Raumbezug	Storytelling, Interior, Outdoor-Szenen
`long shot`	deutlicher Abstand zum Motiv, Person meist vollständig sichtbar und kleiner im Bild	Beobachtung, Distanz, Isolation	filmische Szenen, dramatische Inszenierungen, Isolation im Raum
`extreme wide shot`	sehr große Distanz, Motiv klein	Einsamkeit, Größenverhältnis	Landschaften, Establishing Shots, Natur

Promptbegriffe für Bildabstände

Anhand einiger Beispiele lässt sich gut nachvollziehen, wie Bildabstände im Prompt das Ergebnis prägen. Weitere Beispiele finden Sie auf der Website zum Buch.

prompt studio photography, a woman with a french bob haircut wearing an oversized navy sweater, in motion blur, light blue studio background, medium shot, analog film shot --ar 7:3 --raw

Halbnahe

prompt cinematic movie still, two men in suits standing on the left and right side, facing each other across an empty road, minimalist film style, long shot, analog film aesthetic --ar 7:3 --raw

Totale

Bildkomposition: Den Blick des Betrachters führen

Die Bildkomposition ist die Grammatik der Fotografie. Während Perspektive und Abstand den Standpunkt festlegen, bestimmt die Komposition, wie die einzelnen Elemente im Bild angeordnet sind und wie das Auge des Betrachters durch die Szene wandert. Man nutzt diese Begriffe in Midjourney, um Ordnung in das visuelle Chaos zu bringen und dem Bild eine klare Struktur zu geben. Ein Klassiker ist die `rule of thirds`, mit der man Spannung erzeugt, indem man das Hauptmotiv bewusst außerhalb der Mitte platziert. Sucht man hingegen Ruhe und Konzentration, ist `centered composition` das Mittel der Wahl. Besonders kraftvoll ist der Einsatz von `negative space`: Hier lässt man bewusst große Teile des Bildes »leer«, um die Wirkung des eigentlichen Motivs massiv zu steigern.

Promptbegriffe	Beschreibung	Wirkung	Einsatz
`symmetrical composition`	symmetrische Komposition, spiegelbildliche oder ausgewogene Anordnung beider Bildseiten	Harmonie, Stabilität, Ordnung, Ruhe	Architektur, Mode, konzeptionelle Porträts
`asymmetrical composition`	asymmetrische Komposition, ungleichmäßige Verteilung visueller Elemente	Spannung, Dynamik, Modernität	Editorial, Street-Fotografie, künstlerische Fotografie

Promptbegriffe	Beschreibung	Wirkung	Einsatz
`rule of thirds`	Motiv entlang der Drittellinien platziert	natürlich, ausgewogen, visuell angenehm	Landschaft, Porträts, Alltagsfotografie
`centered composition`	Hauptmotiv exakt im Zentrum	Klarheit, Fokus, Direktheit	Porträts, Produktfotografie
`off-centered composition`	Motiv bewusst außerhalb der Bildmitte	Spannung, Bewegung, erzählerische Offenheit	Storytelling, Lifestyle, Filmstill-Ästhetik
`minimal composition`	reduzierte Elemente, wenig visuelle Reize	Ruhe, Klarheit, Ästhetik der Leere	Produktfotografie, Editorial, Fine Art
`negative space`	Negativraum, großer freier Raum um das Motiv	Isolation, Fokus, Eleganz	Werbefotografie, Porträts, Branding
`leading lines`	Linien im Bild führen zum Hauptmotiv	Blickführung, Tiefe, Dynamik	Architektur, Landschaft, Street-Fotografie

Promptbegriffe für Bildkompositionen

Wie stark Begriffe für Bildkompositionen die Bildwirkung verändern, zeigen die folgenden Generierungen. Weitere Beispiele finden Sie auf der Website zum Buch.

prompt cinematic photography, an astronaut on Mars, in the style of cinematic movie stills, **symmetrical composition**, shot on analog film --ar 7:3 --raw

Symmetrische Komposition

prompt cinematic photography, an astronaut on Mars, in the style of cinematic movie stills, **asymmetrical composition**, shot on analog film --ar 7:3 --raw

Asymmetrische Komposition

Tipp

In meiner Arbeit nutze ich Begriffe wie `leading lines` oder `symmetrical composition` oft als Korrektiv. Wenn eine Generierung zu unruhig wirkt, hilft eine klare Kompositionsanweisung der KI dabei, Linien und Flächen harmonischer anzuordnen.

6.1.4 Kunst als Inspiration bewusst nutzen

Fotografinnen, Designer und Künstlerinnen orientieren sich seit jeher an visuellen Welten, die sie geprägt haben. Dazu gehören Arbeiten anderer kreativer Köpfe ebenso wie kunsthistorische Epochen, kulturelle Bewegungen und spezifische Stilrichtungen. In der Welt der KI-Generierung wird dieses kollektive visuelle Gedächtnis zu einem der mächtigsten Werkzeuge überhaupt.

Man muss diese Einflüsse dabei nicht zwingend über konkrete Personennamen definieren. Oft genügt schon der Verweis auf eine Epoche, eine künstlerische Richtung oder eine ästhetische Haltung, um eine ganz bestimmte Stimmung oder Farbwelt zu transportieren. Wenn man Begriffe wie `minimalism`, `Bauhaus` oder `pop art` nutzt, gibt man der KI ein riesiges Paket an impliziten Informationen über Licht, Farbe und Formsprache mit.

Ich nutze diese Inspirationen oft als stilistische Klammer. Während man über die Technik (Kamera, Licht, Komposition) das Gerüst baut, verleiht die künstlerische Referenz dem Bild Seele und Charakter. Es geht nicht darum, einen Stil einfach zu kopieren, sondern die gestalterischen Prinzipien einer Ära oder Bewegung zu nutzen, um die eigene Bildidee zu veredeln und eine tiefere emotionale Ebene zu erreichen. Mehr dazu in Kapitel 7, »Kunst und Illustration«. Weitere Beispiele finden Sie auf der Website zum Buch.

prompt editorial photography, fashion shot of an asian female model, inspired by **minimalism** --ar 4:5 --raw

prompt editorial photography, fashion shot of an asian female model, inspired by **pop art** --ar 4:5 --raw

Minimalistisch vs. von Pop-Art inspiriert

6.1.5 Fokus und Tiefenschärfe

Fokus und Tiefenschärfe sind die Werkzeuge, mit denen man bestimmt, wohin der Blick des Betrachters geführt wird, welche Elemente hervortreten und wie räumlich oder intim eine Szene wirkt. Man nutzt eine geringe Tiefenschärfe, um Nähe und Weichheit zu erzeugen und die Konzentration radikal auf ein bestimmtes Detail zu lenken. Im Gegensatz dazu wirkt ein Bild mit durchgehender Schärfe dokumentarisch, sachlich und weitläufig.

In der Arbeit mit Midjourney zeigt sich: Die KI reagiert sehr präzise auf Begriffe aus der Fotografie, die den Schärfeverlauf und die Objektivcharakteristik beschreiben. Ich nutze daher gezielt Depth-of-Field- und Lens-Begriffe, um die visuelle Hierarchie im Bild zu steuern. So lässt sich genau festlegen, ob der Hintergrund in einer malerischen Unschärfe (Bokeh) verschwimmen soll oder ob jedes Detail von vorn bis hinten scharf abgebildet wird. Es ist das finale Mittel, um Tiefe im zweidimensionalen Raum zu simulieren.

Technik	Promptbegriffe	Wirkung	Einsatz
Tiefenschärfe und Fokus	`depth of field`	gezielte Schärfeverlagerung, räumliche Tiefe	Porträts, cineastische Szenen
	`deep focus`	alles im Bild scharf, hohe Detailklarheit	Architektur, Dokumentation
	`foreground in focus`	Vordergrund betont, Hintergrund tritt zurück	Storytelling mit räumlicher Staffelung
	`background in focus`	Motiv im Vordergrund unscharf, Fokus im Raum	experimentelle Perspektiven, narrative Distanz

Weitwinkelobjektive (24–35 mm)	`24mm f/2.8`
	`28mm f/2.0`
	`35mm f/2.8`
	`35mm f/1.4`
		leichte perspektivische Verzerrung, stärkere Raumtiefe, dynamische Bildwirkung	Filmszenen, Street-Fotografie, Landschaft, immersive Szenen

Standardobjektive (40–58 mm)	`50mm f/1.2`
	`50mm f/1.4`
	`50mm f/1.8`
		natürlicher Blickwinkel, ausgewogene Perspektive, universell einsetzbar	dokumentarische Szenen, Porträts, Alltagssituationen

Porträtobjektive (70–105 mm)	`85mm f/1.4`
	`85mm f/1.8`
	`105mm f/1.8`
	`105mm f/2.8`
		sehr weiches Bokeh, komprimierte Perspektive, schmeichelnde Gesichtsdarstellung	Porträtfotografie, Character Shots, Beauty, Fashion

Tele- und Action-Objektive (135–200 mm)	`135mm f/2.0`
	`200mm f/2.8`
	`70-200mm f/2.8`
		komprimierter Raum, starke Hintergrundtrennung, Fokus auf Distanz	Sport, Wildlife, emotionale Close-ups aus der Ferne

Makroobjektive	`60mm macro f/2.8`
	`90mm macro f/2.8`
	`105mm macro f/2.8`
		extremer Fokus, geringe Schärfentiefe bei sehr kurzen Distanzen	Produktfotografie, Naturdetails, Texturstudien

6.2 Porträts und Menschen

Menschen sind die anspruchsvollsten Motive in der Bildgenerierung. Kleine Abweichungen in Proportion, Blick oder Licht werden sofort wahrgenommen. Gerade bei Porträts entscheidet die Feinheit über Glaubwürdigkeit. Die Entwicklung der Modelle zeigt hier deutlich, wie weit die Technologie gekommen ist. Früher waren plastisch wirkende Haut, übermäßige Glättung oder anatomische Fehler wie zusätzliche Finger oder unnatürliche Gliedmaßen keine Seltenheit. Heute kann man sehr realistische Endergebnisse erzielen. Anatomie, Hauttextur und Lichtverhalten sind deutlich stabiler geworden, auch wenn Perfektion weiterhin von Sorgfalt abhängt.

Nähe in den generierten Bildern entsteht über Perspektive und Tiefenschärfe. Mit einer geringen Schärfentiefe isoliert man das Gesicht und erzeugt Intimität, während eine größere Tiefenschärfe dokumentarischer wirkt. Brennweite, Lichtführung und Farbcharakter bestimmen zusätzlich, ob ein Bild nach Fashion, Editorial oder Werbekampagne aussieht. Damit Menschen aber wirklich menschlich wirken, sind subtile Faktoren entscheidend: natürliche Hauttöne, glaubwürdige Lichtverläufe und keine übermäßige Glättung. Zu sterile Haut oder künstliche Übergänge lassen ein Bild schnell generisch erscheinen. Hier kann auch die Weiterverarbeitung eine Rolle spielen. Tools wie der Skin Enhancer von Magnific, bereits in Kapitel 4, »Bildverarbeitung in Midjourney«, erläutert, helfen dabei, Hautstruktur realistisch zu rekonstruieren, ohne sie künstlich wirken zu lassen. Mikrodetails wie Poren, feine Linien oder Lichtreflexe tragen wesentlich zur Authentizität bei.

Links das Midjourney-Bild, rechts angepasst mit Skin Enhancer in Magnific

Auch die Personalization-Funktion von Midjourney (siehe Kapitel 5, »Konsistenz von Styles, Charakteren und Objekten«) kann dazu beitragen, den typischen »Midjourney-Look« in den Personen zu reduzieren. Durch die Anpassung an eine eigene visuelle Handschrift lassen sich generische Stilmerkmale abschwächen und wiederkehrende ästhetische Muster aufbrechen. Gleichzeitig kann Personalization dabei helfen, bestimmte visuelle Bias zu verringern, etwa in Bezug auf Hauttöne, Gesichtszüge oder Stilrichtungen, die sonst überproportional häufig erscheinen. Die generierten Personen wirken dadurch individueller und weniger modelltypisch.

prompt street photography, portrait shot of a woman, natural lighting

Links kein Profil, Mitte »--p Global V7 Profile«, rechts »--p 2purww1 Retro Cinematic Profile«

6.2.1 Porträts: Die Inszenierung von Persönlichkeit

Die Porträtfotografie markiert den Übergang vom reinen Abbild zur bewussten Gestaltung von Charakter und Präsenz. Man bewegt sich hier ständig in einem Spannungsfeld zwischen der authentischen Beobachtung und einer kunstvoll inszenierten Darstellung. Während man bei natürlichen Porträts meist auf Nähe und Unverfälschtheit setzt, betonen Fashion- oder Editorial-Arbeiten eher den Stil, die Haltung und eine bewusste visuelle Dramaturgie.

Im Zentrum steht dabei immer der Mensch. Man nutzt hierfür die gesamte Klaviatur der zuvor besprochenen Fundamente: weiches Fensterlicht für maximale Natürlichkeit, kontrolliertes Studiolicht für handwerkliche Präzision oder eine geringe Schärfentiefe, um das Motiv emotional vom Hintergrund zu isolieren. Ich habe die Erfahrung gemacht, dass bei Midjourney oft nicht das komplexe Setting entscheidend ist, sondern die Sensibilität im Prompting bezüglich Mimik, Hauttextur und Proportionen.

Bereich	Promptbegriff
Medium	natural portrait photography editorial portrait documentary portrait headshot photography
Motiv/Szene	close-up portrait candid moment woman with textured skin subtle facial expression hands gently touching face
Ort/Umgebung	soft indoor setting window light interior minimal neutral background outdoor natural environment urban quiet corner
Stimmung/Emotion	calm introspective soft authentic unposed gentle presence
Licht/Farbe	soft window light diffused daylight muted color palette subtle shadows warm neutral tones
Stil/Genre	editorial shot lifestyle photography minimal portrait documentary style
Komposition/Perspektive	eye level close-up framing medium portrait shot shallow depth of field soft background blur
Inspiration/Technik	85mm f/1.4 (klassischer Porträtlook) 50mm f/1.4 (natürliches Sehen) 105mm f/2.8 (Detailgenauigkeit) 70-200mm f/2.8 (komprimierter Hintergrund) shot on DSLR

Promptliste mit relevanten Begriffen für Porträts

Schauen wir uns nun einige Beispiele für gelungene Porträtgenerierungen an.

prompt editorial photography, medium **portrait shot** of a woman embodying natural beauty with textured imperfect skin, hazel eyes with long natural lashes, soft minimal freckles, soft personality, one hand on her face with pointed natural nails, minimal color palette, **shot on 85mm f/1.4** on a DSLR camera --ar 4:5 --raw

prompt **close-up center-framed portrait** street photography, a young man looking at the camera as he walks by with a soft smile at the camera, in a filled crowd at Times Square in New York City, golden hour, low motion loop --ar 4:5 --raw --stylize 50

85-mm-Porträtaufnahme vs. Nahporträt im Zentrum

Tipps für Porträtprompts

Um den oft zu glatten und künstlichen »KI-Look« zu umgehen, sollten Sie gezielt die physische Realität der Haut betonen. Sie können hierfür Begriffe wie `skin pores`, `fine wrinkles` oder `natural skin texture` nutzen, um der Oberfläche Tiefe zu verleihen. Für einen besonders charakterstarken oder gelebten Look lassen sich spezifische Merkmale wie `facial hair stubble`, `moles` oder sogar `textured imperfect skin` ergänzen – so brechen Sie die digitale Perfektion zugunsten echter Authentizität.

Parallel dazu steuern Sie über den Blickkontakt die psychologische Wirkung: Während `looking at camera` oder `eye contact` eine unmittelbare, fast intime Verbindung zum Betrachter aufbaut, erzeugen Sie mit `pensive gaze` oder `looking off-camera` eine eher beobachtende, narrative Stimmung, die das Porträt wie einen flüchtigen Moment aus einer größeren Geschichte wirken lässt.

6.2.2 Model Shootings

Model Shootings bewegen sich bewusst im Spannungsfeld zwischen präziser Inszenierung und absoluter Kontrolle. Im Gegensatz zu eher zurückhaltenden, natürlichen Porträts steht hier weniger die dokumentarische Nähe im Vordergrund, sondern vielmehr Präsenz, Haltung und eine klare visuelle Dramaturgie. Man nutzt Kleidung, Pose und Licht hier als aktive Werkzeuge, um Stil und eine spezifische Aussage zu transportieren.Während bei klassischen Porträts oft die Authentizität dominiert, geht es beim Model Shooting verstärkt um Form, Linienführung und die rein visuelle Wirkung. Der Körper wird hier zum integralen Teil der Komposition. Man kann das Licht deutlich härter setzen, Kontraste schärfer betonen und Farben kontrollierter steuern, um eine fast grafische Bildwirkung zu erzielen. Ich nutze in diesem Bereich oft eine gezielte Lichtführung, um die Dynamik der Pose zu unterstreichen und das Motiv vom Hintergrund abzuheben. Wer ein Model Shooting generiert, sollte also weniger an den »Moment« denken, sondern das Bild wie ein sorgfältig komponiertes Designobjekt betrachten.

Bereich	**Promptbegriff**

Medium	`fashion photography`
	`editorial fashion photography`
	`commercial fashion shoot`
	`high-end fashion photography`

Motiv/Szene	`fashion model posing confidently`
	`dynamic pose`
	`strong body posture`
	`runway-inspired stance`

Ort/Umgebung	`urban rooftop`
	`minimalist studio backdrop`
	`fashion week backstage`
	`industrial setting`
	`architectural environment`

Stimmung/Emotion	`confident`
	`bold`
	`elegant`
	`powerful`
	`detached`
	`dramatic`

Licht/Farbe	`dramatic lighting`
	`high contrast`
	`controlled highlights`
	`studio key light`
	`rim lighting`
	`strong shadow definition`

Bereich	Promptbegriff

Stil/Genre	`editorial`
	`vogue-inspired`
	`high fashion`
	`luxury aesthetic`
	`avant-garde`

Komposition/Perspektive	`full-body shot`
	`three-quarter shot`
	`low angle`
	`dynamic framing`
	`centered composition`
	`elongated proportions`

Inspiration/Technik	`85mm f/1.8`
	`70-200mm f/2.8`
	`sharp focus`
	`studio setup`
	`clean background separation`

Promptliste mit relevanten Begriffen für Model Shootings

Hier ein Beispiel für ein Model Shooting, generiert mit Midjourney.

> **prompt** **fashion editorial photography**, a black model wearing minimal couture fashion posing in a sculptural pose, **studio lighting with dramatic contrast and deep shadows**, warm amber color tones, shot on DSLR --ar 4:5 --raw

Fashion-Editorial mit dramatischem Studiolicht

Wie Licht das Setup verändert

Das Motiv kann identisch bleiben, doch das Licht entscheidet über die gesamte Wirkung des Bildes: Stimmung, Markencharakter und ästhetische Richtung. Schon kleine Veränderungen in Lichtfarbe, Härte oder Kontrast verschieben die Wahrnehmung deutlich. Weißes Studiolicht wirkt neutral und hochwertig. Hartes, kontrastreiches Licht erzeugt Dramatik und betont Strukturen. Warmes Studiolicht vermittelt Nähe und Emotionalität, während kühles Licht Distanz und Modernität erzeugt.

Dieser Effekt ist besonders in der Modefotografie und im Branding relevant, wo Licht nicht nur ästhetische, sondern auch strategische Funktion hat. Warmes Licht wird häufig für Lifestyle-Marken, Herbst- und Winterkollektionen oder Kampagnen eingesetzt, die Geborgenheit und Authentizität vermitteln sollen. Kühles Licht findet sich dagegen oft in der Sportmode, bei Tech-Brands oder in Editorial-Strecken, die auf Klarheit und Modernität setzen. Die Wahl der Lichtfarbe ist also nie rein technisch – sie ist immer auch eine gestalterische Entscheidung.

prompt fashion studio photography, a woman sitting atop of a white pedestal block, white tight t-shirt, wide-leg denim pants, black vans shoes, minimalist background, **[warm/cool]**, shot on DSLR --ar 4:5 --raw

Links: Warmes Studiolicht – eine erhöhte Farbtemperatur im unteren Kelvin-Bereich (ca. 3200–4000 K) verleiht dem Bild eine modische, leicht nostalgische Wärme. Rechts: Kühles Studiolicht – höhere Kelvinwerte (ca. 5600 K und darüber) erzeugen eine sachlichere, cleane Ästhetik, die besonders gut mit minimalistischen Setups harmoniert.

PRAXIS

Split Image als strategisches Werkzeug

Mit einem präzisen Prompt lässt sich in Midjourney eine Bildkomposition erzeugen, in der dieselbe Person mehrfach innerhalb eines einzigen Frames erscheint. Besonders im Fashion- oder Kampagnenkontext ist das extrem hilfreich, wenn man unterschiedliche Perspektiven einer Persona zeitgleich benötigt, wie etwa einen Close-up Shot für die Mimik und einen Full Body Shot für das gesamte Styling. Der Vorteil liegt hierbei nicht nur in der rein ästhetischen Gestaltung. Wenn man mehrere Ansichten derselben Person innerhalb eines Bildes erzeugt, schafft man sich damit eine verlässliche visuelle Referenzbasis. Gesichtszüge, Proportionen, Haare und die gesamte Haltung werden so simultan aus unterschiedlichen Blickwinkeln definiert.

Für mich ist dieser Ansatz ein entscheidender Hebel, um später konsistente Bildstrecken mit derselben Persona aufzubauen. Die visuelle Identität wird durch das Split Image klar etabliert und lässt sich in darauffolgenden Generierungen deutlich gezielter reproduzieren oder variieren. Man nutzt das Einzelbild also quasi als »Styleguide« für ein ganzes Projekt.

prompt editorial vogue photography, male model in his thirties in british-inspired business clothing, medium-short loosely styled hair with blonde highlights, outdoor London shooting, strong brown and amber color palette, **split image with a close-up portrait shot and an overview shot** --ar 16:9 --raw

Der entscheidende Bestandteil ist die klare Formulierung:`split image with [VIEW 1] and [VIEW 2]`

Mit Split Image generierte konsistente Charakter

Um diesen Effekt in Midjourney zu provozieren, nutzt man im Prompt Begriffe wie `split image`, `multiple views of the same person` oder `diptych/triptych`. Ich empfehle zudem, die gewünschten Einstellungsgrößen direkt zu kombinieren, wie z. B. `split image with a close-up portrait and overview shot`. Um die Konsistenz der Kleidung und Merkmale zu sichern, kann man im Prompt auch zusätzlich spezifische Details zu Texturen und Farben angeben, z. B. `wearing a structured navy wool blazer`. So stellt man sicher, dass die KI die Persona in allen Bildsegmenten identisch interpretiert und man eine perfekte Vorlage für weitere konsistente Charaktergenerierungen erhält.

Im nächsten Schritt kann ein solches Split Image als Grundlage für weitere Bildgenerierung genutzt werden, etwa mit Tools wie Nano Banana Pro, um zusätzliche Perspektiven oder Szenen derselben Persona zu entwickeln. Weitere Beispiele für generierte Bilder und den Prompt für die Ergebnisbilder der Abbildung finden Sie auf der Website zum Buch.

6.3 Action

Bewegung ist eines der wirkungsvollsten Mittel, um Bildern Lebendigkeit und Spannung zu verleihen. In der Arbeit mit Midjourney zeigt sich schnell: Die KI reagiert extrem stark darauf, wie Bewegung im Prompt beschrieben wird. Man entscheidet hier darüber, ob ein Motiv wie eingefroren wirkt, ob es sich rasend schnell durch den Raum bewegt oder ob die gesamte Szene ein Gefühl von Energie, Chaos oder fließendem Flow vermittelt.

Begriffe wie `motion blur`, `panning camera effect` oder `dynamic angle shot` helfen der KI zu verstehen, wie diese Bewegung im Bild sichtbar werden soll. Man bestimmt damit, ob das Motiv trotz Action klar und präzise eingefangen bleibt oder ob die Geschwindigkeit durch gezielte Unschärfen und Richtungsimpulse betont wird.

Im professionellen Promptaufbau unterscheidet man hierbei grundlegend: Entsteht die Dynamik durch die Bewegung innerhalb des Motivs, durch das Spiel mit dem Licht oder durch die Komposition selbst? Ich nutze diese Unterscheidung gezielt, um festzulegen, ob die Geschwindigkeit durch einen optischen Effekt (Kamerabewegung), die physische Action der Szene oder eine spannungsgeladene Bildkomposition erzeugt wird.

Promptbegriffe	**Beschreibung**	**Wirkung**	**Einsatz**
`motion blur effect`	Bewegungsunschärfe einzelner Objekte durch simulierte oder reale Bewegungszeit	Geschwindigkeit und visuelle Dynamik	Action-Szenen, laufende Figuren, Fahrzeuge, Sportmotive
`dynamic blur effect`	selektive oder verstärkte Unschärfe zur Betonung einer Bewegung, oft stärker stilisiert als klassischer Motion-Blur	Dramatik, erhöhte Intensität, Bewegung wirkt expressiv	stilisierte Szenen, Werbe-Visuals, energiegeladene Narrative
`panning camera effect`	Kamera folgt einem bewegten Objekt, Hintergrund wird horizontal verwischt	Gefühl von Mitgehen oder Verfolgen	laufende Personen, Tiere, Fahrzeuge, Sportdarstellungen

Promptbegriffe	Beschreibung	Wirkung	Einsatz
`long exposure (light) shot`	Simulation langer Belichtungszeit mit Lichtspuren oder Bewegungsziehen	Zeit wird sichtbar gemacht, poetische/atmosphärische Wirkung	Nachtaufnahmen, urbane Szenen, Lichtinstallationen, abstrakte Visuals
`dynamic angle shot`	schräger oder ungewöhnlicher Kamerawinkel zur Verstärkung von Bewegung oder Spannung	Instabilität, Energie, Dramatik	Action-Szenen, emotionale Zuspitzung
`action shot`	Momentaufnahme einer Bewegung im Höhepunkt der Aktion	Unmittelbarkeit, Präsenz, Momenthaftigkeit	Sport, Tanz, Sprungbewegungen, expressive Szenen
`kinetic composition`	Komposition, die durch Linienführung, Perspektive und Anordnung Bewegung suggeriert	auch ohne reale Bewegung entsteht Dynamik	narrative Szenen
`energy-filled composition`	Bildaufbau mit diagonalen Linien, Kontrasten und Spannungen	visuelle Kraft, Aufladung, Tempo	plakative Visuals, Kampagnenmotive
`sense of motion`	subtile Andeutung von Bewegung durch Pose, Stoff, Haare oder Partikel	Natürlichkeit, Lebendigkeit, organische Dynamik	Sport, Tanz, Sprungbewegungen, expressive Szenen

Promptbegriffe für Bewegung

Auch hierzu wollen wir uns einige Beispiele ansehen. Weitere Beispiele finden Sie auf der Website zum Buch.

Sense of motion

Nicht jede Dynamik braucht tatsächliche Bewegungsunschärfe. Wehende Haare, flatternde Stoffe, aufgewirbelter Staub oder Wasserspritzer können einem Bild bereits Lebendigkeit verleihen, ohne dass ein einziges Pixel unscharf sein muss. Der Prompt-Begriff `sense of motion` greift genau dieses Prinzip auf und eignet sich besonders für Porträts oder Modefotografie, wenn die Bewegung subtil wirken soll.

prompt cinematic still, a person running captured with motion blur effect, natural daylight, fashion editorial style, shallow depth of field --ar 7:3 --raw

Lauf mit Bewegungsunschärfe – klassischer Motion-Blur bei geringer Tiefenschärfe

prompt nature photography, a leopard running captured with panning camera effect, golden hour, shot on DSLR --ar 7:3 --raw

Mitzieher-Effekt – scharfes Motiv bei verwischtem Hintergrund durch Panning

PRAXIS

Schnelligkeit mit Autos

Kaum ein Motiv transportiert Dynamik so unmittelbar wie ein Auto in Bewegung. Man erzählt Geschwindigkeit dabei jedoch nicht nur über das Objekt selbst, sondern vor allem über das Zusammenspiel von Licht, Perspektive und Unschärfe. Während ein statisch inszeniertes Fahrzeug primär Kontrolle und Design betont, erzeugen gezielte Bewegungsunschärfen, tiefe Kamerapositionen oder seitliche Mitzieher eine spürbare, fast physische Energie.

Schnelligkeit entsteht für mich im Bild weniger durch das Auto allein, sondern durch die visuelle Inszenierung von Bewegung: Linien werden gestreckt, Hintergründe verschwimmen in einem linearen Motion-Blur, und Reflexionen scheinen förmlich über die Karosserie zu wandern. Man nutzt hierbei die Umgebung als Geschwindigkeitsmesser – je stärker die Strukturen der Straße oder der Landschaft verwischen, desto dynamischer wirkt das Fahrzeug.

prompt cinematic **action shot**, top down side profile view of a red F1 car zooming past with **motion blur**, symmetrical **energy-filled composition**, shot on analog film, film grain --ar 4:5 --raw

prompt **drone shot photography**, **aerial shot** of a white VW beetle car in the middle of the road in New York City at night, double exposure with **blurred zoom in effect**, **lighting techniques**, shot on DSLR --ar 3:4 --raw

Action-Mitzieher in symmetrischer Komposition – Motion-Blur und Filmkorn verstärken den Geschwindigkeitseindruck.

Drohnen-Luftaufnahme mit Zoom-Blur – Doppelbelichtung und Lichtspuren verstärken die nächtliche Dynamik.

Das bewusste Einsetzen von Moodboards, Personalization oder SREF-Codes hilft, wenn man gezielt bestimmte Stimmungen in ein Bild übertragen möchte. Statt Parameter neu zu definieren, kann eine zuvor entwickelte visuelle Handschrift konsistent weitergeführt werden. Beispiel hierfür ist mein Profil »Dark Mood Photography« mit dem Code `--p x4ncrbk`. Durch die Verwendung dieses Profils werden dunklere Tonwerte, stärkere Kontraste und eine insgesamt dramatischere Lichtstimmung automatisch in die Generierung integriert. Weitere Beispiele finden Sie auf der Website zum Buch.

prompt cinematic movie still, F1 car details closeup at **hyper-speed**, **sweeping lines**, luxury and relentless mood, dreamlike composition --ar 4:5 --raw --profile x4ncrbk

Detailaufnahme im »Dark Mood«-Profil

prompt cinematic movie still, a blue SUV car **speeds** through a tunnel-like structure, fast shutter speed to **freeze the motion creating a sense of speed and dynamic**, shot on DSLR --ar 16:9 --raw

Eingefrorene Bewegung – die kurze Verschlusszeit stoppt das Fahrzeug trotz hoher Dynamik im Tunnel.

prompt cinematic movie still, **dutch angle** view of an red racing car racing through desert at **incredible speed**, **selective focus** --ar 16:9 --raw

Dutch Angle – schräge Kameraperspektive steigert das Tempo- und Spannungsgefühl.

6.4 Film und Werbung

Film und Werbung arbeiten mit extrem verdichteten Bildern. Jede einzelne Einstellung trägt hier eine spezifische Bedeutung, eine klare Stimmung und eine narrative Richtung. Im Gegensatz zu rein dokumentarischen Motiven geht es in diesen Bereichen primär um Inszenierung, Dramaturgie und eine sofortige Wiedererkennbarkeit.

6.4.1 Filmgenre bestimmen

Man nutzt ein einzelnes Bild hierbei so, dass es bereits wie ein Filmstill oder wie das Key Visual einer großen Kampagne wirkt. Genre-Begriffe helfen dabei, diese visuelle Richtung in Midjourney präzise zu definieren. Sie transportieren ganze Pakete an Erwartungshaltungen, Farbwelten und Lichtstimmungen. Ich nutze diese Referenzen oft als »visuellen Anker«: Wer ein Bild im Stil eines Indie- oder Fantasy-Films anlegt, bestimmt damit automatisch die gesamte emotionale Tonalität und die handwerkliche Qualität der Generierung.

Genre (Medium) als Promptbegriff	Beschreibung	Wirkung
`indie`	unabhängige Filmästhetik, oft reduziert, realistisch	intim, authentisch, nahbar
`western`	weite Landschaften, Staub, dramatische Kontraste	heroisch, retro
`horror`	dunkle Lichtführung, Spannungselemente	bedrohlich, unruhig
`sci-fi`	Zukunftsvisionen, Technologie	kühl, visionär
`cyberpunk`	Neon, Nacht, urbane Dystopie	futuristisch, dystopisch
`action`	Dynamik, Bewegung, starke Kontraste	energetisch, kraftvoll
`fantasy`	magische Elemente, epische Settings	märchenhaft, episch
`dark fantasy`	dunkle Märchenwelt	mystisch, bedrohlich
`film noir`	starkes Schwarz-Weiß, harte Schatten	düster, kontrastreich

Promptbegriffe für Filmgenres

Hier sind der Phantasie keine Grenzen gesetzt. Schauen Sie sich die Beispiele an (weitere auf der Website zum Buch).

prompt indie cinematic movie still, young woman standing alone at a rural bus stop at dusk, natural lighting, subtle film grain, shallow depth of field --ar 16:9 --raw

Indie-Drama mit natürlichem Dämmerungslicht und subtiler Filmkörnung

prompt sci-fi cinematic movie still, astronaut kneeling beside a colossal crashed spacecraft engine, isolated alien terrain under a starry sky, heavy mist, wide cinematic framing --ar 16:9 --raw

Epische Sci-Fi-Szene mit monumentaler Weite und nebeliger Atmosphäre

6.4.2 Filmstil angeben

Während das Genre die narrative Grundrichtung vorgibt, beeinflusst der Style-Zusatz die ästhetische Ausarbeitung. Auch hier finden Sie weitere Beispiele auf der Website zum Buch.

Style als Promptbegriff	Beschreibung	Wirkung
`70s aesthetic`	warme Töne, weiche Kontraste, Filmkorn	nostalgisch, retro
`80s aesthetic`	Neon, starke Kontraste, kräftige Farben	nostalgisch, retro
`90s aesthetic`	natürlicher Look, dokumentarische Anmutung	nostalgisch, retro
`Y2K aesthetic`	Glanz, futuristische Tech-Elemente	verspielt, digital
`lo-fi style`	bewusst unperfekt	intim, nostalgisch
`grunge aesthetic`	dunkle Töne, Textur, Unschärfen	rau, rebellisch
`dreamlike style`	weiche Übergänge, Lichtschleier	poetisch, verträumt

Promptbegriffe für Style-Zusätze

prompt street photography, 70s aesthetic --ar 16:9 --raw

Street-Fotografie im 70er-Jahre-Look mit analogem Flair

prompt documentary photography, 80s aesthetic --ar 16:9 --raw

Dokumentarische Aufnahme im 80er-Stil mit authentischer Alltagsästhetik

PRAXIS

Authentizität im Werbebild

Werbliche Bildwelten bewegen sich zwischen Fotografie und Film. Ein starkes Key Visual muss im Vorbeigehen funktionieren, großflächig lesbar sein und emotional unmittelbar wirken. Gleichzeitig kann es als visuelle Grundlage für eine spätere Bewegtbildproduktion dienen.

Die hier gezeigte Ästhetik folgt genau diesem Prinzip: warmes Morgenlicht, cineastische Tiefenschärfe, ruhige Komposition und mit einer emotionalen Nähe zum Motiv. Das Bild ist klar strukturiert mit Eigenschaften, die sowohl für OOH-Plakate als auch für digitale Kampagnen entscheidend sind. Solche Motive funktionieren doppelt: als eigenständige Werbefotografie und als möglicher Start-Frame für eine filmische Weiterentwicklung innerhalb von Midjourney wie aber auch mit Kling oder VEO 3.1.

Dabei zeigt sich, dass man mit einem präzise formulierten Prompt eine konsistente Bildwelt aufbaut, ganz ohne SREF-Codes oder zusätzliche Style References. Entscheidend ist die klare Definition des Mediums, hier etwa `commercial ad photography`, kombiniert mit einer stimmigen Beschreibung von Licht, Stimmung und technischer Umsetzung. Konsistenz entsteht nicht durch externe Stilvorgaben, sondern durch eine bewusste, wiederholbare Promptstruktur. Weitere Beispiele dazu finden Sie auf der Website zum Buch.

prompt commercial ad photography, medium shot of a cow standing in a field of yellow flowers, warm morning sunshine, cinematic serene and wholesome mood, captured with an 50mm f/1.8 lens, medium shot --ar 7:3 --raw

Kuh im Morgenlicht mit warmer Werbeästhetik

prompt commercial ad photography, overview shot of a little boy running and playing on a farm with chicken around him, warm morning sunshine, cinematic serene and wholesome mood, captured with an 50mm f/1.8 lens, medium shot --ar 7:3 --raw

Spielendes Kind zwischen Hühnern im Gegenlicht

prompt commercial ad photography, medium shot of an elder farmer laughing while a cat stands on his shoulders on a farm, warm morning sunshine, cinematic serene and wholesome mood, captured with an 50mm f/1.8 lens, medium shot --ar 7:3 --raw

Der Bauer im gleichen Look

6.5 Analoge Fotografie

Analoge Fotografie ist für mich weit mehr als nur ein technisches Relikt – sie ist die Sehnsucht nach dem Unperfekten, dem Haptischen und dem Zeitlosen. In einer Welt aus klinisch reinen, digitalen Pixeln nutzen wir die Ästhetik des Films, um Bildern eine Seele zu verleihen. Analoge Filme besitzen eine ganz eigene DNA: charakteristische Körnung, sanfte Lichtüberstrahlungen und Farbpaletten, die Geschichten von vergangenen Jahrzehnten erzählen.

In Midjourney lässt sich diese organische Wärme erstaunlich präzise reproduzieren. Man nutzt gezielte Filmnamen nicht nur als Filter, sondern als emotionale Grundierung. Ein Kodak Portra 400 verleiht einem Porträt sofort diese typischen, schmeichelhaften Hauttöne und ein Gefühl von spätsommerlicher Geborgenheit. Wählt man hingegen einen Ilford FP4, taucht man die Szene in einen zeitlosen, dokumentarischen Schwarz-Weiß-Look mit kräftigen Kontrasten und einer feinen Silberkorn-Struktur.

6.5.1 Begriffe für die Analogfotografie

Ich nutze diese analogen Referenzen häufig, um die »digitale Glätte« der KI zu brechen. Es geht darum, das Bild nicht nur zu sehen, sondern es fast fühlen zu können – die Textur des Papiers, das Rauschen im Schatten und die chemische Magie einer alten Emulsion.

Technik	Promptbegriffe	Wirkung
Farbnegativfilme (color negative film) Diese Filme liefern weiche Kontraste, natürliche Farben und eine typische analoge Ästhetik.	`Kodak Portra 400`	neutral, hautfreundlich, weich, klassischer 90s-Look
	`Fujifilm Pro 400H`	kühler, grünlich-zyaniger Unterton, moderner Editorial/Fashion-Vibe
	`Cinestill 800T`	deutlich kühler Tungsten-Look, bläuliche Schatten, rot-oranger Halation, Nachtszenen mit Neon extrem unterscheidbar
Farb-Umkehrfilme (color slide/reversal film) Höhere Sättigung, härtere Kontraste, deutlichere Farbcharakteristik.	`Fujifilm Velvia 50`	sehr hohe Sättigung, starker Kontrast, extrem leuchtende Farben, wirkt dramatisch und intensiv

Technik	Promptbegriffe	Wirkung
Farb-Umkehrfilme (color slide/reversal film) (Forts.)	`Fujifilm Velvia 100`	hohe Sättigung, klar und brillant, etwas weniger extrem als Velvia 50, wirkt lebendig und präsent
	`Kodak Ektachrome`	kühler, klarer Look, mittlerer Kontrast, weniger gesättigt, wirkt präzise und moderner
Schwarz-Weiß-Filme (black & white film) Klare Texturen, charakteristische Körnung, zeitlose Bildwirkung.	`Ilford FP4 Plus 120`	weiches Schwarz-Weiß mit feiner Körnung, breite Tonwerte, klare Mitteltöne, ideal für Porträt und Dokumentation
	`Kodak Tri-X 400`	klassischer Schwarz-Weiß-Film mit markanter Körnung, hohem Kontrast, tiefen Schatten und einem unverwechselbar dokumentarischen Look

Promptbegriffe für Analogfotografie

Tipp

Um die volle emotionale Tiefe der analogen Welt auszuschöpfen, sollten Sie die spezifische Charakteristik der Filme kennen. Während ein **Fujifilm Velvia** für seine fast surrealen, leuchtenden Farben und tiefen Schwarztöne bekannt ist (ideal für Landschaften), erzeugt ein **Kodak Gold 200** diesen nostalgischen Familienalbum-Vibe der 90er-Jahre mit warmen Gelbstichen. Ich empfehle zudem, technische Begriffe wie `expired film`, `light leaks` oder `grainy texture` zu ergänzen, wenn Sie den Look eines zufälligen, ungeschönten Fundstücks erzielen möchten. Wenn Sie tiefer in diese visuelle Schatzkiste eintauchen wollen, finden Sie unter *www.filmtypes.com* eine hervorragende Übersicht mit Bildbeispielen zu verschiedenen Kameras und Filmtypen.

Am Beispiel eines konsistenten Charakters werden die Filmästhetiken jetzt visualisiert. Weitere Beispiele finden Sie auf der Website zum Buch.

prompt portrait cinematic photography, frontal portrait shot of a 21 year-old man with a blonde buzzcut, shot on **Fujifilm Velvia 100** --ar 7:3 --raw

Kontrastreicher Velvia-100-Slide-Look

prompt portrait cinematic photography, frontal portrait shot of a 21 year-old man with a blonde buzzcut, shot on **Kodak Tri-X 400** --ar 7:3 --raw

Kontrastreiches Schwarz-Weiß im Tri-X-Look

6.5.2 Kameratypen

Kameratypen sind im Prompting keine technischen Spezifikationen, sondern gezielte Anweisungen für eine bestimmte Bildwirkung. Sie definieren, wie kontrolliert, roh oder unmittelbar ein Bild auf den Betrachter wirkt. Dabei geht es nicht um die Simulation exakter Hardware-Daten, sondern um die damit verbundene gestalterische Haltung. Man nutzt diese Begriffe, um der KI eine klare Richtung für die Bildästhetik vorzugeben. Eine Hasselblad steht für maximale Detailtiefe, Klarheit und eine hochwertige, kommerzielle Anmutung. Im Gegensatz dazu assoziiert man mit einer Disposable Camera eher den ungestellten, flüchtigen Moment, direkt, nah und mit einer organischen Schärfe. Folgende Kameratypen bieten sich für einen Prompt an:

- Analoge 35mm: Natürliches Filmkorn, warme Farben, zeitlose Ästhetik
- Hasselblad Mittelformat: Extreme Detailschärfe, Bokeh, dreidimensionale Tiefe
- Polaroid/Instax: Warme Töne, weicher Kontrast
- Einwegkamera (disposable camera): Blitzlicht, Körnigkeit, authentischer Lo-Fi-Look
- Lomografie: Vignettierung, Farbverschiebungen
- Super 8: Starkes Korn, warme Farben, nostalgischer Filmcharakter
- Großformat (large format): Extreme Schärfe, minimale Tiefenschärfe
- DSLR: Clean, scharf, professionell, vielseitig
- Leica: Präzise Schärfe, Bokeh, dokumentarischer Charakter
- GoPro/Action Cam: Extremer Weitwinkel, Verzerrung
- Drohnenkamera: Vogelperspektive, epische Weite
- RED/ARRI Cinema: Cinematischer Look, hoher Dynamikumfang, Filmlook
- VHS-Camcorder: Scanlines, Farbverfälschungen, 80er/90er-Retro-Ästhetik

Die Wahl der Kamera im Prompt ist somit ein Werkzeug, um den zeitlichen und emotionalen Kontext eines Bildes festzulegen. Weitere Bilder finden Sie auf der Website zum Buch.

prompt portrait cinematic photography, frontal portrait shot of a 21 year-old man with a blonde buzzcut, shot on a **polaroid camera** --ar 4:5 --raw

prompt portrait cinematic photography, frontal portrait shot of a 21 year-old man with a blonde buzzcut, shot on a **Hasselblad medium format camera** --ar 4:5 --raw

Links: Kameratyp: Polaroidkamera; Rechts: Bildgestaltung mit Hasselblad-Kamera

PRAXIS

Überzeichnete Retro-Inszenierung

Analoge Referenzen müssen nicht realistisch bleiben. Sie können auch bewusst überzeichnet eingesetzt werden. Ein Beispiel dafür sind stark stilisierte, retro anmutende Bildwelten, etwa überdimensioniertes Obst und Gemüse in Studiokulissen, fotografiert wie eine Werbekampagne aus den 1950er-Jahren, oder eine Bilderreihe, die in einem Museum hängen könnte.

Dabei geht es weniger um historische Genauigkeit als vielmehr um das bewusste Zitieren einer visuellen Epoche. Spezifische Einstellungen zu Farbe, Korn, Kontrast und Licht erzeugen beim Betrachter sofort das Gefühl einer Zeitreise. Die Analogie zum klassischen Filmlook fungiert hier als ästhetische Bühne für ein Motiv, das in der Realität so nie existiert hat, durch die vertrauten visuellen Codes aber dennoch glaubwürdig und hochwertig wirkt.

prompt **Ilford XP2 Super 120 film photography**, wide shot, side view of a young woman with short dark hair in the style of the 50s holding an enormously giant kale leaf on her head, artsy, studio white background --ar 16:9 --raw --v 7

Schwarz-Weiß-Inszenierung im 50er-Jahre-Stil mit surreal übergroßem Grünkohlblatt

prompt **Ilford XP2 Super 120 film photography**, wide shot, side view of twin kids in the style of the 50s climbing on an enormously giant apple, artsy, studio white background --ar 16:9 --raw --v 7

Retro-Szene mit Zwillingen auf überdimensioniertem Apfel in klassischer Studioästhetik

prompt **Ilford XP2 Super 120 film photography**, wide shot, side view of a 50-year-old man with wearing a white shirt and denim jeans in the style of the 50s holding an enormously giant banana on his shoulders, artsy, studio white background --ar 16:9 --raw --v 7

Retro-Szene mit überzeichneter Banane

PRAXIS

Dokumentarische Vergangenheit als Konstruktion

Die Analog-Ästhetik lässt sich gezielt einsetzen, um eine scheinbar historische Dokumentation zu erschaffen. Man nutzt diesen Effekt, um fiktive Szenarien, wie z. B. eine fotografische Serie über Zirkusartisten aus den 1920er-Jahren, so zu inszenieren, dass sie die Authentizität einer echten Reportage vermitteln. Dabei arbeitet man mit visuellen Codes, die wir intuitiv als »echt« abspeichern: starke Schwarz-Weiß-Kontraste, ausgeprägtes Filmkorn und eine sehr zurückhaltende Farbigkeit lassen Bilder entstehen, die wie archivierte Zeitzeugnisse wirken. Dieser analoge Look schafft ein grundlegendes Vertrauen in eine Vergangenheit, die visuell vollkommen plausibel erscheint, selbst wenn sie rein fiktiv ist. Man nutzt die Technik hier als Werkzeug, um die Grenze zwischen Dokumentation und Inszenierung zu verwischen.

prompt **black and white photography**, african female acrobat with hoolahoops in a circus **in the year 1926**, circus background from the 1920s, **historical documentary shot** --ar 4:3 --raw

Historische Zirkusaufnahme einer Akrobatin

prompt **black and white photography**, a masculine muscular acrobat with a moustache in the circus **in the year 1926**, circus background from the 1920s, **historical documentary shot** --ar 4:3 --raw

Acrobat vor dem Zirkuszelt

prompt **black and white photography**, a clown putting on make-up in a mirror for circus **in the year 1926**, circus background from the 1920s, **historical documentary shot** --ar 4:3 --raw

Trauriger Clown

6.6 Lifestyle- und Produktfotografie

Lifestyle- und Produktfotografie sind in der Praxis eng verknüpft. Während die klassische Produktfotografie das Objekt klar, sachlich und verkaufsorientiert inszeniert, zeigt die Lifestyle-Fotografie das Produkt im Anwendungskontext eingebettet in eine Geschichte, Stimmung oder Alltagssituation.

6.6.1 Produktfotografie

Produktfotografie bewegt sich im Spannungsfeld zwischen technischer Perfektion und erzählerischem Kontext. Man entscheidet hier grundlegend zwischen der isolierten Inszenierung im kontrollierten Raum und der lebendigen Integration in eine reale Umgebung.

Im Studio steht das Produkt im absoluten Zentrum. Man nutzt hier reduzierte Hintergründe und klar definierte Lichtquellen, um maximale Kontrolle über Reflexionen und Schatten zu behalten. Oberflächen wirken sauber, Farben werden präzise wiedergegeben, und jedes Detail wird scharf herausgearbeitet. Besonders in der Kosmetik- oder Make-up-Fotografie entscheidet diese kontrollierte Lichtführung maßgeblich darüber, wie Texturen, Glanz und Materialeigenschaften auf den Betrachter wirken. Ich nutze hier oft sehr spezifische Begriffe zur Lichtsetzung, um der KI vorzugeben, wie sie Highlights auf Glas oder die Mattierung von Oberflächen interpretieren soll.

Bereich	**Promptbegriffe**

Medium	`product photography`
	`studio product photography`
	`commercial product shot`
	`high-end product photography`

Motiv/Szene	`make-up product on pedestal`
	`cosmetic bottle floating`
	`perfume on reflective surface`
	`minimal product arrangement`

Ort/Umgebung	`seamless paper backdrop`
	`clean white studio`
	`matte neutral background`
	`glossy acrylic surface`
	`mirror base`

Stimmung/Emotion	`clean`
	`luxurious`
	`precise`
	`controlled`
	`minimal`

Bereich	Promptbegriffe

Licht/Farbe	`softbox lighting`
	`controlled highlights`
	`rim lighting`
	`high-key lighting`
	`low-key dramatic lighting`
	`balanced color tones`

Stil/Genre	`luxury commercial`
	`beauty campaign`
	`minimalist aesthetic`
	`premium branding`

Komposition/Perspektive	`centered composition`
	`symmetrical framing`
	`close-up macro shot`
	`flat lay`
	`three-quarter product angle`

Inspiration/Technik	`100mm macro lens` `sharp focus`

Promptliste mit relevanten Begriffen für Studio-Settings

Sehen wir uns ein Beispiel an. Weitere Bilder finden Sie auf der Website zum Buch.

prompt **studio product photography**, close-up shot of a gold ring placed inside a luxury jewlery ring box, turquoise background, **commercial photography style**, **high-end editorial mood** --ar 16:9 --raw

Ring im Editorial-Produktstil

6.6.2 Lifestyle-Fotografie

Die Lifestyle-Fotografie hingegen lebt vom Kontext. Hier geht es weniger um das isolierte Objekt als um die Stimmung und die Welt, in der es existiert. Man nutzt die Umgebung, um eine Geschichte zu erzählen und das Produkt organisch in den Alltag einzubetten. Licht und Schatten dürfen hier zufälliger wirken, um Authentizität zu vermitteln. Das Ziel ist es, nicht nur ein Produkt zu zeigen, sondern ein Gefühl oder einen Lebensstil zu verkaufen. Weitere Beispiele finden Sie auf der Website zum Buch.

Bereich	**Promptbegriff**

Medium	`lifestyle product photography`
	`editorial product shoot`
	`photography food styling`

Motiv/Szene	`make-up product on bathroom sink`
	`coffee cup on wooden table`
	`wine bottle during dinner scene`
	`skincare routine in morning light`

Ort/Umgebung	`natural home interior`
	`sunlit kitchen`
	`outdoor café setting`
	`beach picnic scene`
	`rustic wooden table`

Stimmung/Emotion	`warm/authentic/relatable/` `inviting/casual`

Licht/Farbe	`natural lighting`
	`golden hour lighting`
	`soft shadows`
	`warm tones`
	`subtle color grading`

Stil/Genre	`luxury commercial`
	`beauty campaign`
	`minimalist aesthetic`
	`premium branding`

Komposition/Perspektive	`candid framing`
	`off-centered composition`
	`shallow depth of field`
	`environmental context`

Inspiration/Technik	`50mm lens`
	`35mm lens`
	`natural grain`

Promptliste mit relevanten Begriffen für Lifestyle-Produktfotografie

prompt **editorial product photography**, luxury tea brand **still life**, ceremonial ceramic teaware, minimal earthy color palette, soft diffused daylight, subtle shadows and empty space, slow living concept, **high-end commercial photography** --ar 16:9 --raw

Tee-Stillleben in ruhiger, minimalistischer Inszenierung

prompt photography food styling, frontal shot of an aesthetic iced coffee in a glass, minimal composition, natural morning lighting, beige color palette, strong shadows --ar 16:9 --raw

Eiskaffee im natürlichen Morgenlicht

PRAXIS

Foodstyling

Gute Food-Fotografie bildet nicht einfach nur Essen ab, sondern sie inszeniert ein Erlebnis. Es ist ein Zusammenspiel aus Materialstudie und präziser Komposition, bei dem Textur und Licht darüber entscheiden, ob ein Gericht »nur« dokumentiert wird oder sofort den Appetit anregt.

prompt food photography, dynamic shot of a gourmet burger floating in mid-air, deconstructed layers, dramatic studio lighting, black background, shallow depth of field, 85mm lens, f/1.8 --ar 4:5 --raw

Burger als schwebender Deconstructed-Shot mit dramatischem Licht

Das Styling baut dem Produkt dabei die passende Bühne: Während ein schlichter Holztisch im Boho-Stil Ruhe und Fokus vermittelt, darf es an anderer Stelle auch mal spielerisch zugehen, etwa mit der Inszenierung von kleinen Figuren.

prompt photography food styling, macro close-up view of 'black forrest cake' on a wooden table, minimal boho decoration, beige color palette, shot on DSLR --ar 16:9 --raw

Törtchen im Boho-Stillleben

In der Makroperspektive wird Licht dann zur formgebenden Kraft. Weitere Beispiele finden Sie auf der Website zum Buch.

prompt photography food styling, extreme macro close-up shot of creamy chocolate ice cream, dense and textured with ridges and folds from scooping, harsh direct flash creating bold contrast --ar 16:9 --raw

Makroaufnahme von cremigem Schokoladeneis mit hartem Blitzlicht

PRAXIS

Fantasie- und Fabelwesen

Fantasie- und Fabelwesen leben von einem spannenden Paradox: Sie funktionieren am besten, wenn man in ihnen etwas Vertrautes wiedererkennt. Es ist genau diese Mischung aus biologischer Realität und purer Vorstellungskraft, die den Reiz ausmacht. In der KI-Generierung haben wir die Freiheit, alles zu erschaffen, was man sich nur so vorstellen kann. Der entscheidende Punkt ist jedoch nicht die Idee an sich, sondern wie »echt« sie sich anfühlt und wie man Maßstab, Licht und Textur einsetzt:

- Epische Weitwinkel lassen Kreaturen riesig und sagenumwoben erscheinen.
- Makroaufnahmen drehen den Spieß um und machen selbst winzige Details oder Insekten zu titanischen Erscheinungen.

prompt fantasy animal shot, a gigantic bear fused with living stone and moss, cracks in rocky skin glowing faintly from within, ancient mountain guardian, standing on snowy ridge at dawn, wind sweeping snow across landscape, cinematic scale, wide angle shot --ar 16:9 --raw

Steinbär als uralter Bergwächter im Morgengrauen

Am Ende überzeugt ein Fabelwesen dann, wenn es einer inneren Logik folgt. Ein Hybrid aus Wal und Drache wirkt erst dann wirklich gewaltig, wenn seine Masse, die Trägheit seiner Bewegung und das Licht seiner Umgebung perfekt zusammenspielen. Mehr Fabelwesen finden Sie im Zusatzkapitel auf der Website zum Buch.

prompt fantasy animal shot, gigantic fusion of a griffin and a living thunderstorm, feathered wings charged with electric arcs, lion-like muscular body, soaring above jagged mountain peaks, swirling storm clouds below, dramatic backlight, epic cinematic wide shot --ar 4:5 --raw

Gewittergreif mit elektrischen Schwingen über Gipfeln

6.7.2 Landschaftsfotografie

Landschaften erzählen primär über den Raum. Ob Wüste, Berglandschaft, Unterwasserwelt oder das Weltall – jede Umgebung definiert ihre ganz eigene Farbwelt, Lichtlogik und atmosphärische Dichte. In der Bildgenerierung ist die Wahl des virtuellen Objektivs hier das entscheidende Werkzeug, um diese Räumlichkeit zu steuern. Man nutzt einen Weitwinkel (`wide angle lens`), um die Größe und unendliche Weite einer Szene zu verstärken und den Betrachter förmlich in die Umgebung hineinzuziehen. Im Gegensatz dazu setzen Teleobjektive (`telephoto lens`) die Ebenen optisch zusammen, sie komprimieren die Distanz zwischen Vorder- und Hintergrund und schaffen so eine fast grafische Klarheit und Ordnung im Bild. Ich nutze diese technischen Parameter gezielt, um festzulegen, ob eine Landschaft eher einladend und offen oder monumental und verdichtet wirken soll.

Medium	**Promptbegriffe**	**Wirkung**

Landschaftsfotografie (landscape photography)	`wide landscape shot`
	`dramatic sky`
	`expansive horizon`
	`24mm lens f/8`
	`deep depth of field`
		maximale Raumwirkung, große Tiefenschärfe, epische Weite

Panoramafotografie (panorama photography)	`ultra-wide panorama`
	`sweeping valley view`
	`16mm lens f/11`
	`foreground rocks for scale`
		monumentale Weite, immersive Perspektive

Makrofotografie Natur (nature macro photography)	`extreme macro shot of wildflower`
	`meadow detail`
	`100mm macro lens f/2.8`
	`shallow depth of field`
		intime Nähe, isolierte Details, starke Hintergrundauflösung

Berglandschaften (mountain landscape)	`alpine ridge at sunrise`
	`crisp air`
	`24mm lens f/8`
	`layered depth`
		Monumentalität, Tiefenstaffelung

Wüstenfotografie (desert photography)	`rolling sand dunes`
	`heat haze`
	`35mm lens f/8`
	`long shadows`
		grafische Linien, Isolation, Weite

Waldfotografie (forest photography)	`misty woodland`
	`volumetric light rays`
	`35mm lens f/4`
	`moderate depth of field`
		mystisch, räumlich, atmosphärisch dicht

Medium	Promptbegriffe	Wirkung

Küstenfotografie (coastal photography)	`dramatic cliffs and ocean waves`
	`24mm lens f/11`
	`high contrast sky`
		Dynamik, horizontale Spannung

Unterwasserlandschaften (underwater landscape)	`underwater reef scene`
	`light rays penetrating surface`
	`wide angle underwater lens f/5.6`
		Schwerelosigkeit, Tiefe, fremde Welt

Landschaftsfotografie bei Nacht (night landscape photography)	`starry sky over mountain range`
	`14mm lens f/2.8`
	`long exposure`
		Weite, Ruhe, kosmische Atmosphäre

Astrofotografie (space photography)	`deep space nebula`
	`distant galaxies`
	`cosmic dust clouds`
	`ultra-wide lens simulation`
	`high contrast lighting`
		abstrakte Unendlichkeit, extreme Weite, visuelle Dramatik

Wolkenfotografie (cloud photography)	`dramatic cloud formations`
	`towering cumulonimbus clouds`
	`soft golden light`
	`24mm lens f/8`
	`deep depth of field`
		Himmelsstruktur, Bewegung, epische Atmosphäre

Promptbegriffe für die Landschaftsfotografie

Hier einige Beispiele für die verschiedenen Bereiche der Landschaftsfotografie. Weitere Beispiele finden Sie auf der Website zum Buch.

prompt panorama photography, ultra-wide panorama shot of a moors landscape, early morning with serene lighting, cinematic mood, 16mm lens f/11 --ar 16:9 --raw

Weites Moorpanorama im sanften Morgenlicht

prompt nature macro photography, a spring garden, early spring pastel color palette, captured with an 100mm macro lens f/2.8 --ar 16:9 --raw

Makroaufnahme mit Frühling

Himmel ersetzen
Zu diesem Thema finden Sie auf der Website zum Buch einen Workshop. Wollen Sie selbst einen Himmel erstellen, finden Sie im Zusatzkapitel auch einige Promptbegriffe.

6.8 Architektur und Raum

Architektur ist kein Zufallsprodukt. Symmetrie und das Zusammenspiel der Oberflächen folgen einem Plan – und genau diese Ordnung muss sich im Bild widerspiegeln. Wenn ich Architektur mit Midjourney generiere, geht es mir vor allem um Präzision. Über die Perspektive und die Brennweite steuere ich extrem direkt, wie der Raum wirkt: Soll er monumental und beeindruckend groß sein oder eher eine intime, fast private Ruhe ausstrahlen? Den Unterschied machen am Ende die handwerklichen Details. Saubere vertikale Linien und ein Licht, das Oberflächen wie Sichtbeton, Glas oder Holz plastisch hervorhebt, sind entscheidend, damit das Bild baulich glaubwürdig wirkt. Weitere Beispiele finden Sie auf der Website.

6.8.1 Interior Design

Interior Design lebt von der Nähe. Während Architektur oft die große Form und den äußeren Kontext betrachtet, geht es im Interieur um die unmittelbare Haptik, die Atmosphäre und das physische Gefühl, im Raum zu stehen. In der Bildgenerierung ist es hier entscheidend, nicht nur die Anordnung von Objekten, sondern vor allem deren Materialbeschaffenheit und die Lichtführung zu definieren.

Medium	Promptbegriffe	Wirkung	Einsatz

interior design photography	`minimalist living room`
	`neutral color palette`
	`warm afternoon sunlight`
	`35mm lens f/4`
		ruhig, wohnlich, atmosphärisch	Editorial, Wohnmagazin

interior photography (detail)	`close-up material shot`
	`textured fabric`
	`85mm lens f/2.8`
	`shallow depth of field`
		Materialität, haptische Nähe	Produktdetail

interior product shot	`designer furniture piece`
	`neutral backdrop`
	`50mm lens f/5.6`
	`soft diffused studio light`
		klar, hochwertig, reduziert	Design-Branding

dreamy interior photography	`dutch angle shot`
	`unusual perspective`
	`soft natural lighting`
		verspielt, kreativ, experimentell	Editorial, Mood

editorial interior photography	`concrete surfaces`
	`soft side lighting`
	`35mm lens f/8`
		minimalistisch, modern	Architekturmagazin

Promptbegriffe für Interior Design

Im Interior Design verändern bereits kleine Parameter die gesamte Raumwirkung. Durch gezielte Vergleiche lässt sich sichtbar machen, wie einzelne Entscheidungen Atmosphäre, Größe und Emotionalität eines Raumes beeinflussen.

prompt interior photography, modern living room, soft warm studio lighting, long golden shadows, natural wood textures, 50mm lens f/5.6 --ar 16:9 --raw

prompt interior photography, modern living room, cool diffused daylight, soft blue undertones, crisp shadows, 50mm lens f/5.6 --ar 16:9 --raw

Warmes Licht vs. kaltes Licht

6.8.2 Architekturfotografie

Architektur lebt von ihrem Kontext. Der Maßstab und die Umgebung definieren maßgeblich, wie sich ein Gebäude in seine Welt einfügt und welche Wirkung es entfaltet. In der Bildgenerierung ist es entscheidend, nicht nur das Objekt selbst, sondern auch dessen Beziehung zum Raum zu beschreiben. Man nutzt Architekturprompts, um die Balance zwischen konstruktiver Strenge und atmosphärischer Einbettung zu finden.

Medium	Promptbegriffe	Wirkung	Einsatz

architecture photography	`modern facade`
	`clean lines`
	`corrected verticals`
	`24mm lens f/8`
		klar, strukturiert, architektonisch präzise	Architekturdokumentation

architectural editorial	`extreme wide-angle`
	`dramatic perspective`
	`urban context`
	`16mm lens f/11`
		dynamisch, urban, erzählerisch	Editorial

real estate photography	`bright daylight`
	`inviting exterior`
	`wide composition`
	`24mm lens f/8`
		offen, freundlich, verkaufsorientiert	Immobilien

tilt-shift architecture	`tilt-shift lens f/4` `corrected vertical lines`	technisch präzise, professionell	hochwertige Architektur

brutalist architecture photography	`raw concrete textures`
	`strong shadows`
	`35mm lens f/8`
		grafisch, kraftvoll	Editorial

futuristic architecture photography	`monumental structure`
	`misty atmosphere`
	`symmetrical composition`
		visionär, konzeptionell	Konzeptstudien

Promptbegriffe für Architektur

Hier zwei Beispiele für Architekturfotografie. Weitere Beispiele finden Sie auf der Website zum Buch.

prompt architecture photography, modern concrete building facade, clean geometric lines, corrected vertical perspective, soft morning sunlight, 24mm lens f/8 --ar 16:9 --raw

Moderne Betonfassade mit korrigierter Perspektive im Morgenlicht

prompt futuristic architecture photography, monumental curved structure in misty waterfront setting, soft diffused light, symmetrical composition, ultra wide lens f/8 --ar 16:9 --raw

Futuristische Architektur im nebligen Waterfront-Setting

6.9 Bilder als Teil eines Fotoprojekts erzeugen

Ein einzelnes Bild ist selten das Ziel. In der Praxis entstehen Serien, Kampagnen oder visuelle Systeme, die aufeinander abgestimmt sind. Midjourney ermöglicht es, konsistente Hintergründe, Set Designs oder Mockups zu entwickeln, die als Grundlage für weiterführende Projekte dienen. Dabei geht es weniger um das Produkt selbst, sondern um die Bühne, die man damit bietet.

6.9.1 Hintergründe für Fotoshootings

Der Hintergrund bestimmt maßgeblich die Bildwirkung eines Fotoshootings. Er lenkt entweder bewusst den Fokus auf das Motiv oder schafft zusätzlichen Kontext und Atmosphäre. In der KI-Generierung lässt sich dieser Aspekt gezielt steuern, indem Materialität, Lichtstimmung, Farbwelt oder Umgebung präzise im Prompt definiert werden.

Medium	**Promptbegriffe**	**Wirkung**

commercial product photography	`minimalist stage design`
	`empty pedestal`
	`circular display platform`
	`neutral studio background`
	`35mm lens f/5.6`
		klar, kontrolliert, produktfokussiert

staged photography	`layered geometric shapes`
	`resin panels backdrop`
	`soft diffused lighting`
	`symmetrical shot`
		grafisch, modern, strukturiert

minimal stage design photography	`monochrome backdrop`
	`clean cube stage`
	`negative space`
	`centered composition`
		ruhig, reduziert, hochwertig

editorial backdrop photography	`silk curtain backdrop`
	`soft gradient lighting`
	`cinematic depth`
	`subtle shadows`
		elegant, atmosphärisch, kampagnenfähig

luxury product stage photography	`elevated platform`
	`champagne color palette`
	`soft directional lighting`
	`shallow depth of field`
		premium, exklusiv, werblich

studio set design photography	`layered composition`
	`architectural interior space`
	`controlled shadow falloff`
	`24mm lens perspective`
		räumlich, durchdacht, professionell

Medium	Promptbegriffe	Wirkung

material moodboard photography	`wood textures, concrete surfaces`
	`fabric swatches`
	`warm neutral tones`
	`50mm lens f/4`
		haptisch, designorientiert, markenstark

clean commercial backdrop	`white curtain backdrop`
	`soft studio lighting`
	`serene mood`
	`frontal shot`
		neutral, flexibel, vielseitig einsetzbar

lifestyle-inspired stage	`plants around platform`
	`natural wood environment`
	`soft daylight`
	`airy composition`
		natürlich, authentisch, modern

Promptliste mit relevanten Begriffen für Hintergründe

Die Hintergründe könnten beispielsweise so aussehen. Weitere Beispiele finden Sie auf der Website zum Buch.

prompt editorial backdrop photography, flowing silk curtain background, soft gradient lighting, elegant atmosphere, shallow depth of field, 50mm lens f/4 --ar 16:9 --raw

Eleganter Seidenvorhang als Editorial-Hintergrund mit sanftem Verlauf

prompt product photography, a material moodboard with square swatches with a wood tray, pine wood, monstera leaf, textured concrete, minimalist style, soft warm lighting --ar 16:9 --raw

Material-Moodboard mit Holz, Blatt und Betontextur im Soft-Light

prompt lifestyle product backdrop, cozy coffee shop interior with wooden tables and warm ambient lighting, soft natural window light, blurred barista movement in background, shallow depth of field, 35mm lens f/2.8 --ar 16:9 --raw

Gemütliches Café-Setting mit weichem Bokeh im Hintergrund

PRAXIS

Produkte mit Nano Banana Pro vor Hintergründen platzieren

Midjourney eignet sich hervorragend, um kontrollierte Hintergründe oder Setdesigns zu erzeugen. Anstatt mühsam ein physisches Studio aufzubauen, lässt sich hier in Sekunden die perfekte Kulisse entwerfen – von der Lichtstimmung bis hin zu den kleinsten Texturdetails im Hintergrund. Das Besondere daran ist die absolute Kontrolle über die Ästhetik, ohne dass man sich um die physische Verfügbarkeit von Requisiten kümmern muss.

Die Referenzbilder für unser Set

Sobald man das ideale Stage-Design entworfen hat, kann man mit Nano Banana Pro von Google ein Produkt nahtlos in eines der generierten Stage-Designs einbetten. Dieser Workflow spart nicht nur enorme Ressourcen, sondern gibt Designer*innen die Freiheit, High-End-Kampagnen direkt am Rechner zu realisieren. Weitere Beispiele finden Sie auf der Website zum Buch.

B **prompt** Place [Product – hier mit @ das Produktbild auswählen] in setup mockup [Location – hier mit @ das Mock-up-Bild auswählen], ensuring hyper-realistic interaction with the environment. Align lighting direction and intensity with the background plate. Render soft contact shadows where the product touches the surface and add subtle ambient occlusion. Preserve original product textures while reflecting the surroundings on reflective surfaces.

Das Resultat

6.9.2 Mockups erstellen

Ein gutes Mockup ist im Grunde die perfekte digitale Bühne für jedes Design. Es simuliert ein reales Produkt auf einer neutralen Fläche und spart Grafiker*innen so unzählige Stunden im Fotostudio, da Logos, Screens oder Brandings später einfach digital eingesetzt werden können. Damit das Ergebnis am Ende aber nicht wie ein schlechtes Stock-Foto wirkt, kommt es vor allem auf eine absolut glaubwürdige Lichtführung und greifbare Materialstrukturen an. Nur wenn die Perspektive exakt stimmt und sich Schatten oder Reflexionen natürlich über die Oberfläche legen, verschmilzt der Entwurf mit dem Objekt zu einem stimmigen Gesamtbild.

Medium	**Promptbegriffe**

product mockup photography	`blank white product`
	`no label`
	`clean surface`
	`centered composition`

packaging mockup photography	`blank pouch packaging`
	`soft studio lighting`
	`minimal backdrop`

beverage mockup photography	`blank white drink can`
	`water droplets`
	`pedestal`
	`studio lighting`

cosmetic mockup photography	`unlabeled cosmetic jar`
	`neutral background`
	`soft diffused light`

tube mockup photography	`white cosmetic tube`
	`plain background`
	`high-end lighting`

smartphone mockup photography	`blank white screen`
	`soft gradient background`
	`sleek composition`

lifestyle mockup photography	`blank mug in natural interior` `shallow depth of field`

apparel mockup photography	`blank t-shirt on model`
	`soft natural light`
	`neutral wall`

framed artwork mockup	`blank picture frame`
	`soft daylight`
	`minimalist wall`

Promptliste mit relevanten Begriffen für überzeugende Mockups

Wie kann das in der Praxis aussehen? Weitere Beispiele finden Sie auf der Website zum Buch.

prompt tube mockup photography, white cosmetic tube with clean cap, no label, light blue background, soft diffused studio light, subtle shadow under product, 50mm lens f/5.6 --ar 16:9 --raw

Tuben-Mockup im soften Studiolicht

prompt smartphone mockup photography, a female hand wearing a wool sweater holding a smartphone with a blank white screen, smartphone mockup, white clean background, minimal composition --ar 16:9 --raw

Smartphone-Mockup in Hand vor cleanem Weiß

prompt lifestyle mockup photography, a blank white mug mockup placed in a living room setting, studio lighting, close up shot, shallow depth of field --ar 16:9 --raw

Tassen-Mockup im wohnlichen Lifestyle-Setting

prompt framed artwork mockup, blank frame placed on a sideboard in a minimal living room set-up, boho decorations, studio lighting, beige background, close up shot, 35 mm lens --ar 16:9 --raw

Bilderrahmen-Mockup im minimalistischen Wohnraum

prompt oil painting in baroque style in the year 1780, the number "7" forming a horse as part of a close-up of a dramatic battle scene, stormy sky, theatrical scene, chiaroscuro with deep shadows, deep spacial depth, rich textures --raw

KAPITEL 7

Kunst und Illustration

KAPITEL 7

Kunst und Illustration

Kaum ein Thema triggert im Kontext generativer KI so heftige Reaktionen wie die Kunstwelt. Wenn Algorithmen Bilder erschaffen, rüttelt das an unseren Grundfesten: Wer ist hier eigentlich der Urheber? Was ist Handwerk? Und ab wann sprechen wir überhaupt von »Kunst«?

Diese Debatte entzündete sich spätestens 2022 weltweit, als Jason M. Allen mit seinem Werk »Théâtre d'Opéra Spatial« den ersten Platz beim Kunstwettbewerb der Colorado State Fair belegte (siehe Abschnitt 1.4.1). Dass das Bild mittels der KI Midjourney entstanden war, sorgte für einen Aufschrei in der Szene. In diesem Kapitel geht es mir weniger um eine theoretische Bewertung von KI in der Kunst. Vielmehr betrachte ich generative Modelle schlicht als neues Werkzeug im kreativen Werkzeugkasten. Gerade in der Illustration hilft die Technik dabei, eigene Visionen extrem schnell zu testen, ohne sich direkt im Detail zu verlieren. Es geht nicht darum, den Menschen am Stift zu ersetzen, sondern die kreativen Möglichkeiten nach hinten raus zu verlängern. Spannend wird es da, wo Altes auf Neues trifft: Wenn man plötzlich historische Epochen mit futuristischen Ideen mischt oder komplexe Lichtstimmungen in Sekunden ausprobiert. Im Arbeitsalltag bedeutet das: Skizzen für ein Storyboard stehen in wenigen Minuten, und Charaktere lassen sich fix in verschiedenen Stilen durchspielen. Am Ende bleibt die ästhetische Entscheidung aber Handarbeit. Die Arbeit verlagert sich vom reinen »Machen« hin zum Kuratieren und Steuern – die KI ist dabei nur der Übersetzer der eigenen Idee.

Zusatzmaterial auf der Website zum Buch

Weitere Prompts und Promptbeispiele finden Sie im Zusatzkapitel auf der Website zum Buch unter *www.rheinwerk-verlag.de/6146* oder über den QR-Code.

7.1 Kunst generieren: Epochen und Techniken

Um Bilder nicht nur per Zufall zu erstellen, sondern sie wirklich beurteilen zu können, braucht es ein Auge für die Basics.

Ich benutze hier gerne die Kunstgeschichte als Werkzeugkasten, denn es geht um das Grundwissen von Bildaufbau, Licht und Perspektiven. Dieses Wissen ist der Maßstab, mit dem man die Prompts später aufbauen kann. Wer versteht, wie ein Bild konstruiert ist, kann später besser kuratieren.

7.1.1 Renaissance (ca. 1400–1600)

Die Epoche der Renaissance stellt nicht nur eine kunsthistorische Phase dar, sondern ist auch das Fundament unserer modernen visuellen Logik: Alles dreht sich um Harmonie, die goldene Mitte und eine fast schon mathematische Ruhe im Bild. Was den Look prägt:

- **Komposition**: Die Kompositionen sind meistens sehr ausgewogen. Im Gegensatz zur Dynamik späterer Epochen herrscht hier eine bewusste Ausgewogenheit. Leonardo da Vinci oder Raffael nutzten oft geometrische Grundformen (wie das Dreieck), um dem Auge des Betrachters Halt zu geben.
- **Technik**: Meistens Öl oder Fresko. Das Ergebnis sind glatte Oberflächen, bei denen man den Pinsel kaum sieht. Es wirkt fast wie ein früher »Filter« über der Realität.
- **Motive**: Der Mensch steht im Fokus, wird aber ein Stück weit idealisiert dargestellt.

Bereich	Promptbegriffe

Medium	`oil painting`
	`fresco`
	`tempera on panel`

Motiv/Szene	`classical portrait`
	`religious scene (z.B. madonna and child)`
	`idealized human figure`
	`mythological scene`

Ort/Umgebung	`renaissance interior`
	`classical architecture`
	`italian courtyard`
	`idealized countryside`
	`marble hall`

Bereich	Promptbegriffe

Stimmung/Emotion	`calm`
	`harmonious`
	`dignified`
	`serene`
	`contemplative`

Licht/Farbe	`soft natural light`
	`warm earth tones`
	`muted color palette`
	`gentle contrast`
	`subtle highlights`

Stil/Genre	`renaissance style` `classic realism`

Komposition/Perspektive	`balanced framing`
	`central composition`
	`linear perspective`
	`triangular composition`
	`harmonious proportions`

Inspiration/Technik	`anatomical precision`
	`soft chiaroscuro`
	`sfumato`

Promptliste mit relevanten Begriffen zur Renaissance-Epoche

Inspiration

- Leonardo da Vinci: Meister des Sfumato (weiche Übergänge ohne harte Kanten) und der tiefen psychologischen Rätselhaftigkeit
- Raffael: bekannt für absolute Klarheit der Form, perfekte Ausgewogenheit und die Idealisierung von Schönheit
- Sandro Botticelli: Spezialist für fließende Linien, ätherische Eleganz und mythologische Motive mit einer fast dekorativen Flächigkeit
- Michelangelo: Fokus auf monumentale, kraftvolle Körperlichkeit (Heroismus) und die Darstellung extremer anatomischer Spannung und Muskulatur
- Andrea Mantegna: Pionier der extremen perspektivischen Verkürzung und der Integration von antiker Architektur in das Bildgeschehen

prompt italian oil painting in the year 1550, portrait of a madonna and child, renaissance-inspired interior, calm, soft natural light with warm earth tones, renaissance style, central composition, soft chiaroscuro --ar 3:4

Typisches Renaissance-Bild

7.1.2 Barock (ca. 1600–1780)

Die Epoche des Barocks ist das »Kino« der Kunstgeschichte. Wo die Renaissance innehält, bricht der Barock aus. Es geht um maximale Emotionalität, Theatralik und das Spiel mit Licht und Schatten, um den Betrachter förmlich in das Bild hineinzuziehen. Was den Look prägt:

- **Stimmung und Emotion**: Es geht um Extreme wie Ekstase, Schmerz, tiefe Ehrfurcht oder prunkvolle Machtdarstellung.
- **Licht**: Das wichtigste Merkmal ist das Chiaroscuro (Hell-Dunkel). Motive werden oft wie durch einen Scheinwerfer aus tiefer Dunkelheit hervorgehoben.
- **Komposition**: Statt statischer Dreieckskompositionen wie in der Renaissance beherrschen Diagonalen im Barock das Bild. Alles wirkt, als wäre es gerade in voller Bewegung eingefroren.
- **Technik**: Der Farbauftrag wird mutiger. Man sieht teilweise den Pinselstrich (Duktus), und die Texturen (Stoffe, Haut, Metall) wirken extrem haptisch und realistisch.

Bereich	Promptbegriffe

Medium	`oil painting`
	`fresco`
	`tempera on panel`

Motiv/Szene	`dramatic battle scene`
	`emotional ecstasy`
	`royal portraits`
	`memento mori`
	`opulent still life`

Ort/Umgebung	`palace hall`
	`dark interior`
	`stormy sky`
	`grand cathedral`
	`candlelit chamber`

Stimmung/Emotion	`theatrical`
	`intense`
	`dramatic`
	`grandiose`
	`turbulent`
	`emotional`

Licht/Farbe	`chiaroscuro`
	`tenebrism`
	`harsh spotlight`
	`deep shadows`
	`rich gold and crimson`
	`high contrast`

Stil/Genre	`baroque style`
	`high drama`
	`theatrical realism`
	`dynamic energy`

Komposition/Perspektive	`diagonal composition`
	`asymmetrical balance`
	`deep spatial depth`
	`spiraling movement`

Inspiration/Technik	`impasto brushwork`
	`dramatic foreshortening`
	`theatrical staging`
	`rich textures`

Promptliste mit relevanten Begriffen zur Barock-Epoche

Inspiration

- Caravaggio: der Meister für extremes Schlaglicht aus der Dunkelheit
- Rembrandt van Rijn: bekannt für psychologische Tiefe und goldene Lichtführung
- Artemisia Gentileschi: berühmt für ihre kraftvollen, dramatischen und emotionalen Kompositionen
- Peter Paul Rubens: Meister der Dynamik, der üppigen Formen und der Bewegung

prompt oil painting in baroque style in the year 1780, close-up of a dramatic battle scene, stormy sky, theatrical scene, chiaroscuro with deep shadows, deep spacial depth, rich textures --ar 3:4

Typisches Barock-Thema

7.1.3 Romantik (ca. 1790–1830)

Was in der Renaissance die Ordnung und im Barock das Drama war, ist in der Romantik die Atmosphäre. Der Mensch wirkt oft klein und verloren gegenüber der Unendlichkeit der Welt. Was den Look prägt:

- **Ort und Umgebung**: Gewaltige Berge, tosende Meere oder neblige Täler dominieren das Bild.
- **Licht**: Licht ist hier oft mystisch oder göttlich. Nebel, Dämmerung, Mondschein und Lichtstrahlen durch Wolken sind zentrale Stilmittel.
- **Farbe**: Die Palette reicht von nebligen, kühlen Blautönen bis hin zu glühenden, fast apokalyptischen Sonnenuntergängen.
- **Komposition**: Oft sieht man eine Person, die dem Betrachter des Bildes den Rücken zudreht und in die Ferne schaut, was uns einlädt, den gleichen Blick in die Unendlichkeit zu werfen.

Bereich	**Promptbegriffe**
Medium	`oil painting/watercolor/graphite`

Motiv/Szene	`lonely wanderer`
	`gothic ruin`
	`stormy seascape`
	`misty mountains`

Ort/Umgebung	`rugged nature`
	`untamed wilderness`
	`overgrown abbey`
	`distant horizon`

Stimmung/Emotion	`melancholic/longing/eerie/` `spiritual`

Licht/Farbe	`atmospheric mist`
	`golden hour`
	`silver moonlight`
	`twilight`
	`hazy glow`
	`ethereal light`

Stil/Genre	`romanticism`
	`central focus on nature`
	`gothic revival`

Komposition/Perspektive	`back-turned figure/seen from the back`
	`vast scale`
	`low horizon line`

Inspiration/Technik	`soft blended textures`
	`hazy edges`
	`dramatic sky`
	`detailed foreground with a blurry`
	`depth-of-field background`

Promptliste mit relevanten Begriffen zur Romantik-Epoche

Inspiration

- Caspar David Friedrich: deutscher Romantiker, bekannt für Nebelmeere und »Rückenfiguren« (back-turned figure)
- J. M. W. Turner: Meister des Lichts, seine Bilder wirken oft fast abstrakt durch Wirbel aus Licht und starkem Wind
- John Constable: Fokus auf die idyllische, aber tief emotionale englische Landschaft
- Iwan Aiwasowski: berühmt für seine gigantischen, dramatischen Wellen und das Licht im Wasser
- Thomas Cole: bekannt für seine wilden und beeindruckenden amerikanischen Landschaften

prompt oil painting in romanticism style in the year 1830, a lonely wanderer seen from the back, clifftop, melancholic feeling, golden hour, soft blended textures, inspired by Caspar David Friedrich --ar 3:4

Beispiel für die Epoche der Romantik

7.1.4 Impressionismus (ca. 1850–1900)

Im Impressionismus ist nicht wichtig, was gemalt wird, sondern wie das Licht darauf fällt. Das Bild entsteht erst im Auge des Betrachters, da die Farben oft ungemischt nebeneinander auf die Leinwand getupft werden. Was den Look prägt:

- **Motiv und Szene**: Die Bilder wirken oft wie Schnappschüsse, fast wie eine frühe Form der Fotografie mit dem Motiv angeschnitten und spontan.
- **Licht und Farbe**: Schatten sind hier nicht schwarz oder grau, sondern blau oder violett. Es wird viel mit Komplementärkontrasten gearbeitet.
- **Technik**: Kurze, dicke Farbtupfer, auch Staccato-Stil genannt. Es gibt keine harten Umrisse mehr, und Formen lösen sich in Licht auf.

Bereich	**Promptbegriffe**
Medium	`oil painting/pastels/gouache`

Motiv/Szene	`everyday life`
	`garden scene`
	`sun-drenched landscape`
	`rivers`
	`café society`

Ort/Umgebung	`flower garden`
	`busy parisian streets`
	`seaside`
	`poppy field`
	`lily pond`

Stimmung/Emotion	`fleeting`
	`vibrant`
	`joyful`
	`spontaneous`
	`luminous`
	`mundane`

Licht/Farbe	`dappled sunlight`
	`natural daylight`
	`vibrant pastel colors`
	`complementary colors`

Stil/Genre	`impressionism`
	`outdoor painting`
	`fleeting moment`

Komposition/Perspektive	`casual framing`
	`cropped edges`
	`high horizon line`

Bereich	Promptbegriffe

Inspiration/Technik	`visible brushstrokes`
	`broken color technique`
	`staccato dabs`
	`soft edges`
	`light reflections`

Promptliste mit relevanten Begriffen zum Impressionismus

prompt gouache painting in the style of impressionism, snapshot of everyday life of a family in 1890, flower garden, mundane moment caught in dappled sunlight, blue shadowing, high horizon line, visible brushstrokes with staccato dabs --no black shadows --ar 3:4

Bild generiert mit Midjourney nach dem impressionistischen Stil

Inspiration

- Claude Monet: der Inbegriff des Impressionismus, bekannt für seine Lichtserien, Seerosen und Kathedralen
- Edgar Degas: berühmt für seine Balletttänzerinnen und ungewöhnliche, fast fotografische Blickwinkel
- Pierre-Auguste Renoir: Fokus auf die Schönheit des menschlichen Körpers und gesellige, lichtdurchflutete Szenen
- Camille Pissarro: Meister der ländlichen Szenen und der Darstellung von Texturen im Licht
- Berthe Morisot: bekannt für ihre zarten, luftigen Kompositionen und häuslichen Szenen
- Mary Cassatt: berühmt für ihre einfühlsamen Darstellungen des Alltagslebens

7.1.5 Expressionismus (ca. 1905–1920)

Der Expressionismus ist die radikale Antwort auf den Impressionismus. Es geht nicht mehr um die äußere Erscheinung der Welt, sondern um das innere Erleben. Die Wirklichkeit wird verzerrt, um eine maximale emotionale Intensität zu erreichen. Die Künstler*innen wollten ihre Ängste, Freude oder Gesellschaftskritik direkt und ungefiltert ausdrücken. Was den Look prägt:

- **Farbe**: Farben werden nicht lokal, sondern emotional eingesetzt, wie z. B. ein blaues Gesicht, das Trauer darstellt, oder ein gelber Himmel als Symbol für Energie.
- **Stil**: Formen sind kantig, grob und deformiert.
- **Perspektive**: Die Perspektiven und Kompositionen wirken instabil und klaustrophobisch.
- **Technik**: Der Farbauftrag ist oft dick und durcheinander, Linien sind oft schwarz und dominierend.

Bereich	Promptbegriffe
Medium	`oil painting/woodcut print/linocut/gouache`

Motiv/Szene	`urban alienation`
	`emotional outburst`
	`distorted figure`
	`cabaret scene`
	`apocalyptic landscape`

Ort/Umgebung	`distorted city street`
	`cramped interior`
	`jagged mountain range`
	`fever-dream landscape`

Bereich	Promptbegriffe

Stimmung/Emotion	`fear`
	`ecstatic`
	`raw emotion`
	`rebellious`
	`intense`

Licht/Farbe	`clashing colors`
	`high saturation`
	`harsh black outlines`

Stil/Genre	`expressionism` `primitive art influence`

Komposition/Perspektive	`fractured perspective`
	`dynamic tension`
	`claustrophobic framing`
	`jagged lines`

Inspiration/Technik	`thick brushwork`
	`distorted proportions`
	`expressive mark-making`

Promptliste mit relevanten Begriffen zum Expressionismus

Inspiration

- Edvard Munch: Wegbereiter des Expressionismus, berühmt für die Darstellung von psychischem Schmerz und existenzieller Angst mit dem Bild »Der Schrei«
- Ernst Ludwig Kirchner: Gründungsmitglied der Gruppe »Die Brücke« und bekannt für seine kantigen, nervösen Großstadtszenen
- Franz Marc: Mitbegründer des »Blauen Reiters« und spezialisiert auf spirituelle Tiermotive in Primärfarben
- Gabriele Münter: bekannt für ihre flächigen, farbstarken Landschaften mit klaren Konturen
- Egon Schiele: Meister der verzerrten, hageren Körperlichkeit und der psychologischen Porträts
- Käthe Kollwitz: Fokus auf Holz- und Linolschnitt mit tiefem sozialen Mitgefühl und Leid

prompt gouache painting in the style of expressionism in the year 1919, emotional outburst in a cramped interior, fear with raw emotion, high saturation, claustrophobic framing, distorted proportions, inspired by Egon Schiele --ar 3:4

Bereich	Promptbegriffe
Inspiration/Technik	sharp edges flat shading airbrushed gradients bold typography zigzag patterns

Promptliste mit relevanten Begriffen zum Art déco

prompt art deco poster art of a sleek automobile in the year 1925, sophisticated, metallic gold with deep emerald green color palette, roaring twenties, symmetrical balance with sharp edges and zigzag patterns --ar 3:4

Bild mit Jugendstilanmutung

7.1.8 Bauhaus (ca. 1920–1933)

Im Bauhaus wird alles auf die wesentlichen Elemente reduziert: Punkt, Linie, Fläche und die Primärfarben. Die Philosophie »Form follows function« (die Form folgt der Funktion) brach mit allem unnötigen Dekor, es ist die Geburtsstunde des modernen Minimalismus. Was den Look prägt:

- **Stil**: Kreise, Quadrate und Dreiecke sind die Grundbausteine des Bildes für geometrische Abstraktion.
- **Farbe**: Es werden Primärfarben benutzt, also Rot, Gelb und Blau, oft kombiniert mit Schwarz, Weiß und Grau.
- **Komposition**: Sehr geordnete, fast mathematische Bildaufteilung.

Bereich	Promptbegriffe

Medium	`poster art`
	`lithograph`
	`architectural drawing`
	`gouache`

Motiv/Szene	`stylized figure`
	`industrial object`
	`abstract geometry`
	`modular furniture`

Ort/Umgebung	`modernist interior`
	`minimalist studio`
	`white void`

Stimmung/Emotion	`rational`
	`functional`
	`orderly`
	`objective`
	`avant-garde`
	`clean`

Licht/Farbe	`primary colors (red, yellow, blue)`
	`flat color fields`
	`harsh contrast`
	`industrial grey`

Stil/Genre	`Bauhaus style`
	`constructivism`
	`minimalism`

Komposition/Perspektive	`grid-based layout`
	`asymmetrical balance`
	`geometric harmony`
	`negative space`

Bereich	Promptbegriffe

Inspiration/Technik	`sans-serif typography`
	`thick lines`
	`flat shad`
	`modular elements`

Promptliste mit relevanten Begriffen zum Bauhaus

prompt poster art in the style of Bauhaus in 1933, abstract geometry on a white background, orderly composition with primary colors, minimalism, grid-based layout, modular elements --ar 3:4

Bild mit Bauhaus-Elementen

7.1.9 Pop-Art (ca. 1950–1970)

Pop-Art nutzt die visuelle Sprache von Comics, Werbung und Massenmedien. Sie markiert den Moment, in dem die Grenze zwischen hoher Kunst und Massenkultur eingerissen wurde. Was den Look prägt:

- **Stil**: Am meisten prägen den Look die typischen Punktraster aus dem Comic-Druck, die Ben-Day Dots. Darauffolgend ist es die serienhafte Wiederholung des gleichen Motivs, so wie etwa Warhols Marilyn-Bilder in verschiedenen Farbkombinationen.
- **Farbe**: Der Stil lebt von kräftigen Farben – unbehandelte, leuchtende Farben, oft in harten Kontrasten oder als Komplementärfarben.
- **Szene**: Ein einfacher Alltagsgegenstand wird oft isoliert und als eine Ikone dargestellt.

Bereich	**Promptbegriffe**

Medium	`poster art`
	`(halftone) lithograph`
	`screen print`
	`stencil art`

Motiv/Szene	`celebrity portrait`
	`consumer product (soup can, soda bottle)`
	`comic book panel`
	`explosion`

Ort/Umgebung	`flat vibrant background`
	`polka dot pattern`
	`urban billboard`
	`supermarket shelf`

Stimmung/Emotion	`bold`
	`ironic`
	`playful`
	`punchy`
	`cynical`

Licht/Farbe	`technicolor`
	`neon hues`
	`saturated primary colors`
	`artificial lighting`
	`flat shadows`

Stil/Genre	`pop art`
	`comic book aesthetic`
	`mass-culture`
	`retro-modernism`

Bereich	Promptbegriffe

Komposition/Perspektive	`center focus`
	`repetitive pattern`
	`large-scale close-up`
	`split-screen layout`

Inspiration/Technik	`ben-day dots`
	`halftone pattern`
	`heavy ink outlines`
	`collage-style`
	`screen-printing artifacts`

Promptliste mit relevanten Begriffen zur Pop-Art

prompt screen print in the style of pop art, a rotary phone on a flat vibrant background, saturated primary colors, split-screen layout, heavy ink outlines --ar 3:4

Pop-Art-Bild

7.1.10 Street-Art und Graffiti (ca. 1970 bis heute)

Street-Art und Graffiti markieren den Übergang von der Leinwand direkt in die urbane Infrastruktur. Diese Bewegung ist geprägt von Schnelligkeit, Rebellion und der Nutzung des öffentlichen Raums. Während Graffiti oft auf Schriftzügen/Tags basiert, nutzt Street-Art eine breite Palette von Techniken wie Stencils/Schablonen oder Paste-ups. Was den Look prägt:

- **Farbe**: Oft aggressive Neonfarben, kräftiges Schwarz für Konturen oder bewusste Verwitterungseffekte wie Cracked Paint.
- **Stil**: Der Stencil-Look lebt von scharfen Kanten durch Schablonentechnik, oft kombiniert mit weichen Sprühnebel-Farbverläufen.

Bereich	**Promptbegriffe**
Medium	`spray paint/stencil art/mural/` `markers/fat cap strokes`

Motiv/Szene	`character design`
	`stylized lettering`
	`social commentary`
	`urban icons`

Ort/Umgebung	`brick wall background`
	`subway tunnel`
	`abandoned factory`
	`asphalt`
	`concrete`

Stimmung/Emotion	`rebellious`
	`energetic`
	`urban`
	`gritty`

Licht/Farbe	`neon spray colors`
	`dripping paint`
	`high contrast`
	`overspray`
	`vibrant highlights`

Stil/Genre	`street art`
	`graffiti`
	`stencil`
	`urban contemporary`

Komposition/Perspektive	`flat perspective`
	`wall-to-wall mural`
	`layered posters`
	`overlapping tags`

Bereich	Promptbegriffe
Inspiration/Technik	paint drips splatter stencilled edges weathered texture halftone patterns

Promptliste mit relevanten Begriffen zur Street-Art

prompt stencil art mural, a little girl walking a bomb on a leash, rebellious, high contrast street art on a neutral background, overlapping tags, stencilled edges --ar 3:4

Street-Art-Bild

PRAXIS

Zeitgenössische Motive in historischer Bildlogik

Spannend wird die Arbeit mit kunsthistorischen Stilen vor allem dann, wenn eine Epoche nicht über ihr historisches Motiv, sondern über ihre bildgestalterischen Bausteine definiert wird. Perspektive, Komposition, Lichtführung und Raumlogik bleiben als stabiles Gerüst erhalten, während sich der Bildinhalt bewusst in die Gegenwart verschiebt.

Eine ebenso kraftvolle Dynamik entsteht durch den Wechsel des Mediums: Wenn wir die dramatische Lichtregie und das kompositorische Setup des Barock auf die moderne cineastische Fotografie übertragen, bricht das Bild die gewohnten Kompositionen.

Der visuelle rote Faden der Epochen

Um die reine Wirkung stilistischer Merkmale zu isolieren, können Sie ein festes Motiv wählen, wie z. B. `an astronaut holding a poppy flower`; dabei bleibt das Medium der jeweiligen Epoche treu. Weitere Beispiele für andere Epochen finden Sie auf der Website zum Buch.

Hier nutzt man die KI quasi als eine Art Zeitmaschine für das Unmögliche. Man erschafft Bilder, die es in der jeweiligen Epoche faktisch nie hätte geben können, die sich aber so anfühlen, als wären sie damals genau so entstanden.

prompt atmospheric watercolor painting in the style of romanticism, an astronaut holding a poppy flower, misty mountain horizon, melancholic and sublime mood, hazy golden hour light, inspired by Caspar David Friedrich --ar 3:4

Ausführung im Stil der Romantik

prompt stylized lithograph in art deco style, an astronaut holding a poppy flower, sleek skyscraper terrace, glamorous, metallic gold and midnight blue, symmetrical vertical composition --ar 3:4

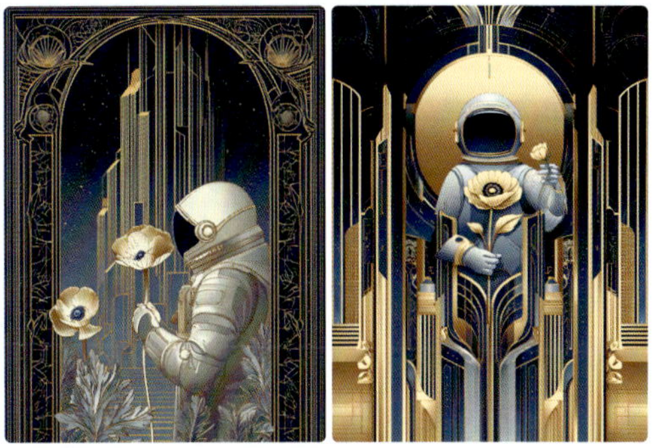

Ausführung im Jugendstil

Motive mit inhaltlichem Bruch

Andersherum können Sie auch die Epoche als visuelle Schablone für moderne Bilder nutzen. So können Sie die Stärken einer Epoche (wie z. B. das Chiaroscuro vom Barock mit dem starken Kontrast zwischen Licht und Schatten, was eine dramatische Tiefe erzeugt) auf Szenarien heutiger Events übertragen. Der Reiz liegt in der haptischen Reibung: Die historische Bildsprache verleiht alltäglichen oder provokanten modernen Szenen eine unerwartete Schwere, Würde oder physische Greifbarkeit. Weitere Beispiele finden Sie auf der Website zum Buch.

prompt analog film photography reminiscent of romanticism aesthetic, a father standing on a giant mountain of laundry holding a single red sock, on the bottom of the laundry mountain toddlers are standing around, misty morning light filtering through a window, melancholic yet heroic mood, wide shot, heavy grain --ar 3:4

Die Romantik nutzt die Umgebung als emotionalen Verstärker. Das »misty morning light« erzeugt eine sehnsüchtige Atmosphäre, während der »wide shot« das Motiv in eine weite, bedeutungsschwere Welt zwischen Melancholie und Heldenmut setzt.

prompt photography in the style of art deco, a sleek Porsche driving through a futuristic city, metallic gold and chrome reflections, sharp geometric lines, symmetrical vertical composition, glamorous evening light, streamline moderne aesthetic --ar 3:4

Die »symmetrical vertical composition« verleiht beim Art déco modernen Objekten eine monumentale Aura. »sharp geometric lines« sorgen für eine luxuriöse Struktur, die Stärke und Klarheit ausstrahlt.

Ich bin überzeugt, dass die Arbeit mit kunsthistorischen Stilen weit mehr als eine nostalgische Spielerei ist. Für mich ist sie das mächtigste Werkzeug, um die oft sterile Perfektion digitaler Generierung zu überwinden.

Das ist der Punkt, an dem das Wissen von Künstler*innen und Designer*innen oder die Stunden im Kunstunterricht ihre wahre Stärke zeigen. Wenn man versteht, dass die Bildlogik der Renaissance oder das Lichtdrama des Barock universelle Gesetze der menschlichen Wahrnehmung sind, kann man diese gezielt einsetzen, um moderne Bildwelten von unvergleichlicher Tiefe zu erschaffen.

Der wahre Durchbruch gelingt für mich dort, wo man die historische Struktur vom Medium trennt. Indem man die Kompositionsregeln der alten Meister auf moderne Sujets und analoge fotografische Techniken überträgt, entstehen Bilder, die sich der typischen KI-Ästhetik entziehen. Sie wirken dann nicht mehr wie das Ergebnis eines Algorithmus, sondern wie eine bewusste, haptische Entscheidung, geprägt durch Licht, Schatten und greifbare Materialität.

7.2 Illustrieren und Zeichnen

Illustration und Zeichnung funktionieren fundamental anders als Fotografie oder Ölmalerei. Während man in der Fotografie oft versucht, die Welt in ihrer ganzen Komplexität einzufangen, geht es hier eher um eine bewusste Übersetzung.

In der grafischen Welt dominiert die Linie über das Licht. Es geht um Klarheit und die Reduktion auf das, was wirklich zählt. Wenn ich mit Midjourney an Illustrationen arbeite, ist die größte Lektion oft, dass weniger mehr ist. Der Fokus der Promptformel verschiebt sich massiv auf Medium, Technik und die Linienführung. Alles andere – Ort, Umgebung oder komplexe Lichtstimmungen – kann oft komplett gestrichen werden, um die visuelle Klarheit nicht zu gefährden. Meine bewährte Grundstruktur für einen allgemeinen Prompt sieht generell folgendermaßen aus:

[Medium], [Motiv/Szene], [Ort/Umgebung], [Stimmung/Emotion], [Licht/Farbe], [Stil/Genre], [Komposition/Perspektive], [Inspiration/Technik]

Für Illustrationen und Zeichnungen reduziere ich gerne bewusst:

[Medium], [Stil/Genre], [Technik], [Motiv/Szene], [Ort/Umgebung]

Sekundär werden dann [Stimmung/Emotion], [Licht/Farbe] sowie [Komposition/Perspektive].

7.2.1 Illustration in Midjourney

Mit welchen Promptbegriffen können wir klassische Illustrationen in Midjourney umsetzen?

Technik	Promptbegriffe	Stilwirkung	Einsatz

pencil
graphite (Bleistift)
	`fine linework`
	`visible graphite texture`
	`soft shading`
	`paper grain`
		erzeugt echte Bleistiftanmutung	Skizzen, Storyboards

colored pencil (Buntstift)	`fine details`
	`layered strokes`
	`subtle gradients`
	`paper texture`
		verhindert graue Farbflächen	Illustrationen, Kinderbuch

Technik	Promptbegriffe	Stilwirkung	Einsatz

charcoal (Kohle)	`high contrast`
	`rough texture`
	`smudged shadows`
	`expressive strokes`
		verhindert saubere Linien, verstärkt Rohheit	Editorials, Illustrationen, Poster-Art

ink (Tusche)	`clean linework`
	`high contrast`
	`flat blacks`
		klare Kanten, grafischer Look	Editorials, Comics

watercolor (Aquarell)	`transparent layers`
	`soft color bleeding`
	`uneven wash`
	`paper texture`
		macht Farben wässrig statt deckend	Kinderbuch, Naturmotive

gouache (Gouache)	`matte paint`
	`opaque layers`
	`flat color fields`
	`hand-painted look`
		matte und flächendeckende Farbe	Editorials, Flat-Looks mit analogem Charakter

acrylic (Acryl)	`bold colors`
	`visible brush strokes`
	`layered paint`
		verhindert plastikartige Flächen	Illustrationen, Malerei

oil pastels (Ölpastellkreide)	`soft edges`
	`powdery texture`
	`blended colors`
		macht Übergänge weich und staubig	Skizzen, Kinderbuch

marker
copic marker
felt tip marker (Filzmarker)
	`smooth color gradients`
	`visible marker strokes`
	`layered marker shading`
	`hard edges`
	`slight streaking`
		erzeugt typischen Design- und Sketch-Look	Design-Skizzen, Architektur, Produktdarstellungen

Promptbegriffe für Illustrationen

Hier ein paar Beispiele inklusive der verwendeten Prompts für Sie zur Inspiration an. Weitere Beispiele finden Sie auf der Website zum Buch.

prompt ink illustration, flat blacks with red ink clean linework, profile view of two women, white background --ar 16:9

Tintenillustration

prompt watercolor illustration, soft color bleeding, paper texture, a house with trees surrounded in a forest --ar 16:9

Aquarell

PRAXIS

Illustrieren für ein Kinderbuch

Als mein Sohn vier Monate alt war, wollte ich ihm etwas Besonderes schenken: ein eigenes Buch. Das Problem war nur, dass meine zeichnerischen Fähigkeiten entweder eingerostet oder schlichtweg nicht auf dem Level sind, um so ein Projekt in realistischer Zeit auf Papier fertigzustellen. Hätte ich jeden Strich selbst gesetzt, wäre er wahrscheinlich schon in der Pubertät, bevor die erste Seite fertig ist.

Das Ergebnis des Projekts

Zum Glück ist Midjourney mittlerweile ein Werkzeug, das diese Lücke schließen kann. Also beschloss ich, mein Wissen über generative KI mit meinem Background im Grafikdesign zu kombinieren. Es war die perfekte Gelegenheit, meine berufliche Expertise einmal für ein privates Herzensprojekt zu nutzen statt immer nur für Kundenaufträge.

Die KI übernahm dabei den Part des Illustrators, während ich als Art Director und Layouterin die Fäden in der Hand hielt. Hier ist der Prozess, wie aus einer fixen Idee in sechs Schritten ein echtes, kleinkindgerechtes Pappbilderbuch wurde.

Stil festlegen

Der wichtigste Schritt am Anfang war nicht das einzelne Bild, sondern die Entscheidung für einen festen Stil, der sich dann durch das gesamte Buch ziehen kann. Für ein Kinderbuch bedeutet das klare, freundliche Formen, eine begrenzte Farbpalette und ein Stil, der emotional trägt, ohne zu überladen zu sein.

Einige Stilideen

Hauptperson festlegen

Anschließend habe ich die beiden Hauptcharaktere entwickelt. Ziel war es, Figuren zu entwickeln, die Wiedererkennbarkeit schaffen und visuell konsistent bleiben.

prompt children's book colored pencil illustration, a cute red-haired boy sitting on clouds, wearing a white t-shirt and red pants, subtle pink hues, simple illustration, flat color, blue background --ar 7:3

Die Hauptperson

prompt children's book colored pencil illustration, a white furry creature afraid in the dark in a forest, subtle pink hues, simple illustration, flat color, dark nighttime background --ar 7:3 --sref https://s.mj.run/4rNgfrsx3Cs

Sein kleiner Freund

Für die Zusammenführung von zwei Charakteren in einem Bild benutze ich oft noch Version 6.1, da man sie damit einfacher in den Prompt integrieren kann. Weiterführend kann man dann das Bild als Omni Reference und Version 7 nutzen.

prompt children's book colored pencil illustration, a little boy in a white shirt and red pants and a small furry white creature sitting in a dark forest, subtle pink hues, simple illustration, flat color --ar 7:3 --sref https://s.mj.run/vvm3O1RIIWw --cref https://s.mj.run/vvm3O1RIIWw https://s.mj.run/XWLk1tkwH-I --v 6.1

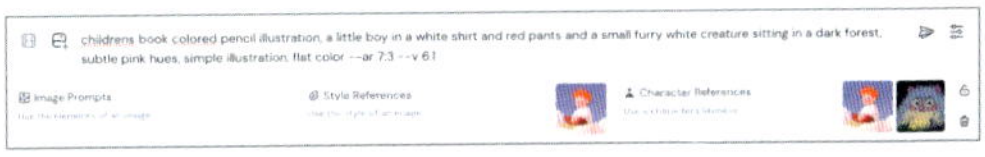

Max und Milo in einer Szene

Geschichte ausbauen und Szenen entwickeln

Nachdem Stil und Hauptcharaktere festgelegt waren – Max (der Junge) und Milo (das weiße Tierchen) –, ging es im nächsten Schritt darum, die Geschichte visuell zu denken. Ausgehend von der Erzählung habe ich die Handlung in einzelne Szenen übersetzt: Was passiert auf welcher Seite? Welche Emotion trägt die Szene? Welche Umgebung unterstützt die Geschichte visuell?

Während sie durch den dunkler werdenden Wald wanderten, bemerkte Max eine goldene Feder, die leise vom Himmel auf sie herabschwebte. Er hob die Feder auf und hielt sie in der Hand. Sie schimmerte sanft im Abendlicht und fühlte sich erstaunlich leicht an. »Schau mal, Milo«, sagte Max. »Diese Feder ist wunderschön. Vielleicht bringt sie uns Glück auf unserer Reise.« Milo schaute neugierig, aber auch etwas ängstlich auf die Feder. »Vielleicht kann sie uns den Weg weisen«, flüsterte er.

Max findet die Feder.

In diesem Schritt entstanden nicht nur die ersten Szenen für das Buch, sondern auch die weiteren Charaktere, die die Geschichte unterstützen. Sie wurden direkt im Kontext der Geschichte entwickelt, direkt eingebettet in konkrete Situationen.

> **prompt** children's book colored pencil illustration, a shy fox standing in tall grass at night, subtle pink hues, simple illustration, flat color --ar 7:3 --sref https://s.mj.run/LF5jB78v-20

Weitere Charaktere entstehen, z. B. ein Fuchs.

Format anpassen und Upscaling

Um die Illustrationen an das Buchformat anzupassen, war ein breites Seitenverhältnis von 2:1 notwendig. Die ursprünglichen Bilder wurden daher zunächst direkt in Midjourney mithilfe von Zoom Out und Pan nach links und rechts im Edit-Modus überarbeitet. So habe ich die Szenen erweitert, damit sie später das Doppelseitenformat sinnvoll ausfüllen.

Nach der Formatanpassung

Im Anschluss wurden alle Bilder mit Magnific hochskaliert, um die notwendige Auflösung für den Druck zu erreichen.

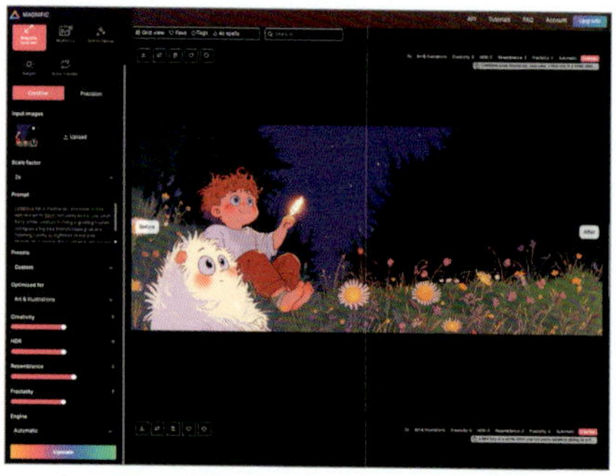

Upscaling in Magnific AI

Finale Arbeiten

Die finale Qualitätskontrolle erfolgte in Adobe Photoshop. Die manuelle Nachbearbeitung umfasste das Entfernen von Artefakten, das Korrigieren kleiner Details und gezielte Farbangleichungen und Korrekturen.

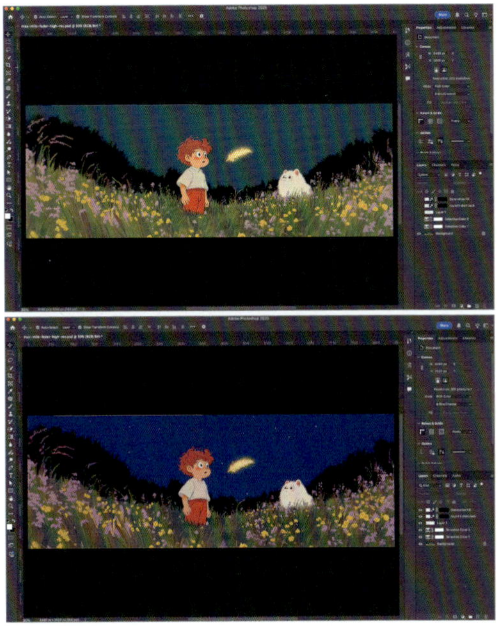

Nacharbeiten

Gerade die Farbanpassungen waren entscheidend für die visuelle Kohärenz des Buches. Einzelne Bilder mögen für sich funktionieren, doch erst durch eine bewusste Angleichung entsteht über alle Seiten hinweg ein stimmiges Gesamtbild. Dieser Schritt ist zeitintensiv, aber entscheidend für die Qualität des Endergebnisses, vor allem bei einem gedruckten Kinderbuch.

Layout, Typografie und Coverdesign

Im nächsten Schritt liefen alle Fäden zusammen. In Adobe InDesign wurden die finalen Illustrationen platziert und der Text gesetzt. Erst hier zeigt sich, ob Bild und Text tatsächlich miteinander funktionieren. Das Layout umfasste mehrere Ebenen: Platzierung der Illustrationen und Setzen der Texte.

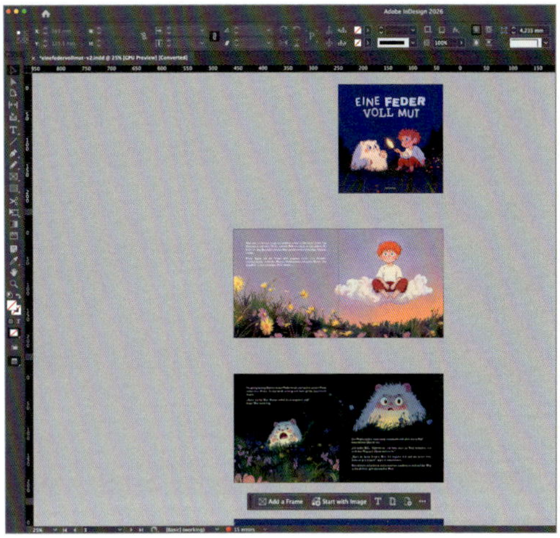

Der Satz des Buches in InDesign

Parallel dazu fiel die Entscheidung für die Schriften innerhalb des Buches. Für ein Kinderbuch bedeutet Typografie vor allem Lesbarkeit, Ruhe und Charakter. Die Schrift muss zum Stil der Illustrationen passen, ohne sich in den Vordergrund zu drängen.

Schriftwahl

Auch das Coverdesign entstand in diesem Schritt. Das Cover ist kein isoliertes Element, sondern Teil des Gesamtkonzepts: Stil, Farbwelt und Typografie müssen auch hier auf den Punkt zusammenkommen.

Das Cover

Der Layoutprozess war dabei nicht linear. Immer wieder zeigte sich, dass kleine Anpassungen nötig waren: ein anderer Bildausschnitt, mehr oder weniger Raum für Text und immer wieder feinere Farbkorrekturen.

Der Druck

Zum Abschluss wurde das Buch bei Pinguindruck produziert. Gedruckt wurde auf dicker Pappe, damit das Buch auch stabil ist, häufiges Anfassen aushält und vor allem für ein Kleinkind geeignet ist.

Der Moment, das fertige Buch in den Händen zu halten, war der Abschluss eines vollständig durchlaufenen kreativen Prozesses, von der Idee bis zum physischen Buch. Es ist mit Sicherheit nicht das letzte Buch, das ich für meinen Sohn gestaltet habe.

Das fertige Buch

7.2.2 Zeichnen in Midjourney

Schauen wir uns nun an, mit welchen Promptbegriffen wir klassische Zeichnungen in Midjourney umsetzen können.

Technik	Promptbegriffe	Stilwirkung	Einsatz

line drawing (Linienzeichnung)	`consistent line weight`
	`continuous line part`
	`clean outlines`
	`one line`
	`messy one line drawing`
		klare, illustrative Linien	Infografiken, Editorial

sketch drawing (Skizze)	`rough lines`
	`overlapping strokes`
	`unfinished`
		sichtbar gedachter Prozess	Ideenskizzen, Prozesse

technical drawing (Technische Zeichnung)	`precise lines`
	`geometric accuracy`
	`measured proportions`
		verhindert saubere Linien, verstärkt Rohheit	Architektur, Produkt

contour drawing (Konturzeichnung)	`continuous outline`
	`stylized line drawing`
	`minimal detail`
		Fokus auf Form statt Fläche	Formstudien, Reduktion, Malbuch

minimal drawing (Minimalistische Zeichnung)	`thin drawing`
	`line art`
	`reduced detail`
	`flat design aesthetic`
		starke Aussage mit wenig Mitteln	Ideenskizzen, Tattoos

expressive drawing (Expressive Zeichnung)	`chaotic sketch`
	`emotional strokes`
	`distorted forms`
	`bold varied line work`
		Gefühl im Fokus vor Richtigkeit	Poster-Art, Editorial

Hatching (Schraffur)	`parallel lines` `directional shading`	kontrollierte Lichtführung	Illustrationen, Ideenskizzen

Stippling (Punktierung)	`dot-based shading`
	`highly detailed`
	`monochrome`
		ruhige, technische Wirkung	Illustrationen, Ideenskizzen

loose drawing (Lockere Zeichnung)	`organic linework` `imperfect lines`	vermeidet sterile Präzision	Illustrationen, Editorial

Promptbegriffe für Zeichentechniken

Die folgenden Beispiele zeigen einige Techniken. Weitere Beispiele finden Sie auf der Website zum Buch.

prompt sketch drawing, rough pencil lines, unfinished look, a young woman sitting casually in an armchair, solid white background --ar 16:9

Bleistiftskizze

prompt technical drawing, geometric accuracy, a perfume bottle, white background --ar 16:9

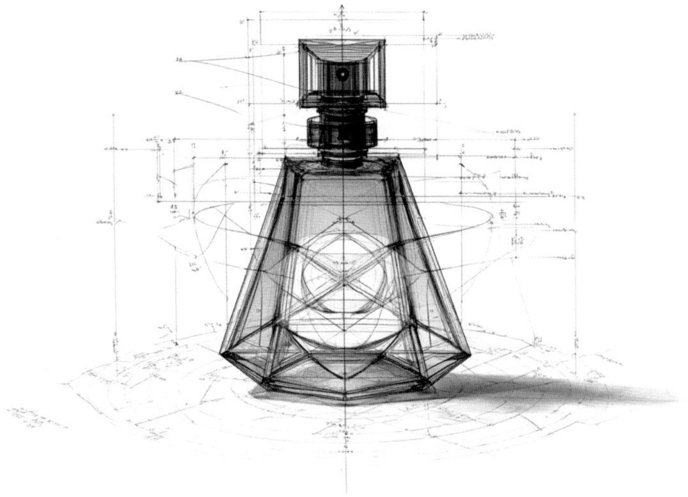

Technische Zeichnung

PRAXIS

Storyboard: Skizzen erstellen

Ein Storyboard ist die visuelle Blaupause einer Geschichte, also eine Reihe von groben Skizzen mit genauer Szenenfolge, Perspektiven und wichtigen Bildelementen. Man setzt es ein für visuelle Erzählungen, ob für Animationen, Filme oder User Journeys im Produktdesign. Traditionell ist das Skizzieren dieser Sequenzen ein aufwendiger Prozess, der viel Zeit in Anspruch nehmen kann. Gerade in Designteams, wo schnelle Iterationen und das Sichtbarmachen von Konzepten entscheidend sind, spielt die KI ihre Stärke aus. So lassen sich Konzepte extrem früh im Prozess testen, diskutieren und anpassen, ohne dass wertvolle Ressourcen in detaillierte Renderings fließen.

Als konkretes Beispiel nutze ich hier eine Parfum-Kampagne: Eine reduzierte, fast karge Naturkulisse trifft auf Momente tiefer Intimität.

Advanced Prompting – Prompt per Image

Die erste Methode ist das »Prompting per Image«, wie ich es gerne nenne. Hier generieren Sie jedes Bild einzeln und nutzen ein Referenzbild als Basis, um der KI eine klare Richtung für Style und Schraffierung vorzugeben. Das sorgt für maximale Kontrolle über jedes einzelne Frame des Storyboards, erfordert aber mehr manuellen Aufwand, um den Stil über die gesamte Strecke hinweg halbwegs stabil zu halten.

Um den Stil der Skizzen konsistent zu halten, verwende ich in diesem Fall gezielt ein bis zwei Bilder als Style Reference, deren Schraffur und Linienführung dem gewünschten Look entsprechen.

prompt b/w monochrome storyboard sketch drawing, rough lines, wide shot of towering coastal rock formations, vast shoreline, distant figure centered between rocks, white background --ar 16:9 --stylize 0.

Beispielbild 1

prompt b/w monochrome storyboard sketch drawing, rough lines, portrait shot of a womans face emerging from shadow, wind in hair, rocky landscape softly blurred behind, white background --ar 16:9 --sref https://s.mj.run/a5NJuHnBZOY https://s.mj.run/F9qi3ChCsBE

Beispielbild 2

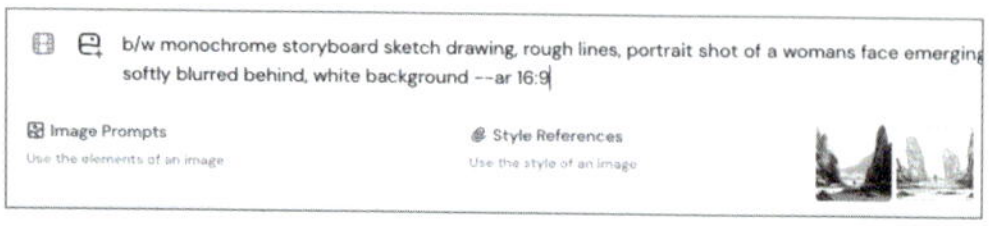

Stilreferenz in Midjourney

So sehen einige Ergebnisse aus. Mehr Beispielbilder finden Sie auf der Website zum Buch.

prompt b/w monochrome storyboard sketch drawing, rough lines, extreme close-up side angle shot of womans hand against her skin, tactile gesture, light catching subtle texture, white background --ar 16:9 --sref https://s.mj.run/a5NJuHnBZOY https://s.mj.run/F9qi3ChCsBE

Die Hauptperson

prompt b/w monochrome storyboard sketch drawing, rough lines, close-up straight-on shot of her hand reaching toward a perfume bottle resting among rocks, golden glow in a form of watercolor surrounding glass, white background --ar 16:9 --sref https://s.mj.run/a5NJuHnBZOY https://s.mj.run/F9qi3ChCsBE

Das Parfum tritt auf.

prompt b/w monochrome storyboard sketch drawing, rough lines, extreme close-up of the perfume bottle isolated on a stone with radiant golden highlights behind the bottle, label close-up shot saying "FREEDOM", white background --ar 16:9 --sref https://s.mj.run/_xIwkhFg1sE --oref https://s.mj.run/_xIwkhFg1sE --ow 1000

Das Parfüm spielt die Hauptrolle.

Zusätzlich lässt sich wie im letzten Beispiel mit **Omni Reference** das Produkt konsistent beibehalten, sodass Form, Proportionen und visuelle Details über alle Bilder hinweg erhalten bleiben.

Bild als Omni Reference

Quick Hack: Layout-Prompting

Der zweite Weg ist das Layout-Prompting, bei dem das gesamte Storyboard in einem einzigen Prompt erstellt wird. Dabei beschreiben Sie der KI direkt ein Raster, z. B. `9 frames grid layout`, und lassen die Szenen als zusammenhängende Sequenz berechnen. Bei diesem Promptingstil müssen Sie allerdings in Kauf nehmen, dass Sie in Midjourney weniger Kontrolle über die Details der einzelnen Bilder haben.

prompt b/w monochrome storyboard sketch drawing, rough lines, 9 frames grid layout of a perfume ad of a woman towering coastal rock formations, vast shoreline ending with a close-up shot of the perfume bottle placed on a rock, white background --ar 16:9 --stylize 0

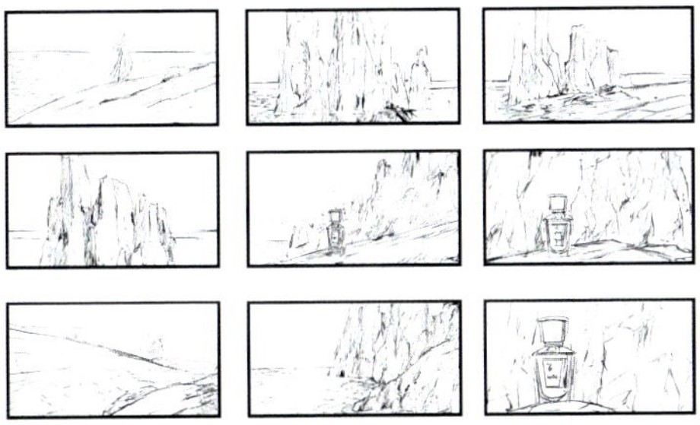

Moodboard erstellt mit Grid

Wesentlich genauer arbeitet hier Nano Banana Pro von Google Gemini. Im Vergleich dazu ist Midjourney oft weniger präzise, wenn es darum geht, einzelne Frames wirklich getrennt voneinander zu beschreiben. Packt man bei Midjourney zu viele Infos in einen Prompt, wirkt das Modell schnell »überfordert« und verliert das Ziel aus den Augen. Nano Banana Pro hingegen kommt mit Grids extrem gut klar und liefert die gewünschte Reihenfolge der Bilder sauber ab. Wenn Sie das Modell ausprobieren möchten, können Sie das zum Beispiel über Freepik tun. Es ist das ideale Tool, wenn man beim Storyboarding Wert auf Genauigkeit und Schnelligkeit legt und sich nicht mit eher vagen Ergebnissen zufriedengeben will. Den ausführlichen Prompt finden Sie auf der Website zum Buch.

Einstellungen in Freepik: Model: Google Nano Banana Pro, References (kein Muss)

Aspect Ratio: 16:9/21:9, Resolution: 2K

Storyboard zerlegen

Ein echter Bonus bei Freepik ist die Funktion **Split Grid**. Damit lässt sich das gesamte Storyboard mit einem Klick zerlegen, sodass man alle Bilder auch als einzelne Variationen extrahieren und herunterladen kann. Das spart das mühsame manuelle Zuschneiden, falls nötig, und macht den Workflow extrem effizient, wenn man die einzelnen Szenen direkt in eine Präsentation oder ein Layout ziehen will.

Wichtig ist dabei, dass es sich nicht um ein getrenntes Ökosystem handelt. Kreationen aus Midjourney sind auch in Niji sichtbar und umgekehrt. Bilder, Prompts und Profile sind vollständig miteinander verknüpft und plattformübergreifend verfügbar. Hier sind die relevantesten Promptbegriffe für Niji zusammengefasst.

Anime-Stil	Promptbegriffe	Technik	Stilwirkung

90s Anime	`90s anime style`
	`retro anime`
	`vintage anime`
		`cel shading`
		`grain texture`
		`soft glow`
		`hand-drawn feel`
			nostalgisch, warm, analog, emotional

Early 2000s Anime	`2000s anime style`
	`dvd-era anime`
		`clean cel shading`
		`sharper lines`
		`saturated colors`
			klarer, digitaler, weniger rau

Modern Anime	`modern anime style`
	`contemporary anime`
		`clean lineart`
		`smooth shading`
		`digital polish`
			glatt, präzise, hochwertig

Anime Movie Style	`anime movie still`
	`cinematic anime`
		`cinematic lighting`
		`soft gradients`
		`depth`
			cineastisch, emotional, hochwertig

Manga Style	`manga illustration`
	`flat illustration style`
	`black and white manga`
		`inked lineart`
		`screentone`
		`high contrast`
			grafisch, roh, erzählerisch

Shojo	`shojo anime style`
	`sparkly eyes`
		`soft lines`
		`pastel palette`
		`glow effects`
			romantisch, leicht, emotional

Shounen	`shounen anime style` `action anime`	`dynamic poses` `hard cel shading`	energiegeladen, kraftvoll
Seinen	`seinen anime style` `mature anime`	`muted colors,` `realistic proportions`	ernst, ruhig, erwachsen
Chibi	`chibi style`	`simplified shapes` `flat colors`	verspielt, süß, humorvoll
Kawaii Anime	`kawaii anime style` `cute characters`	`round shapes` `soft shading`	freundlich, kindlich
Dark Anime	`dark anime aesthetic` `gothic anime`	`low-key lighting` `desaturated colors`	düster, dramatisch

Anime-Stil	Promptbegriffe	Technik	Stilwirkung
Cyberpunk Anime	cyberpunk anime neon anime	neon lighting high contrast	futuristisch, urban
Fantasy Anime	fantasy anime illustration	painterly cel shading glow magic	märchenhaft, episch
Game Anime Art	anime game art gacha style	crisp lineart polished shading	sauber, ikonisch
Korean Anime/ Aeni-influenced	korean animation style aeni-inspired webtoon aesthetic	clean lineart soft gradients minimal cel shading	weich, elegant, emotional zurückhaltend

Hier nun einige Beispiele zur Inspiration. Weitere Beispielprompts finden Sie auf der Website zum Buch.

prompt 90s anime, retro anime style, profile shot of a woman with long black hair with a red bow looking out of the window, indoors --ar 16:9 --niji 7

90s Anime

digital painting	`digital brushwork`
	`painterly texture`
	`visible brushstrokes`
	`illustrated`
	`in the style of pro-create`
	`soft edges`
		organisch, gemalt	Illustration, Cover, Buch, Kunst

digital con-cecpt art	`rough brushwork`
	`atmospheric depth`
	`cinematic composition`
	`mood-driven lighting`
		atmosphärisch	Film, Spiele, Animation

Promptbegriffe für 3D und Digital Painting

Und hier zur Illustration einige Beispiele inklusive Prompt. Weitere Beispiele finden Sie auf der Website zum Buch.

prompt 3D render, PBR material with volumetric lighting, shot of a can with visible condensed water and mist escaping --ar 16:9

3D-Rendering

prompt cute 3D animation, rounded shapes, a furry grey mouse breathing in the fresh air in the early morning sunlight, outdoor nature scene --ar 16:9

3D-Animation

prompt isometric 3D illustration, clean geometry, a game scene of an outdoor scene with a river, trees and grass, slighty cartoonish --ar 16:9

Isometrie

prompt digital painting, digital brushwork, portrait of a woman with purple and blue lighting, minimal setting, playful, in the style of procreate --ar 16:9

Digital Painting

prompt editorial design moodboard, bold graphic layouts, a number "8" made from layered paper textures, expressive visual fragments, editorial and publishing context, bold, energetic, expressive mood, high-contrast color palette, black, off-white, saturated accent colors, expressive graphic design, experimental editorial style

KAPITEL 8

Design und Layout

KAPITEL 8

Design und Layout

Design und Layout ist der Bereich, in dem Midjourney am besten als visuelles Denkwerkzeug eingesetzt werden sollte und am wenigsten als fertiges oder einsatzfähiges Design-Tool funktioniert.

Sowohl im Bereich der fotorealistischen Bildgestaltung wie auch in Kunst und Illustration ist Midjourney schon fast als alleinstehendes Tool einsatzfähig. Anders ist es noch im Bereich Design und Layout. Gerade bei komplexen Aufgaben wie Logos, Infografiken, Typografie oder Layouts stößt Midjourney als alleiniges Werkzeug schnell an seine Grenzen. Der Text ist nicht verlässlich abbildbar, Systeme sind nicht konsistent, und technische Anforderungen an Reproduzierbarkeit, Skalierbarkeit wie auch Druck lassen sich nicht vollständig abbilden. In den wenigsten Fällen lassen sich solche Designaufgaben von Anfang bis Ende ausschließlich in Midjourney umsetzen.

Midjourney ersetzt also keine klassischen Designprozesse und auch keine etablierten Werkzeuge wie Adobe Illustrator oder InDesign. Stattdessen übernimmt es eher die Rolle von z. B. Pinterest, Behance oder Dribbble, nämlich um Ideen sichtbar zu machen, Richtungen auszuloten, Stimmungen zu testen und visuelle Systeme gedanklich vorzustrukturieren. Wie es Designer*innen vielleicht auch von diesen Inspirationsplattformen kennen, liefert Midjourney keine finalen Lösungen, sondern hilft bei visuellen Impulsen. Die Stärke liegt also vielmehr in der frühen Phase des Gestaltens: Ideen entwickeln, Stile definieren oder schnelle Vergleiche machen.

Um aber auch im generativen KI-Bereich Lösungen für die weitere Verarbeitung von Logos, Design-Mockups oder Typografie zu finden, arbeite ich mittlerweile mehr und mehr mit Tools wie z. B. Nano Banana Pro von Google. Während Midjourney das kreative Chaos liefert, hilft mir Nano Banana Pro dabei, das Ganze technisch glattzuziehen und reproduzierbar zu machen. Ohne diese Brücke blieben viele Entwürfe nur nette Skizzen, die sich im echten Designalltag kaum nützlich machen.

Zusatzmaterial auf der Website zum Buch
Weitere Prompts und Promptbeispiele finden Sie auf der Website zum Buch unter *www.rheinwerk-verlag.de/6146* oder über den QR-Code.

8.1 Designinspirationen und Ideen visualisieren

Schauen wir uns nun an, wie man Midjourney gezielt für Moodboards, Infografiken, UI-Entwürfe, Präsentationsdesigns und Farbverläufe einsetzt.

8.1.1 Moodboards

Als Designer*in hat man in der Regel bereits eine klare Vorstellung davon, in welche Richtung ein Projekt gehen soll. Genau hier liegt eine der größten Stärken von Midjourney. Statt Stunden oder sogar Tage mit der Suche nach passenden Referenzbildern zu verbringen, lassen sich Gedanken, Eindrücke und Ideen strukturiert in einen Prompt übersetzen und visuell abbilden.

Für mich war das eine der ersten und zugleich nachhaltigsten Anpassungen in der Arbeit mit generativer KI. Als Grafikdesignerin habe ich Midjourney früh als Werkzeug für die Ideenfindung und visuelle Orientierung integriert, und zwar nicht als Ersatz für Designentscheidungen, sondern als Beschleuniger im kreativen Prozess. Was früher aus umfangreicher Recherche, Kuratieren und Sortieren bestand, kann heute oft innerhalb weniger Stunden entstehen. Visuelle Richtungen lassen sich schneller testen, vergleichen und verwerfen, ohne den gestalterischen Kern aus den Augen zu verlieren.

Für Moodboards passe ich die Promptstruktur folgendermaßen an:

[Medium], [Motiv/visuelle Elemente], [Kontext/Anwendung], [Stimmung/Emotion], [Licht/Farbe], [Stil/Genre], [Komposition/Perspektive], [Inspiration/Technik]

[Ort/Umgebung] wurde in diesem Zusammenhang abgeändert zu [Kontext/Anwendung]. Mit welche Promptbegriffen können wir also Moodboards in Midjourney umsetzen?

Bereich	Promptbegriffe für Moodboards
Medium	branding moodboard visual identity moodboard packaging design moodboard editorial design moodboard digital brand moodboard visual storytelling moodboard material moodboard design inspiration board
Motiv/visuelle Elemente	studio context neutral background brand environment editorial context
Kontext/Anwendung	fashion editorial photography clean UI-inspired visuals studio and brand context commercial ad product environment
Stimmung	calm confident restrained bold expressive playful nostalgic intimate warm minimal futuristic
Licht/Farbe	soft daylight diffused light muted colors neutral palette earthy tones pastel colors monochrome golden hour lighting

Bereich	Promptbegriffe für Moodboards

Stil/Genre	`minimal branding`
	`editorial design`
	`graphic design inspired`
	`cinematic visual language`
	`modern`
	`timeless`
	`experimental`

Komposition/Perspektive	`top down view`
	`close-up details`
	`cropped compositions`
	`flat compositions`
	`modular layout`
	`negative space`
	`balanced compositions`

Inspiration/Technik	`material-focused photography`
	`analog textures`
	`subtle grain`
	`abstract textures`
	`studio lighting`
	`high-end branding visuals`

Promptbegriffe für Moodboards

Ein Vorteil des Arbeitens mit Midjourney liegt in der kontrollierten Variation. Statt jedes Bild neu aufzubauen, bleibt der Basisprompt bestehen, und es wird lediglich eine einzelne Variable angepasst, wie z. B. die Farbwelt, die Lichtstimmung oder der Grad der grafischen Ausarbeitung. Auf diese Weise entstehen klar unterscheidbare visuelle Richtungen, die sich direkt miteinander vergleichen lassen. So schafft man sich eine schnelle Entscheidungsgrundlage. Sie können beispielsweise schnell zwischen warmen oder kühlen Farben oder einem minimalistischen Stil bzw. einem expressiven Stil unterscheiden. Auch Weich/Stark oder Cinematic/Webdesign wären visuelle Richtungen, die Sie vergleichen können. Weitere Beispiele finden Sie auf der Website zum Buch.

prompt editorial design moodboard, clean graphic layouts, subtle paper textures, minimal visual fragments, editorial and publishing context, calm, controlled, confident mood, muted neutral color palette, off-white, soft grey, restrained accents, minimal editorial design, understated photography, ordered compositions --ar 16:9

Minimalistisch

prompt editorial design moodboard, bold graphic layouts, layered paper textures, expressive visual fragments, editorial and publishing context, bold, energetic, expressive mood, high-contrast color palette, black, off-white, saturated accent colors, expressive graphic design, experimental editorial style --ar 16:9

Ausdruckstarker Stil

8.1.2 Infografiken

Infografiken gehören zu den Bereichen, in denen Midjourney visuell inspirierend, aber inhaltlich quasi überhaupt nicht einsetzbar ist, denn Zahlen oder konkrete Daten werden nicht korrekt abgebildet. Deshalb eignet sich das Tool nicht als finales Produktionswerkzeug oder für echte Datenvisualisierungen.

Seine Stärke liegt vielmehr im konzeptionellen Bereich. Wenn Sie eine bestimmte gestalterische Richtung testen möchten, können Sie mit Midjourney schnell unterschiedliche Ästhetiken durchspielen und herausfinden, welche visuelle Sprache zur Marke oder zum Thema passt. Erst im nächsten Schritt werden dann die Inhalte in Designprogrammen wie z. B. Adobe Illustrator umgesetzt.

Bei Infografiken steht weniger das Motiv im Vordergrund, sondern primär der Stil. Genau dieser lässt sich über gezielte Promptbegriffe steuern.

Stil	Promptbegriffe	Einsatz

minimal/flat	`flat infographic`
	`minimal shapes`
	`clean lines`
	`simple icons`
	`reduced color palette`
		Corporate Design, Reports, Präsentationen, Dashboards

isometric	`isometric infographic`
	`3D elements`
	`depth layers`
		Tech, SaaS, Prozesse, Systemdarstellungen

illustrative	`illustrative infographic`
	`hand-drawn elements`
	`playful diagrams`
	`organic shapes`
		Bildung, Kinder, Erklärformate, Social Content

data driven	`data visualization style`
	`charts and graphs`
	`grid-based layout`
		Forschung, Analyse, Business-Insights

cinematic / narrative	`narrative infographic`
	`visual storytelling`
	`scene-based flow`
		Kampagnen, Markenstorys

technical / UI-inspired	`UI dashboard style`
	`interface elements`
	`panels`
	`cards`
		Web, App, Produktkommunikation

experimental	`abstract infographic`
	`conceptual data visuals`
	`expressive shapes`
		Kunst, Konzepte, Pitches, Explorationsphasen

monochrome	`monochrome infographic`
	`color-coded system`
	`legend-based visuals`
		Vergleichsanalysen, Statistiken, Studien

print-inspired	`retro infographic`
	`risograph style`
	`halftone textures`
		Editorial, Kultur, Printprodukte

Promptbegriffe für Infografiken

Hier einige Beispiele für Infografiken. Weitere Beispiele finden Sie auf der Website zum Buch.

prompt infographic elements, flat shapes, simple icons, clean lines, corporate and reporting context, reduced color palette with subtle accent color, minimal flat design logic, grid-based modular layout, vector-like appearance, clean edges --ar 16:9

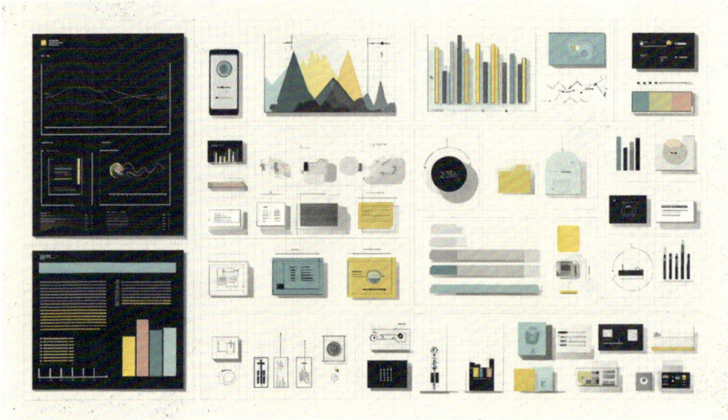

Minimalistische Corporate-Infografik – reduzierte Farbpalette, klare Linien und einfache Icons in einem modularen Rasterlayout mit sachlicher Reporting-Ästhetik

prompt infographic elements, symbolic data fragments, storytelling blocks, visual sequences, brand campaign and storytelling context, moody color palette with cinematic contrast, narrative visual design logic, flow-based layout with visual progression, soft lighting effects, subtle grain --ar 16:9

Narrative Infografik mit filmischer Anmutung

8.1.3 Website und Appdesign (UI/UX)

Ähnlich wie bei den Infografiken ist auch im Bereich Webdesign und Appdesign Midjourney als Tool alleine nicht produktionsreif. Midjourney kann keine funktionalen Interfaces bauen oder konsistente Designsysteme anlegen. Abstände, Texte und UI/UX-Logiken können nicht technisch umgesetzt werden, es können nur visuelle Ideenimpulse abgegeben werden. Die Stärke liegt auch hier wieder im Explorativen. Unterschiedliche Stilrichtungen lassen sich schnell testen, visuelle Hierarchien ausprobieren oder Farbsysteme vergleichen. Besonders in frühen Konzeptphasen kann das hilfreich sein, um eine Richtung zu definieren oder Stimmungen für ein Interface festzulegen.

Stil	**Promptbegriffe**	**Einsatz**

corporate/business	`corporate website`
	`clean layout`
	`structured sections`
	`restrained typography`
		Unternehmenswebsites, B2B

product/SaaS	`SaaS website`
	`product UI sections`
	`feature blocks`
	`dashboard visuals`
		Softwareprodukte, Tools, Plattformen

editorial/content-driven	`editorial website`
	`magazine-style layout`
	`image-led sections`
		Magazine, Blogs, Storytelling, Content Brands

e-commerce	`ecommerce website`
	`product grids`
	`category pages`
	`filters`
		Online-Shops, D2C

landingpage/campaign	`landing page design`
	`hero section`
	`conversion-focused layout`
		Kampagnen, Produktlaunches, Marketing

mobile app UI	`mobile app interface`
	`app screens`
	`card-based layouts`
		Apps, Mobile-first-Produkte

portfolio	`portfolio website`
	`visual storytelling`
	`large imagery`
		Kreative, Studios, persönliche Marken

dark UI/high contrast	`dark mode interface`
	`high contrast UI`
	`glowing accents`
		Tech, Gaming, Nachtmodi

Promptbegriffe für Weblayouts

Es folgen einige Beispiele für Webdesigns. Weitere Beispiele finden Sie auf der Website zum Buch.

prompt website blog design for an online magazine, typography-driven layout with strong editorial hierarchy, expressive headlines paired with highly readable body text, muted neutral color palette supporting longform reading, column-based grid inspired by blogs --ar 2:3

Editorial-Bloglayout eines Online-Magazins – ausgeprägte typografische Hierarchie, lesefreundliche Spaltenstruktur und ruhige Farbpalette

prompt landing page design for a perfume launch, headline-driven layout with bold display typography, typography designed to guide attention and conversion, high-contrast palette with strong brand accents, hero-led visual storytelling with minimal text blocks, scroll-based layout structured around typographic rhythm, high-impact, marketing-focused web aesthetic --ar 2:3

Landingpage für einen Parfum-Launch – aufmerksamkeitsstarke Typografie, markante Farbkontraste und herobasierte Inszenierung

8.1.4 Icons

Beim Generieren von Icons liegt die Stärke ebenso in der Ideenfindung, hier testet man z. B. minimal gegen isometrisch oder 3D gegen handgezeichnet. Die Fehlerquote in den Details oder einem Set von Icons ist sehr hoch. Wenn Sie sich als Designer*in aber gut auskennen, können Sie die Icons schnell in Adobe Illustrator nachzeichnen oder nachträglich ergänzen.

Stil	Promptbegriffe	Einsatz

outline icons	`outline icons`
	`thin stroke`
	`consistent line weight`
		diverse Einsatzbereiche

solid icons	`solid icons`
	`filled shapes`
	`strong silhouettes`
		Mobile Apps, kleine Icons

Stil	Promptbegriffe	Einsatz

isometric icons	`isometric icons`
	`pseudo-3D`
	`depth layers`
		Tech, SaaS, Developer Tools, Dashboards, Systemvisualisierung

illustrative icons	`illustrative icons`
	`hand-drawn style`
	`playful details`
		Education, Kinder, Erklärformate

duotone icons	`duotone icons`
	`two-color system`
	`accent color`
		Branding, Marketing, Highlights

3D icons	`3D icons`
	`volumetric shapes`
	`soft lighting`
	`material surfaces`
		Onboarding, Marketing, Feature Highlights

app icons	`app icon concept`
	`centered symbol`
	`strong silhouette`
	`square format`
		App Store, Branding, Produktidentität

Promptbegriffe für Icons

Und hier nun einige generierte Iconsets. Weitere Beispiele finden Sie auf der Website zum Buch.

prompt outline icons for a news and article website, thin consistent stroke, simple linear forms, minimal UI design, isolated icons, consistent proportions and spacing --ar 16:9

Lineare Outline-Icons für eine News-Website

prompt isometric icons for a cloud infrastructure dashboard, pseudo-3D forms, icons for servers, networks, storage and workflows, limited color palette with clear color coding, consistent isometric angle, isolated icons --ar 16:9

Isometrische Cloud-Dashboard-Icons

8.1.5 Präsentationsvorlagen

Ein kleiner Traum von mir ist es, dass man in Midjourney direkt bearbeitbare Präsentationsvorlagen erstellen könnte. Stand heute bleibt das aber nur Wunschdenken. So kann man zwar jetzt schon visuelle Konzepte ausarbeiten, aber keine editierbaren Layouts.

Stil	Promptbegriffe	Einsatz

minimal / corporate	`presentation template`
	`clean layout`
	`large margins`
	`simple typography`
	`subtle color accents`
		Business-Präsentationen, Reports, Management Slides

editorial	`editorial presentation`
	`magazine-style layout`
	`typographic hierarchy`
	`image-led slides`
		Storytelling, Markenpräsentationen, Longform Pitches

Stil	Promptbegriffe	Einsatz

pitch deck/ startup	`pitch deck slides`
	`bold headlines`
	`visual storytelling`
	`modular sections`
		Startups, Investor Decks, Produktvorstellungen

tech/product	`product presentation`
	`UI mockups`
	`dashboard visuals`
	`structured layouts`
		SaaS, Tech-Produkte, Feature-Erklärungen

creative	`creative presentation`
	`large imagery`
	`expressive typography`
	`bold compositions`
		Design, Film, Kampagnen, kreative Pitches

educational	`educational slides`
	`diagrams`
	`icons`
	`structured information blocks`
		Workshops, Schulungen, Vorträge

data-focused	`data presentation`
	`charts`
	`graphs`
	`comparison slides`
	`grid-based layout`
		Analyse, Research, Business Insights

cinematic/narrative	`cinematic presentation`
	`visual sequences`
	`atmospheric slides`
		Markenstorys, Kampagnen

Promptbegriffe für Präsentationen

Hier einige Beispiele für Präsentationsvorlagen. Weitere Beispiele finden Sie auf der Website zum Buch.

prompt keynote presentation template, clean slide layouts, large margins, restrained typography, corporate and reporting context, neutral color palette with subtle accent color, minimal corporate design logic, grid-based structure, top-down view, clear hierarchy --ar 16:9

Minimalistisches Keynote-Template im Corporate-Stil

prompt keynote presentation template, large imagery, expressive typography, bold but ordered compositions, creative pitch and concept context, strong but controlled color palette, creative visual design logic, image-driven layouts, top-down view, clear slide structure, high-impact visuals, polished presentation look --ar 16:9

Kreatives Pitch-Design

PRAXIS

Verläufe und Hintergründe

Bei Web-Hintergründen und UI-Elementen ist die KI für mich eher ein schneller Farbfächer als ein Bildgenerator. Statt ewig in Photoshop an Verläufen zu schrauben, teste ich hier in Sekunden, ob eine gewisse Farbwelt oder abstrakte Form zur Marke passt und ob die Typo darauf überhaupt noch lesbar ist. In diesem Bereich streiche ich Motiv, Ort oder Komposition fast immer komplett. Der Prompt konzentriert sich radikal auf Medium, Technik und Farben. Weitere Beispiele finden Sie auf der Website zum Buch.

prompt digital, soft gradient background, color palette: {yellow and green, pink and orange, violet tones, blue\, green and turquoise} --chaos 10 --ar 16:9 --raw --stylize 150

Weicher Farbverlauf mit variierenden Farbkombinationen

prompt digital concept art, abstract blurred hints of figures of birds as a gradient background, color palette: pink, red, blue and orange with hints of violet blending harmoniously, sense of softness --ar 16:9

Abstrakter Konzepthintergrund mit verschwommenen Vogelsilhouetten

prompt digital concept art, smooth flowy gradient background, color palette: pink, peach, yellow and beige --ar 16:9

Fließender Gradient-Hintergrund in soften Pink-, Peach-, Gelb- und Beigetönen

8.2 Typografie und Text

In den folgenden Abschnitten analysieren wir uns zunächst, mit welchen Techniken und Prompt-Strategien Sie fehlerfreie Texte in Ihre Bilder integrieren. Anschließend gehen wir einen Schritt weiter und erkunden die kreativen Möglichkeiten des Typodesigns – von expressiven Schriftzügen bis zu materialbasierten Buchstaben.

8.2.1 Korrekte Texte in Midjourney

Seit der Version 6 in Midjourney ist es möglich, Wörter oder kurze Sätze/Claims direkt als Text im Bild generieren zu lassen. Dafür werden die gewünschten Begriffe in doppelte Anführungszeichen gesetzt, wie z. B. »Love«. Die Verwendung von doppelten Anführungszeichen ist in diesem Fall sehr wichtig. Einfache Anführungszeichen oder Apostrophe funktionieren in diesem Fall nicht zuverlässig.

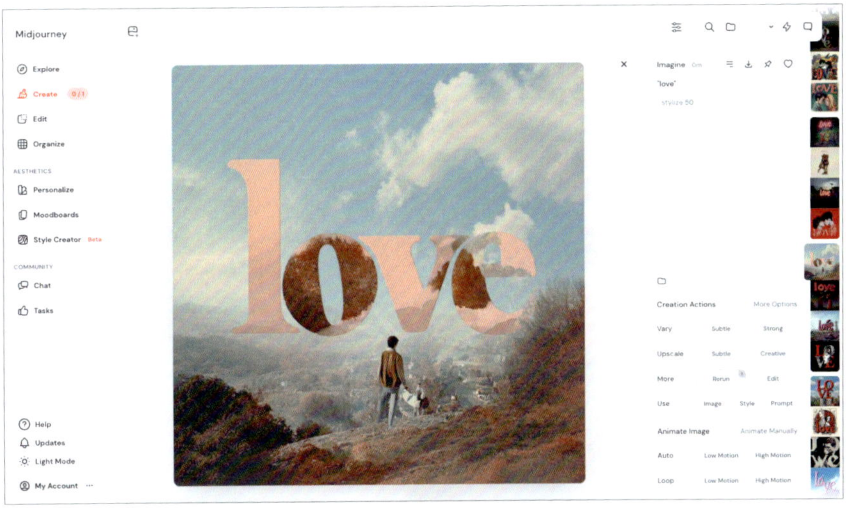

Umsetzung von Text in Midjourney immer mit Anführungszeichen

Die Textgenerierung arbeitet am stabilsten mit dem lateinischen Alphabet. Einschränkungen bestehen weiterhin bei Umlauten sowie bei Satzzeichen wie Kommas oder komplexeren Sonderzeichen. Diese werden häufig falsch dargestellt oder vollständig ignoriert. Auch längere Sätze führen schnell zu Fehlern in der Darstellung. Einzelne Buchstaben oder kurze Sätze erhöhen die Wahrscheinlichkeit, dass der Text korrekt erscheint. Zusätzlich kann es helfen, im Prompt klar zu formulieren, dass Text sichtbar sein soll, z. B. durch die Angabe von `text`, `written` oder Ähnlichem. Trotz der Fortschritte bleibt Typografie einer der sensibelsten Bereiche in der Bildgenerierung mit Midjourney. Wie das Team selbst kürzlich auf X schrieb, ist die Funktion noch nicht zu 100 % ausgearbeitet, da es »nicht der Fokus« war.

Mitteilung der Entwicklung zum Thema Text

Tipp

Wenn der Text nicht auf Anhieb funktioniert, können Sie versuchen, dem Prompt den Parameter `--raw` anzufügen oder auch den Stylize-Wert mit `--s` zu senken. Auch mit dem Midjourney-Editor können Sie (je nachdem, wie komplex der Fall ist) per Prompt noch etwas nachbessern.

Sobald es komplexer wird, halluziniert Midjourney bei den Texten. Längere Sätze oder Zitate werden oft zu einem Buchstabensalat mit fehlenden oder inkorrekten Wörtern.

prompt typographic wordmark, "To infinity and beyond" written in electric green and blue neon text in late 1980s retro-futuristic style, featuring cel-painted softness paired with analog distortion, faint glow and VHS-era grainy film texture --ar 16:9 --raw

Hier hat Midjourney die Texte nicht gut umgesetzt.

Poster und Layouts, die z. B. Datum, Ort und Headline zeigen sollten, funktionieren meist gar nicht in Midjourney. Hier muss man später in Adobe Photoshop oder Canva selbst layouten, oder man generiert mit Nano Banana Pro von Google Gemini.

B **prompt** minimalist festival poster design, "RETRO FESTIVAL" is written as the headline on top of the poster, on the bottom "SALT LAKE CITY" and "SAT. 12.06.2026" are written in a sans serif font, the poster includes bold shapes and a linol cut style black vinyl record, off-white background, concept art --ar 4:5 --raw

Gute Umsetzung in Nano Banana

Es folgen nun wichtige Promptbegriffe für Text.

Bereich	Promptbegriff

Medium/Funktion	`single letter/single word typography`
	`custom wordmark`
	`brand name lettering`
	`stacked wordmark`
	`short slogan`
	`typographic logo/lettermark logo/monogram logo`
	`typographic installation`
	`land art typography`

Form/Font Art	`Serif/sans serif/grotesk`
	`Script/calligraphic/blackletter`
	`monospaced`
	`distorted letterform`
	`extruded typography`
	`beveled edges`
	`embossed type`

Bereich	Promptbegriff

Material/Technik	`3D render`
	`hyperreal sculpt`
	`handdrawn/brushstrokes`
	`fluid simulation`
	`made of – grass/flowers/sand/clay/stone/marble/ice/water/glass/frosted glass`
	`food (bread, cake, honey)`
	`fabric (linen, satin, denim)`
	`transparent resin`
	`chrome/gold foil/silver/inflated latex/balloon foil/holographic foil`
	`neon tubes/clouds`

Inszenierung	`neutral studio background`
	`solid [color] background`
	`on textured paper`
	`in a magazine/editorial`
	`poster art`

Licht/Farbe	`Monochrome/black and white`
	`pastel color palette`
	`warm tones/cool tones`
	`chrome reflections`
	`minimal`

Komposition/Perspektive	`centered composition/symmetrical layout/top down view/macro closeup`
	`isolated object`
	`balanced layout`
	`full-frame letter`
	`floating object`
	`integrated into landscape`

Promptbegriffe für Text

8.2.2 Typodesign: Material und Oberflächen für Buchstaben

Um die enorme stilistische Bandbreite des Tools zu demonstrieren, habe ich jeden Buchstaben des Alphabets in einem anderen Stil, Material oder mit einer anderen Oberflächenbeschaffenheit generiert. Von Eis über Holz bis hin zu Neon – jeder Buchstabe erhält seinen eigenen visuellen Charakter. Die folgende Tabelle zeigt das Ergebnis dieses Experiments und verdeutlicht, wie präzise Midjourney auf Material- und Stilbeschreibungen reagiert. Gleichzeitig dient sie als Inspirationsquelle für eigene typografische Projekte, etwa im Bereich Logodesign, Postererstellung oder kreative Titelgestaltung. Die Prompts zu den Buchstaben finden Sie auf der Website zum Buch in einem separaten Dokument »Typodesign.pdf«.

A
B
C
D
e
F
G
H
I
J
K
L
M
N
O

8.2.3 Text für einzelne Wörter und Wortmarken

Am besten klappt Text aus Bildern bei einzelnen Wörtern, Logo-Wortmarken oder sehr kurzen Claims (ein bis drei Wörter). Weitere Beispiele finden Sie auf der Website zum Buch.

prompt logo wordmark, "GRAVITY" written in calligraphy made of fluid glass in a futuristic surreal design, iridescent rainbow highlights, glossy and translucent, refracted light scattering, solid black background --ar 16:9 --raw

Logo-Wortmarke »GRAVITY«

prompt typographic wordmark, "MAGNUM POWER" written in electric green and blue neon text in late 1980s retro-futuristic style, featuring cel-painted softness paired with analog distortion, faint glow and VHS-era grainy film texture --ar 16:9 --raw

Retro-futuristische Wortmarke »MAGNUM POWER«

8.2.4 Midjourney-Texte anpassen mit Nano Banana Pro

Wenn ich jetzt mit dem Stil und der Schrift weitere Bilder generieren will, der Text aber von Midjourney zerschossen wird, arbeite ich am liebsten und schnellsten mit Nano Banana Pro. Hier dienen Bild und Schrift als Referenz, und Nano Banana Pro generiert das Bild mit ziemlich perfekt sitzendem Text. Ich nutze dafür Freepik als Sammelcontainer mit den Einstellungen aus der folgenden Abbildung, die aber flexibel auf das Projekt anpassbar sind.

B **prompt** create a slogan "today will be a beautiful day" in the style of the reference image

Das Ergebnis dieses Prompts sehen SIe in der Abbildung rechts oben. Das Experimentieren mit Nano Banana Pro muss aber hier nicht aufhören, und man kann weitere Anpassungen vornehmen wie z. B. die Farbe der Schrift anpassen oder längere Zitate daraus designen.

B **prompt** create a slogan "Das Leben ist kein Ponyhof" in the style of the reference image + add a pony in the visual, change the color of the font to be light blue

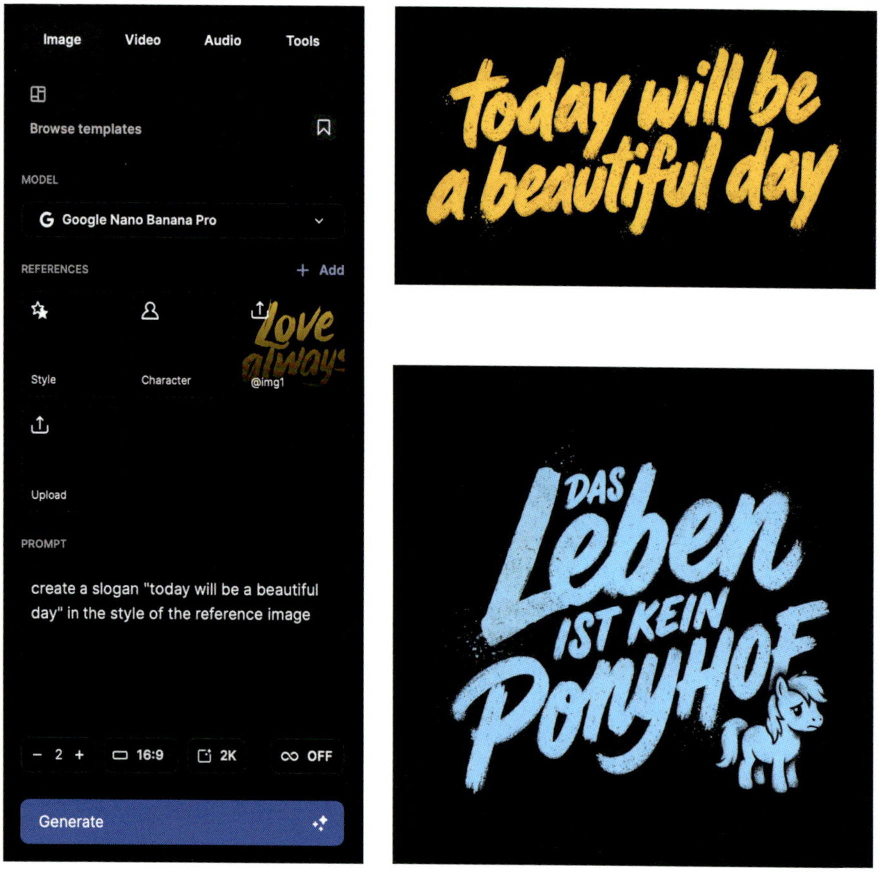

Oben rechts ist die Schrift mit den Einstellungen links in Nano Banana Pro zu sehen, erstellt auf Grundlage des Referenzbildes. Unten dann mit abgewandelter Farbe und einem kleinen Visual.

PRAXIS

Zeichensatz erstellen in Nano Banana Pro

Was Midjourney absolut nicht beherrscht, ist die Erstellung eines vollständigen, konsistenten Zeichensatzes. Man kann zwar einen interessanten Buchstaben generieren, aber kein funktionierendes Alphabet-Set, das zueinander passt. Auch hier hilft Nano Banana Pro.

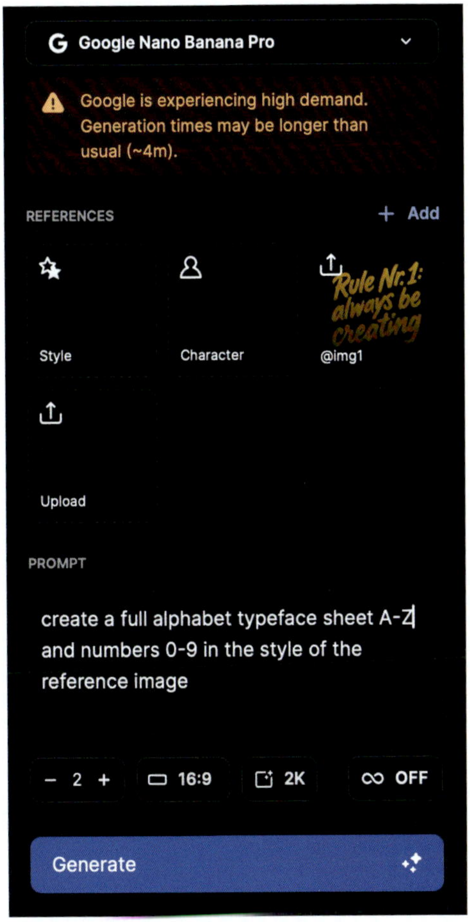

Einstellungen in Nano Banana Pro

B **prompt** create a full alphabet typeface sheet A-Z and numbers 0-9 in the style of the reference image

Erstellung eines Zeichensatzes mit Nano Banana Pro mit Referenzbild

8.3 Branddesign

Branddesign bildet die visuelle Struktur einer Marke. Es definiert nicht nur einzelne Gestaltungselemente, sondern das Zusammenspiel aus Logo, Illustration, Farbe, Typografie und wiederkehrenden Systemen. Ziel ist es, eine konsistente Identität zu schaffen, die über verschiedene Medien hinweg funktioniert. Eine starke Marke entsteht also nicht durch ein isoliertes Logo oder eine einzelne Grafik, sondern lebt von klaren Regeln, Wiederholbarkeit und einem durchdachten visuellen System. Jedes Element muss skalierbar und kombinierbar sein.

Midjourney ist für mich als Designerin hier in erster Linie wieder der perfekte Spielplatz für die erste Ideenfindung. Man kann damit extrem schnell visuelle Richtungen austesten und Ansätze generieren, auf die man sonst vielleicht nicht gekommen wäre. Diese Ergebnisse von Midjourney behandele ich aber nicht als fertiges Design, sondern als Basis für die Weiterverarbeitung. Der eigentliche Job ist es dann, aus diesen ersten Impulsen ein echtes, belastbares System zu entwickeln, das den Alltag einer Brand besteht.

8.3.1 Logodesign

Aus meiner Sicht ist KI aktuell noch nicht in der Lage, mit der Komplexität einer Logogestaltung umzugehen und das Verständnis dafür aufzubringen. Ein Logo ist eben kein Einzelbild, sondern Teil einer Brand mit klaren Regeln, Anwendungen und Hierarchien. Dennoch kann KI im frühen Prozess hilfreich sein, um einfache, reduzierte Ansätze zu testen. Je klarer und simpler die Idee, desto eher kann ein KI-generierter Entwurf als Ausgangspunkt dienen. Wenig geeignet sind hochdetaillierte oder mit Effekten überladene Logos. Verläufe, Wasserfarben, 3D-Effekte oder zu feine Illustrationen mögen visuell für manche attraktiv wirken, sind aber für ein nachhaltiges Branding ungeeignet. Ein starkes Logo lebt von struktureller Präzision, nicht von dekorativer Komplexität.

Ein gutes Logo muss jedoch einige Kriterien erfüllen: Es muss skalierbar sein, vom App-Icon bis zum Out-of-Home-Plakat funktionieren und auch in sehr kleinen Größen noch klar erkennbar bleiben. Es muss in Farbe wie auch in Schwarz-Weiß funktionieren und als Vektorgrafik umsetzbar sein, um technisch sauber reproduzierbar zu bleiben. Welche Promptbegriffe helfen hier weiter?

Stil	Promptbegriffe	Einsatz

minimal/geometric	`minimal logo`
	`geometric symbol`
	`flat vector style`
	`clean lines`
	`negative space`
		Tech, SaaS, Startups, Corporate Brands

Stil	Promptbegriffe	Einsatz

typographic/wordmark	`wordmark logo`
	`typographic logo`
	`custom typography`
	`clean sans serif`
	`minimal branding`
		Fashion, Beauty, Lifestyle, Personal Brand

emblem/badge	`badge logo`
	`circular emblem`
	`vintage stamp style`
	`symmetrical layout`
		Food Brands, Handwerksprodukte

monogram	`monogram logo`
	`lettermark`
	`elegant serif typography`
	`luxury branding`
	`minimal mark`
		Luxury, Fashion, Personal Brand

illustrative	`illustrative logo`
	`mascot logo`
	`hand-drawn logo`
	`flat vector style`
	`bold outlines`
	`simplified shapes`
		Kids Brands, Food Brands, Social Brands

abstract	`abstract logo mark`
	`minimal symbol`
	`geometric abstraction`
	`negative space`
		Consulting, Innovation, Tech, Kunst

handwritten/script	`handwritten logo`
	`script typography`
	`signature style`
	`flowing lines`
		Personal Brands, Beauty, Creative Studios

negative space	`negative space logo` `clever hidden shape`	Tech, Consulting, Marken mit Konzepttiefe

brutalist	`Bold typography logo`
	`Brutalist design`
	`Heavy sans serif`
		Creative Studios, Fashion, Startups

retro/vintage	`Retro logo`
	`Vintage logo`
	`70s style`
		Food Brands, Kultur, Lifestyle

Promptbegriffe für das Logodesign

Hier habe ich verschiedene Promptbegriffe angewendet. Weitere Beispiele finden Sie auf der Website zum Buch.

prompt monogram logo design for luxury brand with the single letter "S", elegant serif typography, black and white, clean vector style, centered composition --ar 1:1

prompt minimal negative space logo design for a food company with a fork and an elephant, geometric symbol with hidden shape, black and white, flat vector style, centered composition --ar 1:1

Monogramm-Logo und Negativraum-Logo für ein Food-Unternehmen

prompt handwritten script, logo design for a personal brand "Julie Studio", elegant flowing typography, black and white, clean vector style --ar 1:1

prompt bold brutalist typography logo for creative studio "RAW", heavy sans serif letters, flat vector style --ar 1:1

Handschriftliche Wortmarke und Bold Typo-Logo

PRAXIS

Retexture im Midjourney-Editor

Midjourney muss nicht ausschließlich als Logogestalter verstanden werden. Der Editor eröffnet nämlich eine weitere Ebene der Anwendung: Bestehende Designs lassen sich gezielt weiterentwickeln. So kann beispielsweise ein selbst gestaltetes Logo hochgeladen und visuell »retexturiert« werden. Auf der Midjourney-Website im linken Navi-Bereich können Sie unter **Edit** Ihr eigenes entworfenes Logo mit **Edit Uploaded Image** hochladen.

Mit dem Retexture-Tool lassen sich dann neue Oberflächen, Materialien oder stilistische Details über ein bestehendes Bild legen, während die ursprüngliche Struktur erhalten bleibt. Das Motiv fungiert dabei wie eine Vorlage, auf die neue ästhetische Eigenschaften angewendet werden.

Um Retexture zu nutzen, wählen Sie im Editor den entsprechenden Reiter **Retexture** oben links und ergänzen einen neuen Prompt mit der gewünschten Stilbeschreibung in der Imagine-Leiste, wie z. B. `3D render, photorealistic texture of ice, slightly transparent, solid black background --s 10`

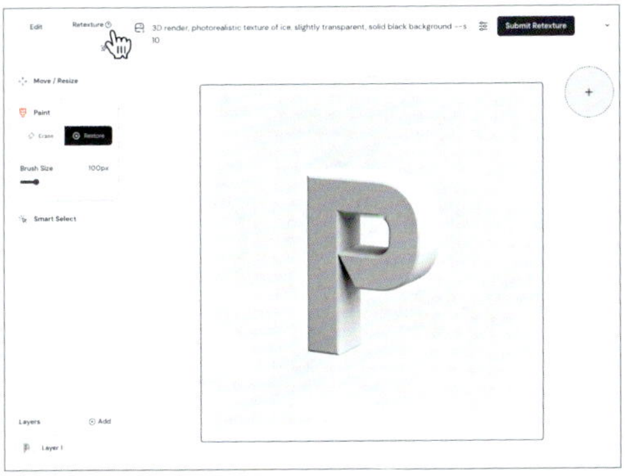

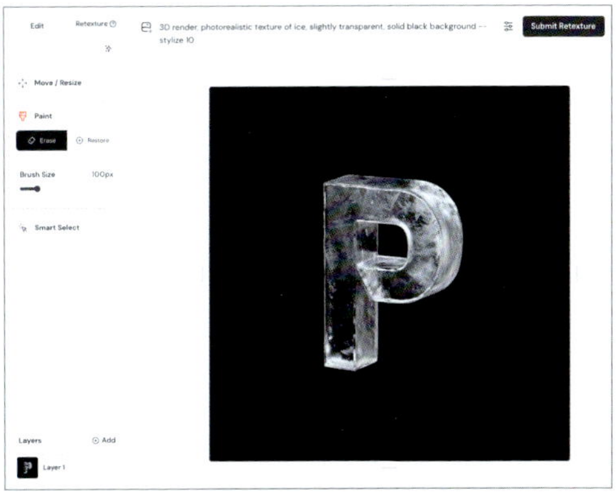

Das Tool interpretiert die bestehende Form und überträgt die neuen visuellen Eigenschaften darauf.

Auf diese Weise kann ein Logo etwa als Eisskulptur, als Banane oder als Schokoladenobjekt visualisiert werden, ohne dass es die Grundform verliert.

prompt 3D render, photorealistic texture of chocolate, solid black background --s 10

Ausführung als Schokolade

8.3.2 Brand-Illustrationen

Im Gegensatz zu »normalen« Illustrationen geht es bei Brand-Illustrationen um Wiederholbarkeit: gleiche Proportionen, gleiche Linienführung und konsistente Farbflächen. Kurz: Eine Brand-Illustration muss konsistent sein. Besonders hilfreich ist in diesem Kontext die Arbeit mit SREF-Codes. Durch das Einbinden einer klar definierten Stilreferenz kann eine einmal gefundene Illustrationsrichtung stabilisiert und über mehrere Motive hinweg konsistent weitergeführt werden. So entsteht nicht nur ein einzelnes Bild, sondern ein wiedererkennbares Illustrationssystem.

Die folgenden Prompts wurden jeweils mit unterschiedlichen SREF-Codes umgesetzt. Weitere SREF-Codes finden Sie in der SREF-Code-Bibliothek auf der Explore-Seite.

prompt brand illustration of two people collaborating at a desk with laptop

prompt brand illustration of person walking while using smartphone

prompt brand illustration for an ecommerce website interface, visible product cards and shopping cart UI elements

Prompts mit »`--sref 2899492827`*«*

Prompts mit »`--sref 1981984885`*«*

PRAXIS

Muster erstellen (--tile)

Mit dem Parameter `--tile` lassen sich in Midjourney nahtlos wiederholbare Muster erzeugen. Im Branddesign können Muster als wiederkehrende Markenelemente auf Packaging, Social Media und Textilien eingesetzt werden. Der Parameter sorgt dafür, dass ein Motiv an den Bildrändern exakt anschließt und so ein nahtloses Design entsteht. Das erzeugte Bild funktioniert wie eine einzelne Kachel, die beliebig oft nebeneinandergelegt werden kann, ohne sichtbare Übergänge oder Brüche. Der Tile-Parameter wird über `--tile` am Ende eines Prompts gesetzt.

prompt oil painting, brightly colored chickens on a solid white background --tile

Erstellung eines nahtlosen Musters über den Tile-Parameter

Grundsätzlich gilt: Alles, was sich in Midjourney generieren lässt, kann auch als nahtloses Pattern mit `--tile` umgesetzt werden, egal ob geometrische Formen, Illustrationen, Texturen, Typografie oder fotografische Elemente. Weitere Beispiele finden Sie auf der Website zum Buch.

prompt pattern, cute dogs, pen drawing outlines, on solid yellow background --ar 1:1 --tile

Verspieltes Hunde-Pattern

Um zu überprüfen, ob das mit `--tile` generierte Muster sauber funktioniert, lässt es sich schnell in Photoshop testen. Zunächst öffnen Sie das Midjourney-Tile in Photoshop. Anschließend wählen Sie im Menü **Fenster • Muster**, um das Pattern-Fenster einzublenden. Über das Plussymbol können Sie das Bild als neues Muster zur Pattern-Bibliothek hinzufügen.

Auf einer neuen Arbeitsfläche lässt sich das Muster nun anwenden. Dafür wählen Sie im Ebenen-Bedienfeld **Neue Füll- oder Einstellungsebene erstellen** und wählen **Muster** aus. Über die Funktion **Musterfüllung** wird die Fläche mit dem gewählten Muster gefüllt. Mit der Option **Skalieren** können Sie die Größe des Musters flexibel anpassen, um Proportion und Wiederholungsdichte zu kontrollieren.

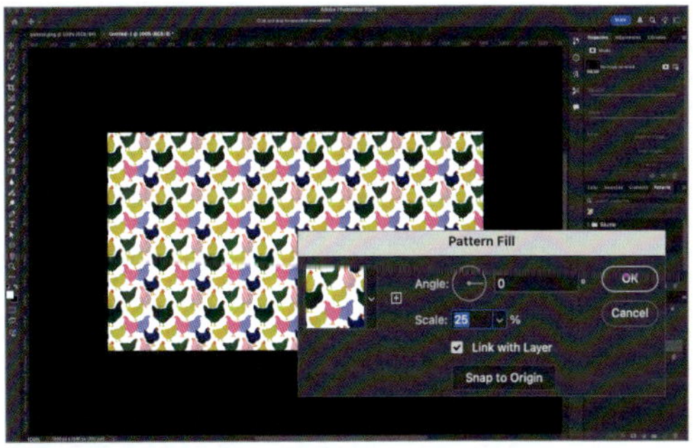

Der Test war erfolgreich.

8.3.3 Brand Identity: Mockups erstellen

Als Designer*in weiß man, dass ein Entwurf erst dann wirklich lebendig wird, wenn er in der Anwendung sichtbar wird. Mockups machen Gestaltung greifbar und zeigen nicht nur ein Logo oder eine Farbfläche, sondern wie sich ein Design im Raum verhält, z. B. auf Papier, Verpackungen, digitalen Oberflächen oder physischen Produkten. Erst durch diese visuelle Inszenierung entsteht Kontext. Branddesign entfaltet seine Wirkung nicht isoliert auf einer weißen Fläche, sondern im Zusammenspiel aller Elemente. Folgende Promptbegriffe eignen sich besonders bei Mockups.

Stil	Promptbegriffe	Einsatz

minimal stationery set (Minimalistische Geschäftsausstattung)	`brand identity mockup`
	`stationery flat lay`
	`minimal layout`
	`clean typography`
	`neutral background`
		Corporate, Beratung, Tech Brands

bold color system (Markantes Farbsystem)	`bold color palette`
	`graphic blocks`
	`high contrast`
	`modern layout`
		Startups, Creative Brands, Marketing/Kampagnenauftritte

luxury identity (Luxuriöse Marke)	`premium materials`
	`embossed logo`
	`gold foil stamping`
	`dark background`
		Mode, Schmuck, High-End-Produkte

scandinavian minimal (Skandinavischer Minimalismus)	`soft muted tones`
	`natural materials`
	`beige palette`
	`clean grid`
		Lifestyle, Interior, Wellness

corporate tech (Technische Marke)	`dark navy palette`
	`precise alignment`
	`structured grid system`
		SaaS, KI-Unternehmen, B2B Brands

editorial identity (Marke im redaktionellen Bereich)	`strong typography`
	`swiss grid`
	`black/white with accent color`
		Creative Studios, Kultur, Verlage

sustainable brand (Nachhaltige Marke)	`recycled paper texture`
	`earthy tones`
	`organic layout`
		Bioprodukte, Wellness

modern packaging integration (Moderne Verpackung)	`brand identity mockup including packaging and stationery` `cohesive color system`	D2C-Marken, Food Brands

Promptbegriffe für Mockups

Diese Promptbegriffe wollen wir auf einige Beispiele anwenden. Weitere Beispiele finden Sie auf der Website zum Buch.

prompt luxury brand identity mockup, embossed logo on textured paper, gold foil details, dark elegant background, soft dramatic lighting --ar 16:9

Luxus-Identity-Mockup

prompt sustainable brand identity mockup, recycled paper stationery, earthy color palette, organic composition, natural lighting --ar 16:9

Nachhaltiges Marken-Mockup

PRAXIS:

Ein Brand Showcase Grid erstellen mit Nano Banana Pro

Mit Midjourney ein Logo konsistent in vollständige Brand-Identity-Mockups zu integrieren, ist nur eingeschränkt möglich. Typografie, Proportionen und Farbtreue lassen sich dort nicht zuverlässig kontrollieren. Mit Nano Banana Pro hingegen kann man bestehende Logos und Gestaltungselemente, egal ob aus Midjourney oder vollständig selbst gestaltet, als Referenz verwenden und daraus ein konsistentes Brand Showcase Grid entwickeln. Das gilt übrigens für alle Praxisbeispiele in diesem Kapitel: Eigene Designs funktionieren ebenso gut wie generierte Ausgangsbilder. Für dieses Beispiel nutze ich Nano Banana Pro von Google über Freepik.

B **prompt** 3x3 Brand Showcase Grid for [BRAND INFORMATION (if needed)]
Use the provided logo (and its constituent parts: mark, logotype, tagline) as the absolute source of truth. The geometry, typography, color palette, and relative proportions must remain 100% identical across all nine frames where the primary mark is used.
Strictly extract the color palette from the provided logo design if not otherwise noted. Use only the exact color tones found in the input for backgrounds, props, materials, and lighting gels. No foreign colors. The visual rhythm must be monochromatic or strictly adhere to the brand colors.
Frame 1: Eye-level hero shot. Primary logo centered on a neutral brand-color backdrop. Soft, diffused lighting creating a subtle, slightly raised printed dimensionality.
Frame 2: Minimalist brand specimen. Circular color swatches and a clean typography poster showing font weights and letterform geometry if applicable.
Frame 3: Extreme close-up of the logo mark embroidered onto high-quality shirt fabric.
Frame 4: Premium packaging mockup.
Frame 5: Stationery suite. A thick-stock business card, letterhead, and heavy envelope arranged in a precise, overlapping architectural composition.
Frame 6: Product hierarchy. Three graduated sizes, each featuring the primary mark, arranged for rhythmic scale.
Frame 7: Hero product including the Logo in a minimal or playful fitting way.
Frame 8: Overhead flat lay. A curated mini-suite containing a business card, a linen notebook, and a mobile device surrounded by tonal material swatches.
Frame 9: Digital interface. A high-end smartphone screen showing a minimalist 3-post social media grid.

Model: Google Nano Banana Pro mit Referenzbild

8.4 Packaging-Design

Packaging-Design ist ein Thema, das Midjourney visuell sehr überzeugend abbilden kann. Materialien, Oberflächen und Inszenierungen kann man sehr realistisch darstellen und eignen sich auch hervorragend als Mockups für Moodboards, Pitch-Visuals oder fürs Social-Media-Portfolio.

Gleichzeitig bringt dieser Bereich einen typischen »Fail« mit sich, wie auch schon aus den vorherigen Kapiteln bekannt: Typografie und Logos werden verzerrt oder inkorrekt dargestellt, und KI-Artefakte finden ihren Weg in Details der Verpackung. Mit ergänzenden Tools und gezielter Nachbearbeitung lassen sich diese Schwächen jedoch weitgehend ausgleichen. So kann aus einem starken visuellen Konzept doch noch ein sauber ausgearbeitetes, präsentationsfähiges Markenprodukt entstehen.

An der Promptstruktur kann man hier folgende Anpassungen vornehmen:

[Medium] for [Produkt/Brand] made of [Material/Oberfläche], [Brand Persönlichkeit], [Stil/Genre], [Ort/Umgebung], [Licht/Farbe], [Komposition/Perspektive]

Die folgende Übersicht zeigt die wichtigsten Promptbegriffe, mit denen Sie Ihre Verpackungsdesigns gezielt steuern können.

Bereich	**Thema**	**Promptbegriffe für Packaging-Design**

Medium		`packaging design`
		`visual packaging`
		`product branding`
		`label design`

Produkt/Brand	Beauty und Skincare	`skincare`
		`cosmetics`
		`perfume`
		`haircare`
		`clean beauty`

	Essen	`organic food`
		`snacks`
		`chocolate`
		`artisan food brand`
		`bakery`

Bereich	Thema	Promptbegriffe für Packaging-Design
Produkt/Brand (Forts.)	Trinken	coffee brand tea brand soft drinks energy drinks alcoholic beverages
	Familie und Kinder	toys baby care supplements educational products children lifestyle brand
	Tierprodukte	pet food natural pet care pet accessories
	Tech und Elektronik	headphones gaming accessories gadgets phones
	Fashion und Lifestyle	clothing bags boxes candles gift sets
Material/Oberfläche		glass jar frosted glass matte ceramic container aluminum can craftpaper bag recycled cardboard soft-touch coating matte finish high gloss finish textured paper linen paper embossed logo gold foil embossed silver foil stamping holographic foil spot UV letterpress printing screen print texture die-cut window

Bereich	Thema	Promptbegriffe für Packaging-Design
Brand-Persönlichkeit		luxurious premium refined playful bold rebellious scientific clinical artisanal craft-driven minimal sustainable futuristic youthful
Stil/Genre		contemporary eco aesthetic minimalist high fashion minimal modern apothecary scandinavian design swiss typography system editorial luxury bold graphic pop retro revival craft branding aesthetic industrial minimal
Ort/Umgebung		neutral studio background solid [color] background dark studio setup retail shelf presentation supermarket aisle lifestyle kitchen scene bathroom vanity setup natural wooden table minimal home interior editorial photoshoot setup urban café environment luxury boutique display clean laboratory environment soft fabric backdrop stone pedestal setup

Bereich	Thema	Promptbegriffe für Packaging-Design

Licht/Farbe		`soft diffused studio lighting`
		`warm ambient lighting`
		`cool rim lighting`
		`dramatic spotlight`
		`natural window light`
		`backlit product`
		`muted earthy palette`
		`monochrome color scheme`
		`pastel color palette`
		`neutral beige tones`
		`electric neon accents`
		`warm brown and cream`
		`green botanical tones`

Komposition/ Perspektive		`centered hero shot`
		`front-facing symmetrical view`
		`3/4 angle perspective`
		`flat lay composition`
		`close-up detail shot`
		`stacked packaging composition`
		`minimal negative space layout`
		`floating product shot`
		`pedestal presentation`
		`macro texture detail`
		`angled dynamic composition`
		`top-down product shot`

Promptbegriffe für Packaging-Design

Wir sehen uns jetzt Promptbeispiele für verschiedene Branchen an. Weitere Beispiele finden Sie auf der Website zum Buch.

Packaging im Bereich Beauty

Warum funktionieren Marken wie Aesop oder La Mer so gut? Weil sie auf visuelle Zurückhaltung setzen. Bei Beauty-Verpackungen gewinnt meist das, was man weglässt. Es ist die Haptik von mattem Glas oder der dezente Widerstand einer Goldprägung, die den Luxus spürbar machen, noch bevor das Produkt ausgepackt ist. Entscheidend ist hier die Balance zwischen Luxus und Klarheit. Mit zu vielen grafischen Elementen zerstört man schnell die Premium-Wirkung. Für überzeugende Beauty-Packagings empfiehlt es sich, im Prompt bewusst auf Reduktion zu setzen. Beschreiben Sie wenige, aber hochwertige Materialien, arbeiten Sie mit zurückhaltenden Farbpaletten und setzen Sie auf weiches, schmeichelhaftes Licht, das Oberflächen und Texturen betont.

prompt packaging design for luxury skincare product line including serum, moisturizer and cleanser made of frosted glass bottles and matte rigid boxes with gold foil embossed logo, premium brand personality, minimal aesthetic with swiss typography system, neutral studio background, soft diffused studio lighting with warm beige and off-white tones, symmetrical lineup presentation with centered hero composition --ar 4:5 --raw

Hochwertige Skincare-Produktlinie

Packaging im Bereich Essen und Getränke

Bei Essen und Snacks variiert der gestalterische Ansatz je nach Segment und Zielgruppe oft stark:

- **Premium-Segment**: Hier dominiert die Ästhetik der Zurückhaltung. Hochwertige Materialien wie schweres Glas und reduzierte Typografie signalisieren Exklusivität und Reinheit.
- **Süßigkeiten und Snacks**: In diesem Bereich steht die visuelle Präsenz im Vordergrund. Bold und gesättigte Farben mit plakativen Grafiken zielen darauf ab, im Regal sofort aufzufallen und insbesondere eine jüngere Generation anzusprechen.
- **Bio**: Die Kommunikation von Nachhaltigkeit erfolgt über die Haptik. Natürliche Texturen, ungestrichene Papiere und eine erdige Farbpalette vermitteln Authentizität, statt auf künstlichen Hochglanz zu setzen.

Entscheidend ist die konsequente Ableitung des Designs aus der Brand Personality. Während das eine Segment durch Stille überzeugt, gewinnt das andere durch Lautstärke.

prompt visual packaging for a chocolate bar brand made of craft paper with spot UV details, playful, bold graphic pop aesthetic, solid light-blue background, pink accents with saturated color palette, angled dynamic composition with stacked packaging presentation --ar 4:5 --raw

Verspieltes Schokoladen-Packaging aus Kraftpapier

Das Design von Getränken folgt weitestgehend der Logik des Food-Packagings: Es ist die visuelle Übersetzung von Geschmackserwartung und Markenwert. Beide Kategorien nutzen identische Codes, um Qualität und Zielgruppe zu definieren, wobei Getränke oft noch stärker über die Materialität der Primärverpackung (Glas, Dose, PET) kommunizieren. Design bei Getränken ist immer auch Statussymbol. Ob das Design durch Stille für Premium-Produkte oder Lautstärke für Energy-Produkte überzeugt, entscheidet die Positionierung in der Lebenswelt des Kunden.

prompt packaging design for sports energy drink made of aluminum can with holographic foil accents and high gloss finish, bold brand personality, futuristic graphic aesthetic, dark studio setup, cool rim lighting with electric neon accents, dynamic angled hero shot --ar 4:5 --raw

Sports-Energy-Drink in Aluminiumdose

Packaging im Bereich Tierprodukte

Das Design für Tierprodukte schwankt zwischen ethischer Seriosität und emotionalem Lifestyle. Während Premium-Bio-Marken mit matten Naturpapieren sowie reduzierter Typografie fachliche Integrität vermitteln, nutzt das verspielte Design eher plakative Farben und illustrative Grafiken für maximale Präsenz. Wo Bio eher Vertrauen durch handwerkliche Zurückhaltung aufbaut, gewinnt der verspielte Ansatz über eine lautstarke, moderne Brand, die das Tier gerne als Lifestyle-Partner inszeniert.

prompt packaging design for colorful cat food product line featuring illustrated cat characters made of high gloss pouches with vibrant typography and graphic patterns, bold and rebellious pop aesthetic, supermarket shelf environment, bright studio lighting, stacked packaging lineup with dynamic perspective --ar 4:5 --raw

Farbstarke Katzenfutter-Linie mit illustrierten Charakteren

Packaging im Bereich Familie und Kinder

Packaging für Familien- und Kinderprodukte bewegt sich zwischen Vertrauen und Spielfreude. Reduzierte Farben, matte Materialien und viel Weißraum vermitteln Sicherheit und Ruhe. Im spielerischen Segment dominieren starke Farben, Illustrationen und dynamische Typografie. Hier geht es weniger um Zurückhaltung, sondern um Neugier und Entdeckung.

> **prompt** packaging design for wooden educational toy made of recycled cardboard box with minimal printed label and soft pastel accents, trustworthy brand, scandinavian minimalist aesthetic, minimal home interior environment, soft natural window light with muted pastel palette, centered front-facing composition with clean negative space --ar 4:5 --raw

Verpackung für ein pädagogisches Holzspielzeug

Packaging im Bereich Tech und Elektronik

Tech-Packaging bewegt sich zwischen radikalem Minimalismus und visueller Performance. Im Premium-Bereich dominieren präzise Boxen, matte Oberflächen und reduzierte Typografie, die Qualität und Kontrolle vermitteln. Im Gaming- und Lifestyle-Segment hingegen stehen Kontrast, Dynamik und technische Details im Vordergrund. Hier geht es weniger um Zurückhaltung, sondern um Energie und Innovationskraft.

prompt packaging design for consumer electronics product line including smartphone and wireless earbuds made of rigid matte boxes with subtle embossing and restrained color coding, refined and premium brand, minimalist industrial aesthetic, clean studio environment, soft diffused lighting with monochrome palette and subtle metallic accents, symmetrical lineup presentation with precise alignment --ar 4:5 --raw

Premium-Verpackungslinie für Consumer-Electronics

Packaging im Bereich Fashion und Lifestyle

Lifestyle-Packaging ist stark editorialgeprägt. Materialien, Textur und Inszenierung spielen eine große Rolle. Oft wirkt es wie ein Fashion-Shooting im Miniformat. Es geht um Atmosphäre und Markenwelt, nicht nur um Funktion. Für überzeugende Ergebnisse empfiehlt es sich, die Inszenierung wie ein echtes Produktshooting zu denken: Welche Oberfläche steht die Verpackung? Wie fällt das Licht? Welche Farbwelt unterstreicht die Markenidentität? Die Kombination aus präzisen Materialbeschreibungen und einer durchdachten Lichtstimmung macht den Unterschied zwischen einem generischen Mockup und einem Bild, das aussieht, als käme es direkt aus einem Lifestyle-Magazin.

prompt packaging design for premium lifestyle gift set made of rigid matte box with magnetic closure and gold foil embossed logo, premium, high fashion minimal aesthetic, neutral studio environment, soft dramatic spotlight with deep beige and gold tones, open box presentation in centered composition --ar 4:5 --raw

Premium-Lifestyle-Geschenkset

prompt packaging design for luxury scented candle made of matte ceramic jar with textured paper label and subtle gold foil embossed logo, high fashion minimal aesthetic, soft fabric backdrop environment, warm ambient lighting with beige and taupe tones, 3/4 angle perspective with pedestal presentation --ar 4:5 --raw

Nachhaltige Fashion-Shopping-Bag

Packaging-Design mit Referenzbildern in Nano Banana Pro

In diesem Praxisbeispiel zeige ich, wie sich Midjourney und Googles Nano Banana Pro zu einem leistungsstarken Workflow für Packaging-Design verbinden lassen. Der Prozess gliedert sich in mehrere aufeinander aufbauende Schritte:

Zunächst generieren Sie Verpackungsdesigns in Midjourney und bereinigen anschließend fehlerhafte Typografie und unsaubere Details mithilfe von Nano Banana Pro. Dabei lassen sich eigene Markennamen und Logos integrieren, sodass aus einem KI-generierten Entwurf ein visuell überzeugendes, markenfähiges Produktdesign entsteht.

Im nächsten Schritt verwandeln Sie diese überarbeiteten Designs in professionelle Produktinszenierungen, die sich für Portfolios, Social Media, Präsentationen oder Pitch-Decks eignen. Dieser Workflow eignet sich besonders für die frühe Konzeptphase, für Projekte mit begrenztem Budget oder wenn Kunden zunächst schnelle visuelle Entwürfe sehen möchten, bevor sie sich für ein aufwendiges Fotoshooting entscheiden.

Die Midjourney-Bilder ausbessern

Im ersten Schritt generieren Sie Produktbilder (mithilfe der hier im Text vorgeschlagenen Promptbegriffe), optimieren diese und korrigieren die typischen KI-Artefakte, die bei Midjourney auf Packaging-Visualisierungen häufig auftreten. Für diese Überarbeitung empfiehlt sich Nano Banana Pro, integriert auf Freepik, damit die weitere Verarbeitung später noch auf der Website stattfinden kann.

Hier besteht anschließend die Möglichkeit, den tatsächlichen Markennamen für das Produkt zu ergänzen oder ein selbst entworfenes Logo als Referenz hochzuladen. Dadurch erstellen Sie ein visuell nutzbares und real aussehendes Produkt mit typografisch sauberer Ausarbeitung.

B **prompt** same style and composition as the reference, but replace all text with the brand name '[BRAND NAME]' in a clean, professional, and legible font. Remove all gibberish and garbled characters.

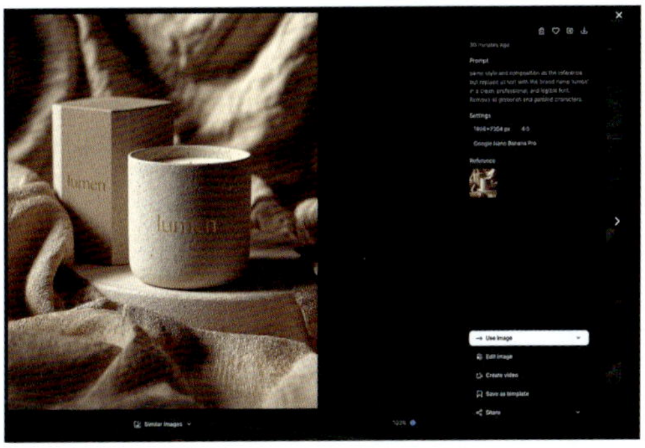

Model: Google Nano Banana Pro mit Referenzbild aus Midjourney

Nano Banana Pro ermöglicht es, die bestehende Komposition und die visuelle Essenz des Bildes beizubehalten, während problematische Bereiche gezielt überarbeitet werden. Typografie, Logos sowie Illustrationen oder feine Details auf der Verpackung werden präzisiert und korrigiert. Typische KI-Artefakte verschwinden dabei vollständig. Das Ergebnis wirkt nicht mehr wie ein generiertes Mockup, sondern wie ein sauberes, markenfähiges Produktdesign.

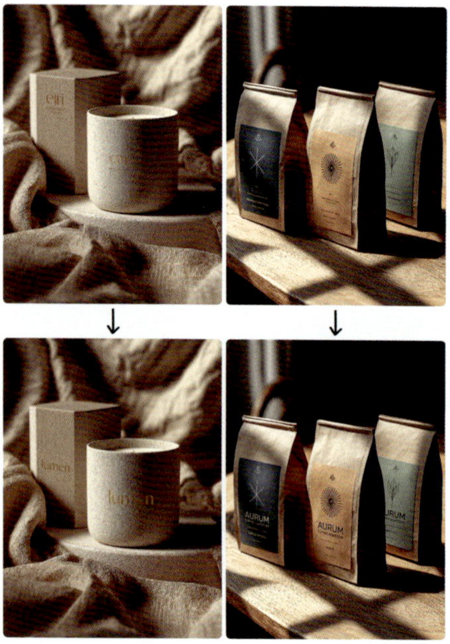

Beispiele mit korrigiertem Text

Produktbilder erstellen fürs Portfolio

Im zweiten Schritt lassen sich die überarbeiteten Produktbilder weiterverarbeiten und in einem inszenierten »Produkt-Shooting« darstellen. Das ist besonders sinnvoll, wenn das eigene Logo oder Branding realitätsnah auf Packaging-Mockups visualisiert werden soll. Statt eines rein technischen Renderings entsteht so eine glaubwürdige Produktinszenierung mit Licht, Umgebung und Atmosphäre. Der Prozess funktioniert ähnlich wie bei klassischen Mockups, beispielsweise von Plattformen wie Creative Market: Logos werden in bestehende Designs integriert und anschließend in realistische Kontexte gesetzt. Der Unterschied liegt jedoch in der Flexibilität, denn Umgebung, Licht, Perspektive wie auch Materialwirkung lassen sich individuell steuern. So können Sie überzeugende Portfolio-Arbeiten wie auch hochwertige Visuals für Social Media, Präsentationen oder Pitch-Decks erstellen.

B **prompt** A seamless 3x3 storyboard grid consisting of nine high-fidelity panels arranged in a clean layout. Use the reference image as the base product reference. Keep the same product, packaging design, branding, materials, colors, proportions and overall identity across all four panels exactly as the reference. Photorealistic rendering. Lighting style: softbox for soft highlights. Editorial magazine layout style. No text overlays, no borders between frames, clean edges.
Frame 1: A wider shelfie shot showing the product in a curated interior.
Frame 2: Extreme close-up of the label. Shallow depth of field (f/2.8).
Frame 3: The product floating suspended in mid-air at a slight diagonal tilt. Dynamic lighting to separate it from the background. Zero gravity feel.
Frame 4: The product placed on a pedestal. High-end modern art direction.
Frame 5: Eye-level hero shot. Symmetric, centered, neutral background. Soft, diffused lighting accentuating the bottle shape.
Frame 6: The product in a fitting to the brand environment.
Frame 7: Extreme close-up of the product detail. Focus on the joinery and material transition.
Frame 8: Minimalist shot of hands holding the product gently. Hands are styled neutrally, matching the brand aesthetic.
Frame 9: A "knolling" style shot. 6-8 products arranged in a perfect geometric grid, shot from a high-angle isometric view. Deep focus (f/16).

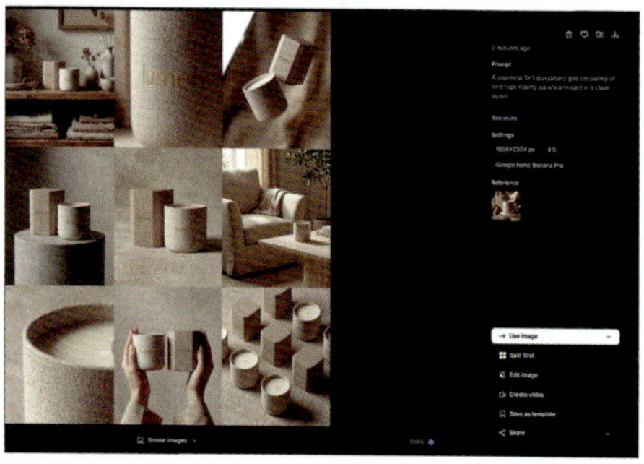

Model: Google Nano Banana Pro

Sie können den Prompt auch noch deutlich reduzieren und mit einem 2×2-Grid z. B. nur vier Bilder erstellen.

B **prompt** Create a clean 2x2 storyboard grid with four equal sized panels. Use the reference image as the base product reference. Keep the same product, packaging design, branding, materials, colors, proportions and overall identity across all four panels exactly as the reference. Photorealistic rendering. Lighting style: Softbox for soft highlights. Editorial magazine layout style. No text overlays, no borders between frames, clean edges.
Frame 1: Front-facing hero shot of the product in a studio setup.
Frame 2: Close-up macro shot with focus centered on the middle of the product.
Frame 3: Product shown in use or interaction on a studio background. Hands and interaction elements are minimal.
Frame 4: Isometric composition showing multiple products arranged in a precise geometric order.

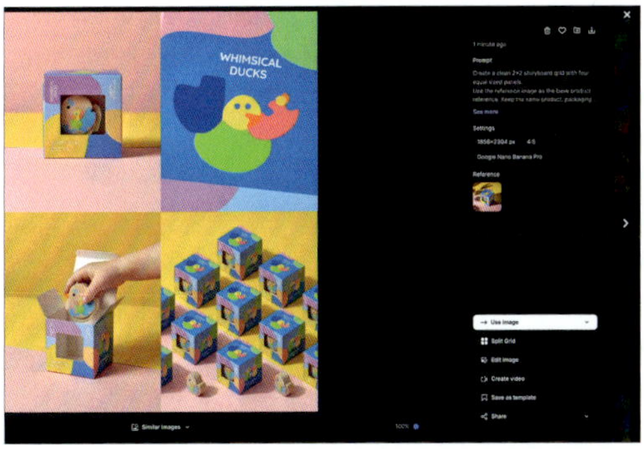

Model: Google Nano Banana Pro, Referenzbild und Prompt für 2×2-Grid

Auch wenn wir in diesem Beispiel mit generierten Bildern gearbeitet haben, lässt sich derselbe Prozess in Nano Banana Pro ebenso auf eigene Fotografien anwenden. Selbst einfache Handyfotos können auf diese Weise in hochwertige, realistisch wirkende Produktinszenierungen transformiert werden. Gerade in der Anfangsphase eines neuen Business kann das eine enorme finanzielle Entlastung bedeuten. Anstatt sofort in ein aufwendiges Fotoshooting investieren zu müssen, lassen sich erste professionelle Visuals effizient und flexibel erstellen.

Dieser Ansatz soll klassische Produktshootings keineswegs ersetzen. Ein echtes Set, mit gezielter Lichtführung und professioneller Fotografie, bleibt unersetzlich. Doch für Situationen mit begrenztem Budget oder wenn Kund*innen zunächst schnelle visuelle Konzepte sehen möchten, bevor sie sich festlegen, bietet diese Methode eine praktikable und überzeugende Lösung.

Stanzform erstellen

Ein weiterer spannender Einsatzbereich von Nano Banana Pro liegt in der Entwicklung und Ideenfindung von Stanzformen für Verpackungen.

B **prompt** Flat 2D packaging dieline based on the reference image. Full unfolded template including front, back, and side panels with technical fold lines. Transfer the exact colors and patterns to the flat layout. Clean vector-style graphic, white background, no 3D depth.

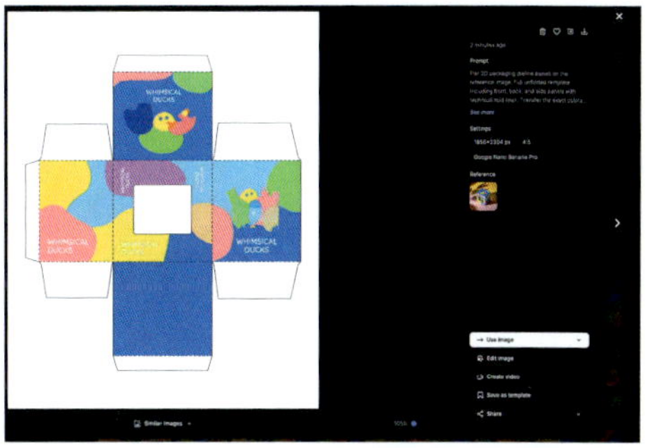

Model: Google Nano Banana Pro, Referenzbild und Prompt

8.5 Printdesign

Midjourney eignet sich hervorragend, um Druckästhetiken und Oberflächen zu entdecken. Zwar ersetzt es keine echte Druckproduktion, aber es ermöglicht es, die Stimmung und Texturen zu testen, Mockups zu erstellen und Ideen zu finden.

Für Printdesigns passe ich die Promptstruktur wie folgt an:

[Medium], [Motiv/visuelle Elemente], [Kontext/Anwendung], [Stimmung/Emotion], [Licht/Farbe], [Stil/Genre], [Komposition/Perspektive], [Extras]

Bereich	Promptbegriffe für Printdesigns

Medium	`poster design`
	`typography poster`
	`event poster`
	`magazine cover design`
	`editorial layout design`
	`book cover design`
	`flyer design`
	`wedding invitation design`
	`birthday invitation`
	`brochure design`
	`sticker design`
	`art print`

Motiv/visuelle Elemente	`bold headline`
	`large typography`
	`grid system`
	`photography background`
	`illustration`
	`abstract shapes`
	`logo integration`
	`barcode`
	`date/location info`
	`layered text`
	`cut-out shapes`

Kontext/Anwendung	`gallery exhibition`
	`music festival`
	`book launch`
	`fashion editorial`
	`corporate event`
	`cultural institution`
	`independent magazine`
	`art publication`

Bereich	Promptbegriffe für Printdesigns

Stimmung	`bold`
	`minimal`
	`dramatic`
	`nostalgic`
	`experimental`
	`refined`
	`elegant`
	`underground`
	`editorial`

Licht/Farbe	`monochrome palette`
	`high contrast`
	`limited color palette`
	`vibrant accent color`

Stil/Genre	`swiss design`
	`brutalist typography`
	`editorial minimalism`
	`retro print aesthetic`
	`risograph style`
	`modernist layout`
	`contemporary graphic design`
	`art poster aesthetic`

Komposition/Perspektive	`centered layout`
	`asymmetrical grid`
	`strict margin system`
	`large negative space`
	`full-bleed layout`
	`top-down flat presentation`
	`cropped composition`

Extras	`letterpress effect`
	`blind emboss`
	`gold foil stamping`
	`halftone texture`
	`visible paper fibers`
	`grain overlay`
	`matte paper texture`
	`thick cotton stock`

Promptbegriffe für Printdesigns

Es folgen Beispiele aus verschiedenen Bereichen. Weitere Beispiele finden Sie auf der Website zum Buch.

8.5.1 Poster-Design

Poster funktionieren aus der Distanz. Sie leben von starker Typografie, klarer Hierarchie und einer radikalen Reduktion auf das Wesentliche. Ob Ausstellung, Film oder Festival – ein Poster muss in Sekunden wirken. Midjourney eignet sich besonders, um mit Rasterstrukturen, Kontrastwirkung, Risograph-Anmutungen oder dramatischen Textur-Overlays zu experimentieren.

prompt poster design, bold large headline with minimal additional text, gallery exhibition context, refined and minimal design, monochrome black and white palette, centered layout with strong negative space --ar 4:5 --raw

Minimalistisches Ausstellungsplakat

prompt risograph poster design, limited color palette, halftone texture, subtle misalignment print effect --ar 4:5

Risograph-Poster mit limitierter Farbpalette

8.5.2 Magazincover

Ein Magazincover ist Markenbotschaft und Verkaufsargument zugleich. Titelstory und Bild müssen eine klare visuelle Gewichtung besitzen. Besonders wichtig sind Wiedererkennungswert, Farbstrategie und fotografische Inszenierung. Mit Midjourney lassen sich unterschiedliche Editorial-Identitäten – von minimal bis expressiv – schnell variieren. Hier müssen Sie besonders auf die Typografie achten.

prompt magazine cover design, large masthead with clean sans serif typography and portrait photography, fashion editorial, modern and minimal, muted beige and black palette --ar 4:5 --raw

Modernes Fashion-Cover

8.5.3 Editorial-Layout

Editorial-Design strukturiert komplexe Inhalte über mehrere Seiten hinweg. Grid-Systeme, Spaltenlogik, Weißraum und Bild-Text-Interaktion bestimmen Lesefluss und Professionalität. Midjourney hilft dabei, unterschiedliche Rasterkonzepte, asymmetrische Kompositionen oder Swiss-Design-Ansätze visuell durchzuspielen.

prompt editorial layout design, large playful illustration with structured text columns and clear grid system, children magazine context, joyful and curious mood, pastel color palette with soft accent colors, contemporary kids editorial style, asymmetrical grid composition --ar 16:9 --raw

Kindermagazin-Layout

8.5.4 Buchcover

Ein Buchcover verdichtet Thema, Genre und Atmosphäre in eine einzige visuelle Aussage. Typografie, Farbwelt und Materialanmutung (z. B. Cotton-Stock, Prägung, Spot-UV) spielen eine zentrale Rolle. Mit KI lassen sich schnell unterschiedliche Stilrichtungen testen – von literarisch zurückhaltend bis grafisch plakativ.

prompt book cover design, bold headline typography with strong graphic block element, business publication, black and red palette, contemporary editorial style, strong vertical hierarchy, inspired by spot UV coating and matte laminate finish --ar 4:5 --raw

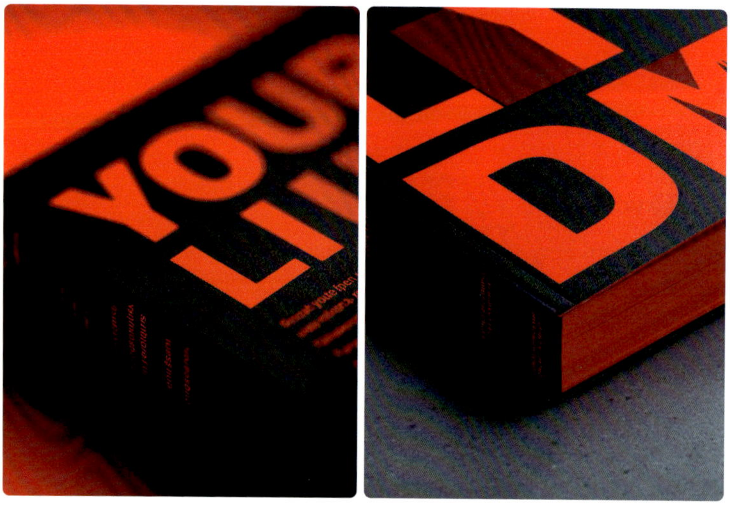

Business-Publikation

8.5.5 Flyer-Design

Flyer sind kompakte Informationsträger mit klarer Handlungsaufforderung. Neben einer präzisen Hierarchie sind Format und Falzart entscheidend für die Wirkung. Midjourney ermöglicht es, sowohl klassische Einseiter als auch Leporello-Layouts mit unterschiedlichen Farb- und Rastersystemen konzeptionell zu visualisieren.

> **prompt** flyer design, clear typographic hierarchy with date, location and key information blocks, animal shelter event, uplifting, colorful with animal portrait, modern grid-based layout style --ar 4:5 --raw

Event-Flyer für ein Tierheim

> **prompt** flyer leporello design, clear typographic hierarchy with date, location and key information blocks, corporate event context, professional and clean, monochrome palette with blue accent, modern grid-based layout style, structured column composition --ar 16:9 --raw

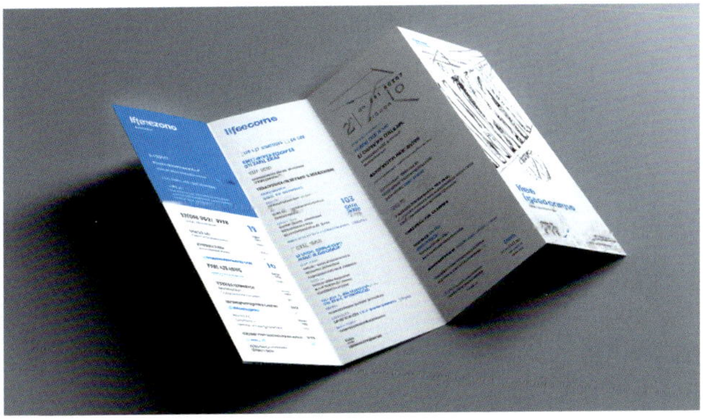

Leporello-Flyer im Corporate-Kontext

8.5.6 Sticker

Sticker sind Mini-Statements mit maximaler Wiedererkennbarkeit. Klare Konturen, plakative Formen und reduzierte Farbwelten sind essenziell, da sie auf verschiedensten Untergründen funktionieren müssen. Besonders spannend sind hier Experimente mit holografischen Effekten, Streetwear-Ästhetik oder minimalistischen Vektorformen.

prompt sticker sheet design, bold statement stickers for a skate brand, streetwear context, expressive and playful, contemporary graphic style, holographic --ar 16:9 --raw

Stickerbogen für eine Skate-Brand

8.5.7 Einladungskarten

Einladungskarten transportieren Atmosphäre. Typografische Kombinationen, Papierstruktur, Prägungen oder Letterpress-Effekte bestimmen den emotionalen Eindruck. Ob Hochzeit, Geburtstag oder Corporate-Event – Midjourney erlaubt es, verschiedene Stilwelten von verspielt bis elegant schnell visuell zu vergleichen und Materialwirkungen zu simulieren.

prompt birthday invitation design, bold oversized typography with playful graphic shapes, fun and energetic mood, vibrant primary color palette, contemporary graphic style, centered composition with dynamic layout, risograph print texture and matte paper finish --ar 4:5 --raw

Typografische Geburtstagskarte

prompt wedding invitation design, refined serif typography with subtle monogram detail, clean layout with generous margins, romantic and elegant mood, soft ivory and muted sage green color palette, centered composition with balanced white space, thick cotton paper stock and blind emboss detail --ar 4:5 --raw

Elegante Hochzeitskarte

prompt number "9", macro photography of honey-like liquid, yellow background, tiny ants gathering around the honey, soft natural lighting, warm tones, top down view

KAPITEL 9

Video

KAPITEL 9

Video

Midjourney kann auch Video, aber erwarten darf man noch kein Hollywood auf Knopfdruck. Während andere Tools auf komplexe physikalische Simulationen setzen, bleibt Midjourney seinem Kern treu: Ästhetik vor Realismus.

Midjourney hat den Sprung von der reinen Bild- zur Videogenerierung erfolgreich gemeistert und bietet seit Mitte 2025 mit dem Video Model v1 eine integrierte Lösung an. Wir sprechen hier natürlich nicht von 90-minütigen Spielfilmen, sondern von 5-Sekunden-Clips, die ein statisches Bild zum Leben erwecken. Es ist das perfekte Werkzeug für B-Roll, Website-GIFs, Social Media und Moodboards, solange man die Grenzen der Technik kennt und sie gezielt einsetzt.

9.1 Erste Videos generieren

Das System basiert auf einem Image-to-Video-Verfahren. Das bedeutet, Sie nehmen ein bereits generiertes oder hochgeladenes Bild als Startbild und lassen es animieren. Alle Bilder, die Sie in Ihrer Galerie haben, können animiert werden, unabhängig davon, mit welcher Midjourney-Version sie ursprünglich erstellt wurden. Es gibt zwei Wege, eine bestehende Generierung zu animieren.

1. Zum einen können Sie ein Bild öffnen und dort unter **Create Actions** die Animate-Image-Buttons finden, über die Sie direkt eine Animation starten können.
2. Alternativ erscheint im Create-Feed ein Schnellzugriff: Wenn Sie mit der Maus über ein Bild hovern, wird ein Animate-Button eingeblendet. Über diesen können Sie die Animation unmittelbar aus dem Feed heraus starten.

Die Animate-Image-Buttons finden sich rechts unten.

Die Animate-Funktion jedes generierten Bildes

Sie können auch externe Bilder verwenden. Um ein Bild hinzuzufügen, klicken Sie in der Imagine-Leiste links auf das Bild-Icon. Dadurch öffnet sich das Bilder-Panel, über das neue Bilder hochgeladen oder bereits vorhandene Bilder ausgewählt werden können. Alternativ können Sie das Bild per Drag-and-drop in den Starting-Frame-Bereich ziehen.

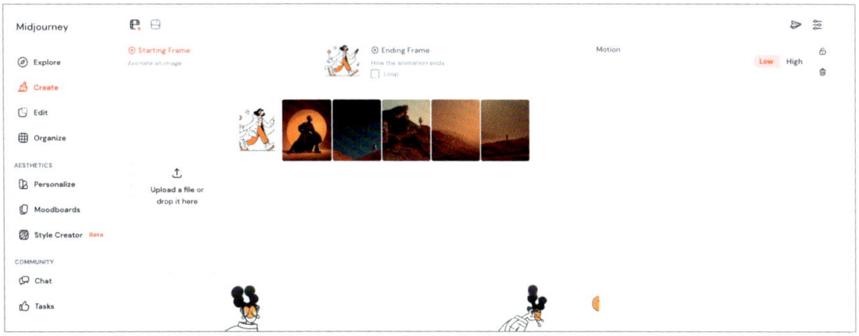

Auch mit eigenen Bildern lässt sich eine Animation starten.

9.1.1 Einstellungen der Imagine-Leiste

Unter den Einstellungen in der Imagine-Leiste können Sie festlegen, in welcher Qualität die Videos generiert werden und wie viele Varianten pro Prompt erstellt werden sollen.

Einstellungen für die Generierung von Videos

Unter **Video Resolution** wählen Sie zwischen SD (480 p) und HD (720 p). Die HD-Option steht allerdings ausschließlich Nutzer*innen mit einem Standard-, Pro- oder Mega-Plan zur Verfügung. HD eignet sich vor allem für die professionelle Weiterverarbeitung oder wenn das Material in höherer Qualität präsentiert werden soll. SD ist ausreichend für schnelle Tests, Website-GIFs oder Social-Media-Videos.

Zusätzlich können Sie bestimmen, wie viele Videos pro Prompt erzeugt werden: 1, 2 oder 4. Standardmäßig generiert Midjourney vier Videos pro Videoprompt. Wenn Sie GPU-Zeit und Kosten sparen möchten, können Sie **Video Batch Size** auf eins oder zwei reduzieren. Die Batch Size funktioniert sowohl im Fast Mode als auch im Relax Mode.

	4 Videos	**2 Videos**	**1 Video**
SD	8 Minuten	4 Minuten	2 Minuten
HD	26 Minuten	13 Minuten	7 Minuten

GPU-Kosten für die Generierung von Videos

9.1.2 Einstellungen unter Creation Actions

Klicken Sie in der Create-Ansicht auf ein Bild, finden Sie rechts unter **Creation Actions** zwei Optionen:

- **Low Motion**: erzeugt subtile, ruhige Bewegungen
- **High Motion**: erzeugt dynamische, deutlichere Bewegungen

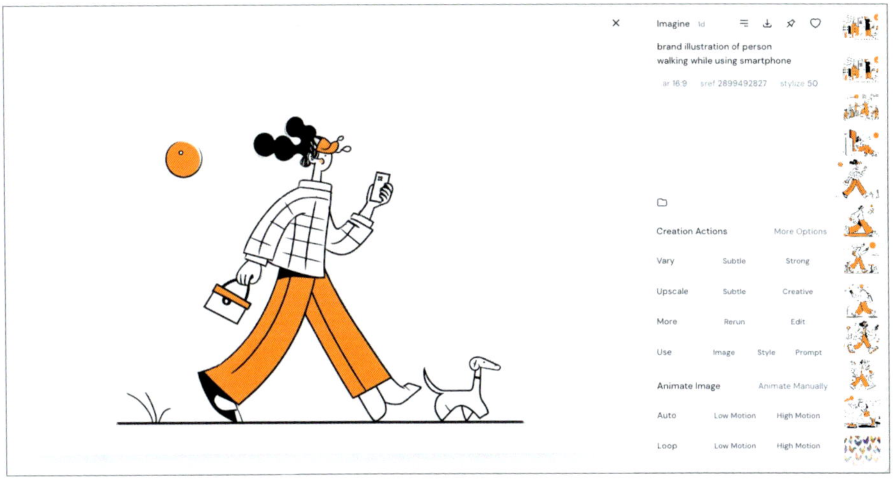

Die Einstellungsmöglichkeiten unter **Creation Actions**

Normalerweise analysiert Midjourney das Bild sowie den ursprünglichen Prompt und erstellt automatisch ein Video daraus. Im Create-Bereich unter **Creation Actions** können Sie statt einer automatischen Animation auch **Animate Manually** einstellen und erhalten deutlich mehr kreative Kontrolle über das Endergebnis. Daraufhin wird das Bild automatisch in den Starting Frame der Imagine-Leiste geladen.

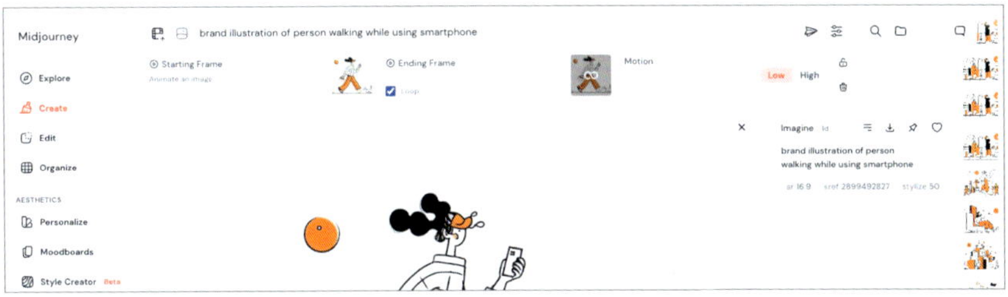

Der Starting Frame und die Einstellung **Loop**

Jetzt haben Sie die Möglichkeit, den Textprompt in der Imagine-Leiste anzupassen oder neu zu formulieren, bevor das Video generiert wird. So lassen sich z. B. bestehende Prompt-Bestandteile verändern, gezielte Bewegungen ergänzen oder Kamerabewegungen definieren, wie z. B.:

- `camera slowly zooms in`
- `camera orbits around the subject`
- `the door opens and sunlight floods the room`

Zusätzlich kann der Parameter `--raw` im Prompt genutzt werden, um natürlichere und weniger stilisierte Bewegungen zu erzeugen.

Erst nach dem Anpassen und Absenden wird die Animation erzeugt. Der Manual Mode eignet sich besonders für narrative Sequenzen oder gezielte Inszenierungen, bei denen die Kamerabewegung eine bewusste Geschichte erzählen soll.

Sehr interessant ist auch die Loop-Funktion. Hier können Sie Videos erstellen, die ohne sichtbaren Übergang wieder am Anfang beginnen. Beim Loopen wird also das Ende der Animation so generiert, dass es visuell wieder zum Anfang zurückführt. Loop eignet sich besonders gut für Website-Hero-Sections, Ausstellungsscreens oder Social-Media-Videos. In Kombination mit **Low Motion** entstehen oft sehr ruhige, hochwertige Endlosanimationen.

Tipp

Für kontrolliertere Ergebnisse empfiehlt es sich, im Prompt explizit zu beschreiben, wie die Bewegung wieder geschlossen werden soll:

- `the camera orbits around the subject and returns to its original position`
- `the character turns around in a full 360-degree rotation`
- `light flickers in a rhythmic, repeating pattern`

Ohne klare Rückführung kann es passieren, dass der Loop auch mal »springt«.

Mit der Funktion **Starting Frame** und **Ending Frame** können Sie gezielt festlegen, wo eine Animation beginnt und wo sie endet. Dadurch entsteht eine deutlich kontrolliertere visuelle Entwicklung als bei rein automatischer Bewegung. Start- und Endbilder eignen sich daher besonders für Kamerafahrten von Totalen zu Close-ups, Objekttransformationen, Vorher-Nachher-Szenarien oder auch für Storybeats innerhalb einer Sequenz.

Um ein Endbild festzulegen, ziehen Sie ein zweites Bild in den Bereich **Ending Frame** in der Imagine-Leiste. Midjourney generiert dann eine Animation, die visuell vom Startbild zum Endbild übergeht. Midjourney interpretiert dabei nicht nur eine reine Bildüberblendung, sondern versucht, eine plausible visuelle Bewegung zwischen beiden Frames zu erzeugen.

Hier ein Beispiel: Im Startbild spaziert eine Person mit ihrem Hund und Handy. Im Endbild ist eine Stadtansicht zu sehen. Wir benutzen den folgenden Prompt. Probieren Sie es einmal aus.

prompt the minimal background gradually transforms into a lively city street as she walks out of the frame.

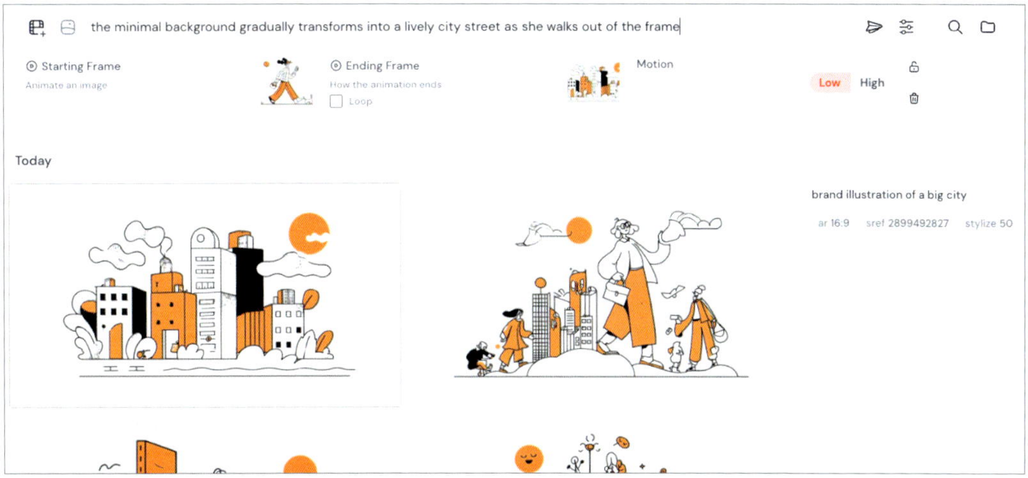

Arbeiten mit Starting Frame und Ending Frame

9.1.3 Videos verlängern mit Extend

Standardmäßig werden Clips von fünf Sekunden erstellt. Sie können die Clips aber bis zu viermal um jeweils vier Sekunden erweitern, was eine Gesamtlänge von bis zu 21 Sekunden ermöglicht. Dazu klicken Sie in den **Creation Actions** auf **Extend Video**. Auch hier haben Sie wieder die Möglichkeit, den Prompt mit **Extend Manually** mit einem ergänzenden Prompt zu steuern oder per **Auto** mit **Low Motion** oder **High Motion** das Video automatisch von Midjourney interpretierend verlängern zu lassen.

9.1.4 Videos downloaden

Wenn Sie ein Video exportieren wollen, stehen Ihnen unter den Einstellungen drei Download-Optionen zur Verfügung:

- **Download for Social**: Diese Download-Option ist für Social-Media-Plattformen optimiert worden. Midjourney verwendet einen Encoder, der die Kompression bei Plattformen wie Instagram, X oder LinkedIn besser ausgleicht. Dadurch hat man eine klarere Darstellung und weniger sichtbare Qualitätsverluste nach dem Upload. Das Video wird im Dateiformat *.mp4* exportiert.
- **Downlad Raw Video**: Mit dieser Variante laden Sie exakt die Videodatei herunter, die von Midjourney generiert wurde. Damit eignet sich die Datei für professionelle Weiterverarbeitung in Schnittprogrammen. Das Video wird im Dateiformat *.mp4* exportiert.

- **Download GIF**: Diese Version exportiert Ihr Video im GIF-Format und eignet sich perfekt für Präsentationen oder für die Einbindung in Websites. Das Video wird im Dateiformat *.gif* exportiert.

Die Download-Optionen

Tipp

Mehr Inspiration und Ideen finden Sie wie immer auch im Explore-Bereich der Midjourney-Website unter dem Reiter **Videos**.

Inspiration auch für Videos

9.2 Vergleich mit der Konkurrenz

Midjourney-Video ist kein klassisches Text-to-Video-Tool, sondern funktioniert als Erweiterung des Bilddesigns in die Animation. Wer aus einer starken Bildkomposition heraus denkt, findet hier ein präzises, kontrollierbares System. Wenn Sie hingegen vollständige, realfilmähnliche Sequenzen mit komplexer physikalischer Interaktion generieren möchten, werden Sie weiterhin auf spezialisierte Videomodelle zurückgreifen müssen.

Während Plattformen wie Runway, Luma oder auch Google Veo oder Sora von OpenAI eher als digitale Produktionshäuser fungieren, die physikalische Korrektheit und komplexe Kamerasteuerung priorisieren, bleibt Midjourney das Atelier des Künstlers. Es gewinnt nicht durch die längsten Clips oder die präziseste Simulation, sondern durch seine ästhetische Handschrift und kompositorische Klarheit. Gleichzeitig befindet sich Midjourney-Video mit Version 1 noch am Anfang dieser Entwicklung. Die aktuelle Implementierung ist der erste konsequente Schritt vom statischen Bild in Richtung bewegtes Bild. Es ist daher davon auszugehen, dass sich hier in naher Zukunft deutliche Weiterentwicklungen ergeben werden.

Um langfristig mit spezialisierten Videomodellen gleichzuziehen, wären insbesondere folgende Erweiterungen entscheidend:

- Integration von Musik, Sprache und Ton
- präzisere, vordefinierte Kamerabewegungen
- komplexere zeitliche Steuerung innerhalb eines Clips
- erweiterte Kontrolle über physikalische Interaktionen

Derzeit ist Midjourney-Video also weniger als vollständiges Produktionssystem zu verstehen, sondern eher als gestalterisches Animationswerkzeug für starke Bildideen. Und genau darin liegt auch seine Stärke.

Index

C

D

E

F

P

Q

R

S

T

U